思想政治教育研究文库

职业院校思政活动课程建设案例集

健康篇

王东升　主编

光明日报出版社

图书在版编目（CIP）数据

职业院校思政活动课程建设案例集. 健康篇 / 王东升主编. -- 北京：光明日报出版社，2022.5

ISBN 978-7-5194-6620-6

Ⅰ. ①职… Ⅱ. ①王… Ⅲ. ①高等职业教育—思想政治教育—课程建设—案例—中国 Ⅳ. ①G711

中国版本图书馆 CIP 数据核字（2022）第 092529 号

职业院校思政活动课程建设案例集：健康篇

ZHIYE YUANXIAO SIZHENG HUODONG KECHENG JIANSHE ANLI JI: JIANKANG PIAN

主　　编：王东升

责任编辑：李月娥　　　　责任校对：郭嘉欣

封面设计：中联华文　　　　责任印制：曹　诤

出版发行：光明日报出版社

地　　址：北京市西城区永安路 106 号，100050

电　　话：010-63169890（咨询），010-63131930（邮购）

传　　真：010-63131930

网　　址：http://book.gmw.cn

E - mail：gmrbcbs@gmw.cn

法律顾问：北京市兰台律师事务所龚柳方律师

印　　刷：三河市华东印刷有限公司

装　　订：三河市华东印刷有限公司

本书如有破损、缺页、装订错误，请与本社联系调换，电话：010-63131930

开　　本：170mm×240mm

字　　数：330 千字　　　　印　　张：18.5

版　　次：2023 年 1 月第 1 版　　　　印　　次：2023 年 1 月第 1 次印刷

书　　号：ISBN 978-7-5194-6620-6

定　　价：98.00 元

编委名单

主　编： 王东升

编　委： 钱红红　郭春发　华　盛　董友建

吕迎尚　彭晓倩　赵小龙　黄志国

吴春红　徐佩玉　胡颖菲　樊美君

潘　乐　冯敬骞　史红娟　姚江红

序

“立德树人”是高校的立身之本，是我国每一所学校的神圣使命与职责担当。长期以来，浙江省衢州职业技术学院致力于把学生思想政治教育贯穿学校教育全过程，特别是学校开展以《悉尼协议》为范式的高水平专业建设与改革以来，我们将学生思想政治教育融入人才培养方案，试图将学生思想政治教育活动以标准课程的模式固化下来，成为学校思政课程的重要组成部分，并通过探索构建专业教育与通识教育相结合、第一课堂与第二课堂相融通的思政教育综合体系，实现知识传授与价值引领的有机统一。

《职业院校思政活动课程建设案例集》是在对我校思想政治教育中的文化基因和价值内涵进行深入挖掘的基础上形成的，共分为“有礼篇”“有爱篇”“健康篇”。其中，“健康篇”凝练了“衢职健康”思政教育品牌，构建了以通识课程、活动课程、潜在课程为主的“衢职健康”教育体系，总结和提炼了学校在打造学生“三个健康”即“健康人格、健康体魄、健康生活”的典型案例和特色做法。

教育的本质就是“人”的教育，就是要“以人为本”。党的十九大报告中明确提出“人民健康是民族昌盛和国家富强的重要标志”。我校秉承70多年的医学办学历史和文化底蕴，从建校之初，就将“健康”文化理念融入学校的发展战略中，将健康发展的标准融入人才培养的全过程中，以学生的身心健康为根本目标，积极营造高雅怡人的物化环境，大力培育奋发向上的精神环境、和谐向善的人际环境、愉悦积极的心理环境、共同参与的活动环境，让学生在健康的校园里体验成长、放飞梦想。

经过20年的探索实践，如今“健康”文化理念已经深入衢职院每位师生心间，建设有礼有爱的健康校园也已经成为全校师生的共识。健康可以兴国运，关注年青一代的健康就是关注国家和民族的未来。我们坚信，一个具备健康人格、拥有健康体魄、懂得健康生活的人，必能实现自己的多彩梦想，一定能够创造出属于自己的精彩未来！

目　录

CONTENTS

活动课程篇

潜在课程篇

通识课程篇

活动课程篇

一、健康人格

遇你想读：阅读推广，读你所爱

一、活动设计理念

（一）理念

党的十九大报告指出：没有高度的文化自信，没有文化的繁荣兴盛，就没有中华民族伟大复兴。要坚持中国特色社会主义文化发展道路，激发全民族文化创新、创造活力，建设社会主义文化强国。中国特色社会主义文化，源自中华民族五千多年文明历史所孕育出的中华优秀传统文化，熔铸于党领导人民在革命、建设、改革中创造出的革命文化和社会主义先进文化，植根于中国特色社会主义伟大实践之中。

“文化是一个国家、一个民族的灵魂。文化兴国运兴，文化强民族强。”读书可以让人保持思想活力，得到智慧启发，滋养浩然之气。书籍是文化的重要载体，阅读的重要性不言而喻。习近平总书记殷殷嘱托：治天下者先治己，治己者先治心。治心养性，最直接、有效的方法就是读书。总书记寄语广大青年：少而好学，如日出之阳。年轻的时候，记忆力好、接受力强，应该抓紧读一些对自己终身成长具有关键性作用和决定性影响的好书。

（二）特色

遇你想读活动特色有两个方面：

1. 城市人文环境优越

衢州，是一座文化之城、有礼之城、爱阅之城。衢州市人均纸质图书、报纸阅读量均高于全国平均水平。持续十年的衢州全民读书周，已经将阅读的习惯融入了城市的文化根系与血脉中，将文化软实力绵延到三衢大地的每个角落，焕发着深厚的文化自信。其展示的不仅是一座城市的文化自觉、文化坚守，还有这座城市面向未来的志向，不急功近利的远大抱负，兼收并蓄的广阔视野，这也是打造一座“最有礼的城市”不竭的动力源泉。

植根于衢州这片书香之沃土，肩负着青年一代实现伟大梦想之重任，衢州职业技术学院紧紧围绕高校文化主阵地的建设目标，着力打造“两馆（图书馆、体育馆）文化”。“两馆文化”是高职院校特色校园文化的重要组成部分。体育馆让青年学生体魄强健，图书馆让青年学生心智健康，更具智慧。图书馆文化是广大师生在参与图书馆活动和其组织的各项活动中形成的，反映具有图书馆特点的知识体系、道德规范及其价值观念的总和。良性的图书馆文化具有提高学生的职业素养，促进人际和谐和人格升华，培养学生终身学习、就业、创业等关键能力的重大意义。加强图书馆人文建设，使之成为学生健康成长的“梦工厂”，大力开展丰富多彩的阅读推广活动则应势而生，顺势而为，且大有可为。

2. 符合时代对大学生人格教育和知行合一的高要求

教育专家们普遍认同：人格教育是教育的核心与出发点，只有陶冶人的品格教育才是真正的、完全的教育。健康的人格境界能够催生出自信、自立、自尊、自制的处世态度，而不健康的人格则意味着人内心世界的某些方面出现了悖逆或分裂，其行为结果常常会导致对自身或他人以及社会的伤害。因此，将人格教育深度融入高校图书馆阅读推广活动，对促进大学生健康人格的塑造，具有一定的理论价值和较强的现实意义。

知行合一的人格教育理念，体现在阅读推广活动，就是悦读、悦心与悦行三者的有机统一。悦读建平台，旨在开阔眼界；悦心为树人，旨在内化于心；悦行贵实践，旨在外化于行。悦心，达到人格升华，是整个阅读推广活动不懈追求的目标与归宿。秉持学校人格教育的发展理念，“书香四溢·衢职有礼”阅读推广系列活动持续开展，图书馆逐渐成为学生健康成长的“梦工厂”。阅读习惯的培养不是一蹴而就的事情，形成良好的学习风气，养成热切的阅读习惯，是一场需要持久培育才能养成的心理机制。鉴于阅读习惯养成需要时间，我们的阅读推广战略并没有急于求成，而是分学期、分阶段进行，尽力设计成循序渐进、润物细无声的培养和推广机制。

整个阅读推广活动，从 2011 年开始到现在，持续时间长、跨度大、收效明显，其特色可以概括为五个方面：活动品牌的长期性、活动受众的广泛性、活动宣传的先导性、活动平台的交融性和活动流程的完整性。

图 1-1　阅读推广活动特色与进程

二、活动方案、工作计划

（一）工作概要

高职院校毕业生的就业岗位决定了学生需要特殊的职业素养和职业文化。走进图书馆让学生更具智慧，走进体育馆让学生更强体魄，“两馆文化”建设已经成为我校健康文化的两大抓手，在学校领导的大力倡导下，图书馆积极开展形式多样的阅读推广活动，动员和吸引更多学生走进图书馆。

在“书香四溢 · 衢职有礼”阅读推广系列活动开展的过程中，我们从阅读沙龙开始，先把爱好阅读的老师与学生用沙龙的方式凝聚起来，用小型沙龙以点带面向更大的师生群体扩散阅读热情。接着，我们开始邀请一些教授大咖不间断地来衢职图书馆开设讲坛。由沙龙到讲坛，图书阅读开始在学生之间形成了一定程度的热效应。学生的阅读热情明显增加，这时我们不失时机地推出指导学生读书的指导员队伍。2014 年，在图书馆业务员的指导下，各个社团如潮水般加入活动中来。

根据阅读推广活动的规划，2016 年我们开始将阅读推广活动向二级学院纵向延伸，2017 年首个图书“阅驿站”在学校行政楼建立，到 2018 年，阅读驿站已经成为衢州职业技术学院的一个阅读品牌，标志着“书香四溢 · 衢职有礼”阅读推广系列活动开展进入新的阶段。2019 年教职工读书协会建立，阅读推广活动不断向纵深前进。经过近 10 年的不懈推进，整个阅读推广系列活动使广大师生读者的阅读热情空前高涨，我们的阅读推广活动已经形成“一龙争先，百舸争流，百花齐放”之喜人局面。

读书修德，知行合一。要么健身，要么读书，身体和灵魂总要有一个在路上。阅读，伴随着莘莘学子的一生。衢时代，新征程，需要我们图书馆人戒骄戒躁，不断学思践悟。伴随着“诗和远方”，阅读推广活动一直在路上。

（二）实施方案

目前，“书香四溢 · 衢职有礼”阅读推广活动主要依托以下五个平台，即一个机制、一个沙龙、一座讲坛、一批驿站、一支队伍。

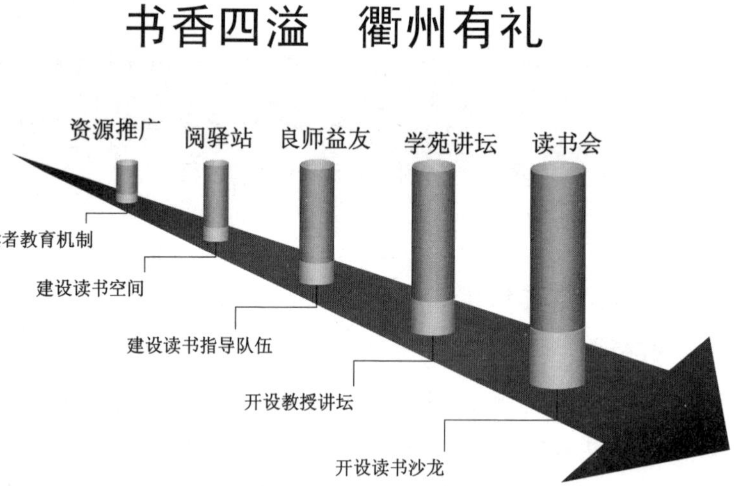

图 1–2　阅读推广活动五个平台

1. 映日荷花别样红——馆藏资源推陈出新（2010 年起）

老舍先生曾说：“一个理想的图书馆或者应该是这样的：它会指导读者读什么书和怎么读。”高校图书馆是师生共同的精神家园，馆内环境、馆舍设施、馆藏资源、馆内活动与氛围、馆员素质与形象、馆内的科技水平和馆员的服务态度等，对大学生世界观、人生观和价值观的形成，大学生人格塑造、审美提高、情操陶冶等健康身心的形成，均意义非凡。在网络化、数字化新技术高速发展、新传播媒介广泛应用、新兴信息传播形态和阅读形式不断升级的今天，信息的获取方式日趋多元化，但对高校图书馆来说，引导学生的阅读行为和阅读习惯仍然是图书馆职责的重要组成部分，因此，图书馆一直举办形式多样的读者教育与资源推广活动。

持之以恒地开展“新生入馆教育”，是我馆读者教育的一项重要举措。目前我馆的新生入馆教育率达100%，已经普及每一位新生。这项活动主要采用学生实地参观图书馆、网络入馆教育、在线学习及PPT授课相结合的形式。同时开展“十佳优秀读者”评比活动，通过对“十佳优秀读者”的表彰，鼓励其他同学以他们为榜样，多读书，读好书。为了提高图书馆资源的利用率，图书馆举办了各种资源宣传与推介活动，让全校师生不断认识图书馆，了解图书馆，使用图书馆。

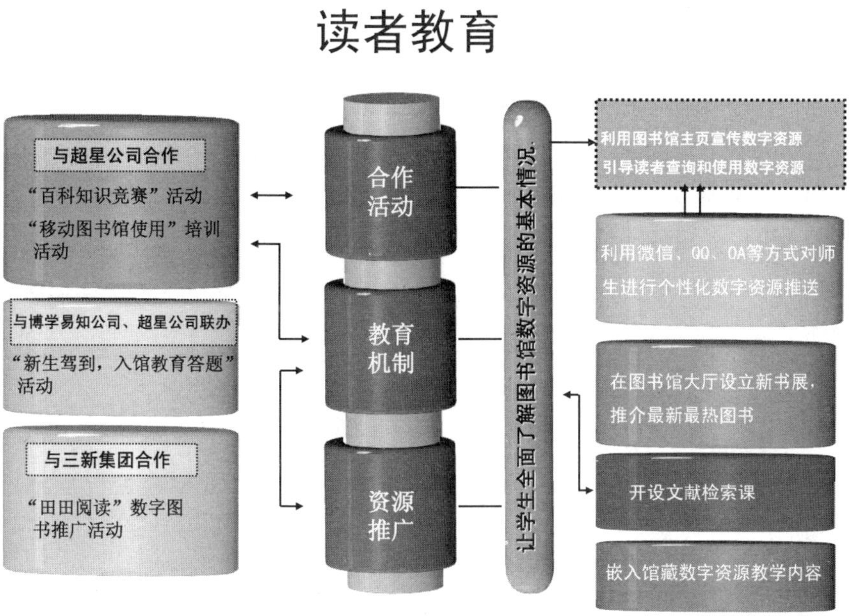

图 1-3 读者教育合作平台

2. 万紫千红总是春——读书沙龙争奇斗艳（2011年起）

“悦读·乐谈”是衢职读书沙龙的核心理念。读书沙龙是一种相对于讲座来说更轻松活泼的书友交流聚会方式。衢职读书沙龙作为校园特色文化品牌之一是由图书馆与学校党委宣传部、团委、学工部、学生社团联办，每周举办一次小型读书沙龙、每年举办两场大型读书沙龙。围绕一部名著或热点图书，让学生畅谈读书体会，激发阅读兴趣，加深阅读理解，帮助他们更好地阅读一本书，从中分享心得、汲取能量。通过一起朗读书中经典段落、最喜爱的男女主人公对白、交流读后感，以及对书中社会热点的讨论等形式，使学生在读书沙龙找到更多志同道合的读书爱好者。经典名著稳定而有生命力，会对读者的精神世界产生积极而恒久的浸透和感染，能引导大学生与传统文化亲密接触，深思中西方伟大经典大家的深邃智慧，进而拓展大学生思考生命主题的高度与深度。名著中的人文精神和主人公的人格魅力，给人以恒久弥新的生命感悟和健康启迪，使阅读者受到精神的洗礼和仁爱的熏陶。互动、互荐、互学人文优秀作品，可提升大学生对真、善、美的感悟能力。大型读书沙龙采取相对自由的对话讨论形式，根据学生的不同兴趣和关注点，从学术、艺术、热点问题、时事政治、社会现象、经典名著、职业素养等方面展开讨论。小型读书沙龙主要以学生社团、寝室、班级或专业为单位，由组织方自行选书、图书馆教师指导，并在图书馆主页上提供图书电子资源下载，利用周末时间在图书馆举办。

图书馆和读书协会联合举办了一场以“致青春·致阅读”为主题的读书沙龙活动。这次活动从主题的确定到最后的组织，全部由读书协会的学生自主完成。活动吸引了来自各二级学院的师生，共同分享了自己关于青春与阅读的心得体会。大家表示，通过大量阅读找到了奋斗的力量，汲取了正能量。

为了更广泛地传播读书体会，图书馆还将学生的读书心得体会进行整理、筛选和批阅，做成展板，在图书馆一楼大厅展出，这大大激发了学生们读书的积极性。

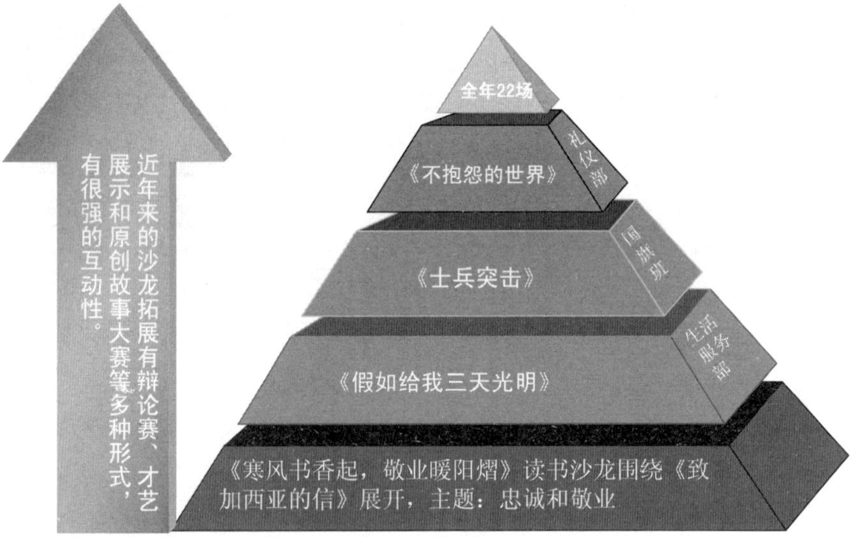

图 1-4　读书沙龙丰富多彩的载体

3. 春风化雨细无声——人文讲坛语润心田（2012 年起）

教授讲坛、学苑讲坛系列讲座活动，是我院“两馆文化”建设的重要组成部分，是培养学生职业文化素养的重要载体。活动以“培养健康人格”为主线，开设生命、道德、人生观等教育的人文类讲坛，不断传递正能量，深受读者欢迎与好评。与日常课堂教学相比，讲座更能切入社会热点，内容新颖、感染力强，容易使新生代学生产生兴趣和共鸣，是人格教育的有益补充和拓展。教授讲坛、学苑讲坛，就某个专业话题而主办的专场讲学活动，由校内外专家讲授，选题较为广泛而灵活，侧重于专业的深度、受众的广度，也有一定的互动性。讲座分两个层面：一是学校举办教授讲坛、学苑讲坛系列讲座（Ⅰ类讲座）；二是各二级学院、相关部门针对专业特点、面向特别群体开设的专题讲座（Ⅱ类讲座）。两类讲座的开设计划需向教务处备案，学生听取讲座即可获得学分。受邀主讲人主要是教授、社会名流、企业精英。

4. 书山有路我为径——读书指导引领乾坤（2013 年起）

读书指导员，是阅读的指路人，是读者中的佼佼者。在读书指导员队伍建设工作中，需要着重培养其人格、修养与人文情感，使之能够对读者开展成功的人文引导。这种引导和指导，是感悟与内心的碰撞与触动，是外化于人格平等的交流。在阅读指导服务工作中，要时时处处体现人文精神和人文关怀，以得体的言谈举止、向上的精神风貌和一定的学识修养，对被指导者产生人格感召力。

读书指导员是图书馆和其所在班级的联系人，负责指导本班级同学借阅图书馆的图书资料，充分而科学利用图书馆资源。读书指导员由责任心强、喜欢阅读的同学担任。新生班级设立读书指导员是图书馆深化“两馆文化”建设，打造校园阅读氛围的重要做法，目的是通过读书指导员带动班级同学走进图书馆，主动阅读，进而打造书香校园的良好学风。每个新生班级都会选聘一名读书指导员，那些好读书、会读书的学生与阅读表现优异的学生将成为班级读书活动的意见领袖和服务者，成为图书馆与普通学生之间联系的桥梁。如信息工程学院光伏 1 班学生刘东东，就是班里的读书指导员。他坦言，自己很喜欢这份工作，会定期向班里同学宣传图书馆，号召同学们去图书馆借书看书，以提高自身的文化底蕴。为影响更多的人，刘东东还与班级 QQ 群管理人合作，每周去图书馆找一本好书并记录下这本书的索书号和简介，通过班级 QQ 群向大家推荐这本书。经过他的宣传，班里爱看书的人多了，读书热情不断高涨。刘东东的同班同学黄观吉说，现在是信息的汪洋，看什么样的书有时候真的很盲从，有一个替我们探路的指导员太重要了。经过读书指导员的体验式阅读，然后进行甄别和推荐，可以节省我们很多时间，避免我们在读书道路上走弯路。

同时，为加强指导员队伍建设，图书馆制定《衢州职业技术学院图书馆读书指导员管理办法》，对读书指导员的职责和考核方法进行了明确规定，每学期至少对读书指导员集中培训两次，每学年进行一次考核。同时，图书馆不定期对读书指导员进行图书馆资源利用方面的培训，加强其在班级里的指导作用，做好图书馆和班级的桥梁、纽带。

5. 驿路梨花处处开——阅驿站破茧成蝶（2017 年起）

“一个没有阅读的学校永远不可能有真正的教育”。图书馆作为兰台邺架，与阅读有着无法分割的关系，理应是高校阅读氛围最浓厚的地方。近年来，图书馆依托自身特有的文化引力和空间平台，以阅读作为知识传递和文化交互的核心触发点，着力营建书香氛围，改善阅读环境，倡导师生在阅读中感知、增智、启思、促行。

为鼓励广大在校大学生多读书、读好书，营造浓郁的校园读书氛围，塑造健康、文明、高雅的校园文化，图书馆联合各二级学院推出了“阅驿站”阅读推广活动。活动以打造“个人书房”为理念，通过在教学楼、实训楼、学生公寓、活动大厅等区域建设小型“书房”，为鼓励广大师生多读书、读好书提供舒适多元的校园阅读环境，取名“阅驿站（book dak）”。在图书馆、各二级学院和各基地负责人的合作与努力下，19 家“阅驿站”基地于 2017 年投入建设，2018 年正式启动运营。“阅驿站”各基地开放以来，运行良好，成绩斐然。

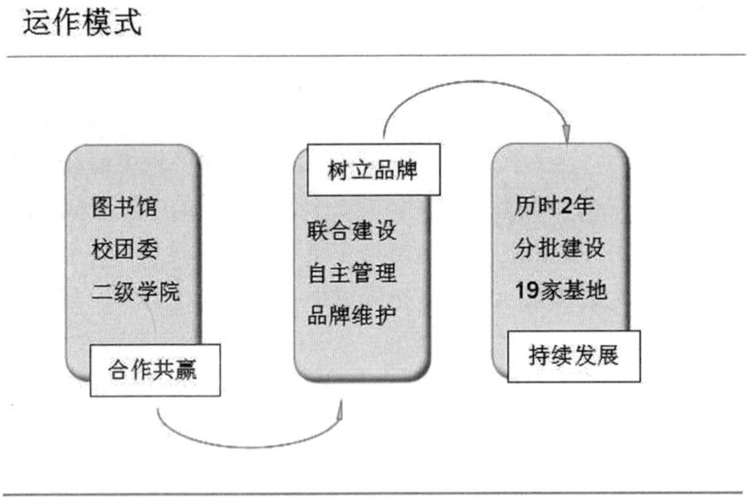

图 1–5　阅读推广运作模式示意图

“阅驿站”是图书馆实体空间的延伸，它拓展了师生阅读和交流的空间，营造出更多舒适的校园阅读文化环境。它使图书馆的空间直接延伸到师生出入频率最高的教学楼、学生宿舍等地，实现图书与读者的零距离接触。与书籍类同，阅读环境同样具有一定的育人功能，读者的身心发展受环境的影响。独具风格的文化丰富了阅驿站的内涵，逐步将阅驿站打造成集学习、休闲、读书、交友于一身的综合性平台。

阅驿站点多面广，是读者身边的精神餐馆，学院重视对其人文环境的营造。阅驿站所在的建筑物，需体现各具特色的人文意蕴，给人以启迪和感悟；阅驿站布置以优雅、宁静、和谐和关爱为主格调，可以平复读者内心的浮躁，使之养成强烈的审美感和求知欲；辅之花草盆景、格言警句，营造充满盎然生机与活力的阅读环境。在阅驿站读一本好书，读你所爱，写你所想，遇你想读，说你心声。

两年多的实践证明，"阅驿站" 作为校园文化阅读推广品牌，在支持人才培养方面具有天然的使命，即努力激发和引导师生的阅读习惯，让阅读成为师生的日常，不忘初心、牢记使命，以阅读需求、文化熏陶为导向，为全校师生推出更多、更温暖的阅读服务。

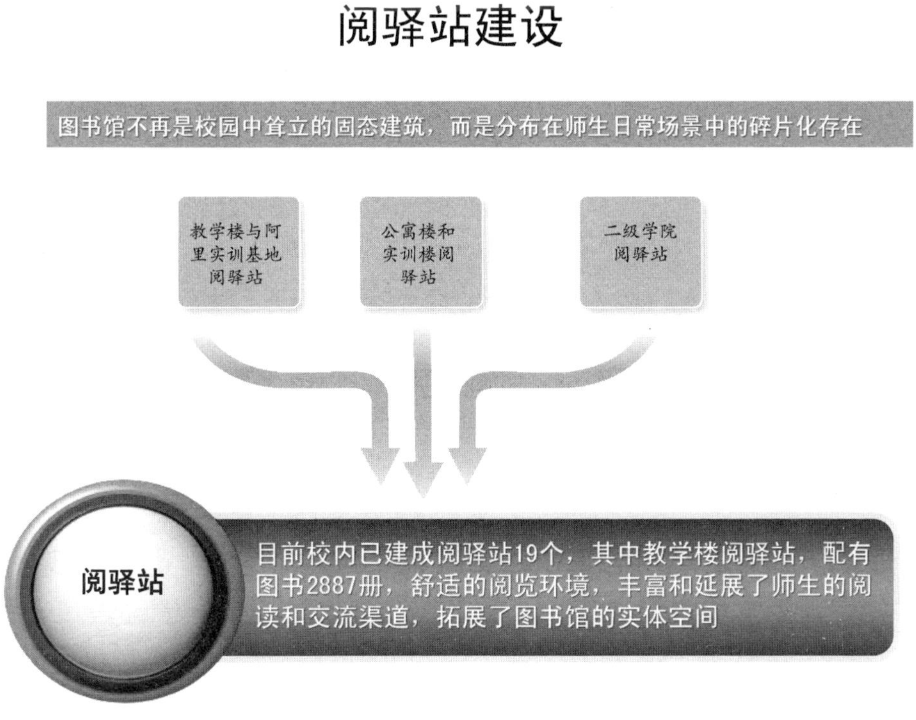

图 1–6　阅驿站品牌建设新阶段示意图

三、活动成果

花开四季，书香四溢。通过“书香四溢 · 衢职有礼”阅读推广系列活动的有序推进和长期举办，经过近10年对师生阅读兴趣的培育、推广和引导，作为活动的组织部门，我们衢州职业技术学院图书馆收获了丰厚的活动成果。这种成果不仅单纯体现在阅读人数的增加，也体现在图书馆数字资源的增长和阅读推广参与人数的增加上。与此同时，我们也获得了越来越多举办各种活动的实践经验，在各类活动中，还增加了师生之间的联系和互动。如今的衢职图书馆，每天进馆的人络绎不绝，各个阅览室几乎人满为患，有的阅览室还需要争抢座位。这种积极的阅读和学习风气较之前10年活动未开展时，已经有天壤之别。总结图书馆开展“书香四溢 · 衢职有礼”阅读推广系列活动的成果，我们认为，最大的成果就是我们已经将“图书阅读习惯”悄悄植入衢州职业技术学院读者们的心中。都说“江山易改，秉性难易”，作为心理层面的阅读习惯，其培育和养成机制非常不容易，这证明“书香四溢 · 衢职有礼”阅读推广系列活动方向是正确的，成效是明显的。

（一）教授（学苑）讲坛的参与人数逐年增加

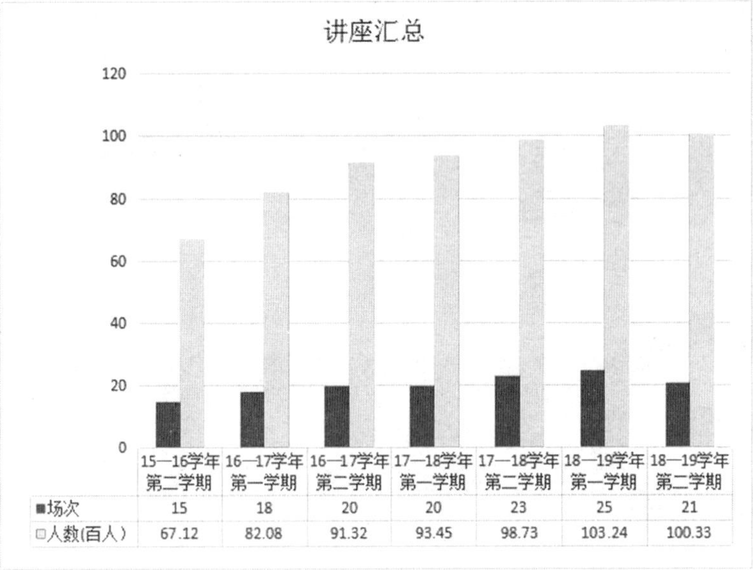

图 1-7　2015—2019 年教授（学苑）讲坛次数与参与人数统计图

（二）数字资源逐年增加

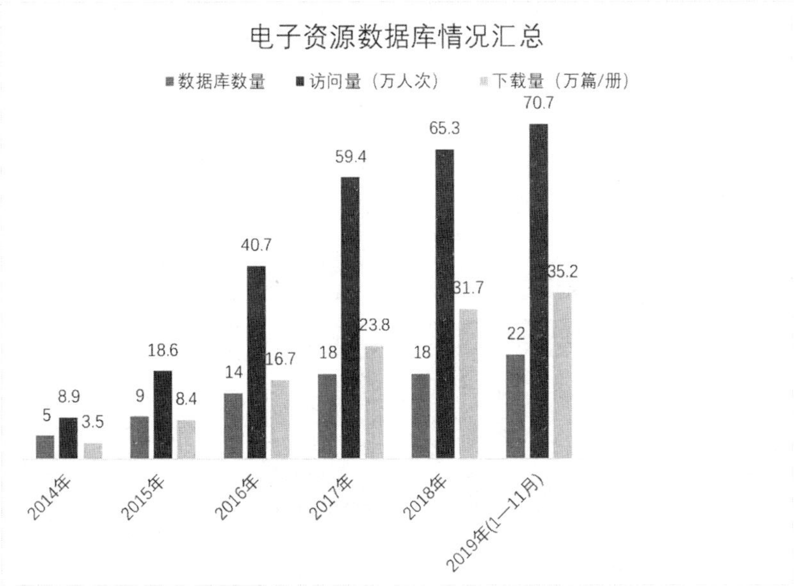

图 1-8　2014—2019 年在馆电子资源数据库数量、访问量、下载量统计图

（三）读书沙龙活动参与人数逐年增加

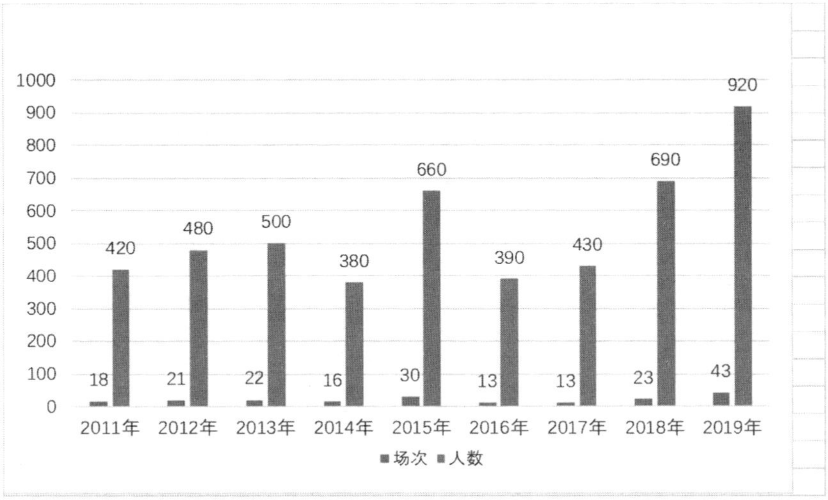

图 1-9　2011—2019 年读书沙龙活动场次与人数统计图

（四）自习厅读者人数逐年增加

2014 年前的自习室

2014 年后的自习室

优化后的环境——借阅查一体化自习厅

2014 年之前的自习厅门可罗雀，通过持续、多元、深入、创新的活动推广，2014 年之后的自习厅门庭若市。2019 年自习厅经优化提升，融借、阅、查为一体，而且环境更舒适，服务更优质，阅读体验更上一层楼。

（五）社会影响

我院的阅读推广活动先后被《中国教育报》《衢州日报》等媒体报道。

我们和经典有个约会
——衢州职业技术学院读书周活动侧记

2012 年 12 月 24 日《衢州日报》报道《经典躺着读》读书沙龙活动

让图书馆成为成长梦工厂

2014 年 5 月 26 日《中国教育报》对我馆的报道

（六）所获荣誉

荣誉证书
HONORARY CREDENTIAL

杨国顺、姜静、毛筱英、钱红红、胡昔杰、王惠珠、陈琪、林曼罗提交的《衢州职业技术学院图书馆读书沙龙》案例，在2013年浙江省高职高专院校图书馆管理与服务创新案例评选中荣获三等奖。

特发此证，以资鼓励。

浙江省高校图书情报工作委员会
二〇一三年十月

图 1-10　《衢州职业技术学院图书馆读书沙龙》案例获省高校图工委嘉奖

四、活动照片

崔戴飞书记向副省长成岳冲介绍我校“阅驿站”建设

我校学生正在“阅驿站”内阅读

《漫读书香四溢》教工读书协会成立暨青年梦朗读会展演

《漫读书香四溢》教工读书协会成立暨青年梦朗读会颁奖典礼

读书指导员与超星培训专家互动

2018 年度优秀读者授奖仪式

五、师生心得

（一）学生心得

原15电气自动化3班学生（现就读于浙江大学宁波理工学院通信工程182班）邢南杰说：

不同的人对同一样事物有着不同的理解，就好比读同一本书，因为年龄、阅历的不同，对书的理解有所不同。读书沙龙就是一个平台，以书为题，汇聚不同的思想一起探讨，一起与作者来场跨越时空的互动。书在哭泣，它们也需要朋友，读书沙龙就是一个舞台，能够展示它们，认识到新的朋友，也能把自己的朋友介绍给新朋友，构建起书与人交流的桥梁。

原15应用电子技术3班学生（现就职江西奉新广电台）李开水说：

“腹有诗书气自华，最是书香能致远。”每一次都很期待和同学们相聚在这里，每一次都让我看到了新颖的学习方式，同时，也感受到了共同学习的浓厚氛围。这样的读书学习活动打开了我们的视野，使我们不断地成长。“问渠哪得清如许，为有源头活水来。”希望大家常来图书馆，多读书、读好书。

机电工程学院18数控1班学生张宁说：

提升大学生文化素质，离不开文化课程和课外文化活动，但最基本的仍是学生的自我阅读能力。而读书沙龙是让自己去获取、去探求、去寻觅、去掌握，从而感受读书的乐趣，激发更强烈的读书欲望。让学生养成良好的读书习惯，使读书成为一种乐趣、一种风气、一种氛围，并通过分享让这份美好传播开来。希望读书沙龙活动吸引更多的同学投入阅读，携手创造书香校园。

（二）教师心得

院学生处蓝俊以老师说：

这是我第二次参加读书沙龙活动，在这里我能够和学生坐在一起共读一本书。通过面对面交流，我交到了很多学生书友。对于我在学校的教育管理工作来说，能更多了解新生代学生的思维方式、感兴趣的事，能听听学生的心里话，为立德树人工作提供了很多思路，为培养学生健康的人格提供了很多想法。00后学生并不是特立独行，他们也热爱分享，热爱团队，但是他们希望能被人深度理解，希望身边的朋友够酷。成为学生够酷的朋友，和他们共读一本书就是最好的方式，希望以后还能参加这样的活动。

六、经验分享

（一）重视谋划定制，树立长期品牌

活动策划是阅读推广活动成功开展的关键环节。阅读活动一定要适应现代大学生的特点，做到主题突出、形式多样、有连续性和持之以恒。因此，要重视长期阅读推广活动的规划和具体阅读活动的策划，力求常态化、体系化，树立品牌意识。在阅读推广活动策划过程中，加强与读者的交流沟通，精准掌握大学生的阅读意愿，注重阅读推广活动内容和形式的创新，精心研制阅读推广活动方案。在具体策划方案实施过程中，制订严密、翔实的活动计划，使阅读推广活动扎实推进，吸引更多的读者参与到活动中来，享受阅读的乐趣，切实将阅读推广活动办成学院内外有影响力的品牌活动。

（二）重视目标定位，突出以人为本

阅读推广活动是图书馆的基本职责和义务。对于缺乏阅读意愿的人，图书馆可以通过生动有趣、形式多样的阅读推广活动，引导他们感受阅读的魅力，享受阅读的乐趣，接受阅读，热爱阅读，甚至迷上阅读，形成阅读的意愿。对没有阅读需要的人进行阅读推广，帮助他们喜欢阅读，尽管难度很大，但意义非凡。因此必须从以人为本的站位高度，明确开展阅读推广活动的目标定位，即阅读推广活动的终极目的是“让不喜欢阅读的人喜欢阅读、让不会阅读的人学会阅读、让阅读有困难的人跨越阅读的障碍”。

（三）重视宣传引领，营造氛围影响

加强阅读推广活动的宣传引领，是吸引读者参与、推进活动开展、提升活动影响力的有效手段。一方面，图书馆应制订科学的阅读活动宣传方案，利用

校园网、校电视台、微信公众号、读书指导员QQ群等宣传工具，多途径、深层次地宣传阅读推广活动，营造阅读文化氛围，吸引更多的学生参与到阅读推广活动中来，扩大活动影响；另一方面，也要加强阅读价值的宣传，提高学生的思想认识，为深入落实阅读推广活动方案奠定坚实的基础。要争取学院相关职能部门乃至社会各界的支持，如院宣传部、学工部、教务处、团委、各二级学院及数据库商、书商、新闻出版机构等，并加强与学生会、学生社团、志愿者等相关学生组织的合作，充分发挥学生的聪明才智，整合资源、优势互补，从而强化对“花开四季、书香四溢”阅读氛围的营造和阅读推广活动的宣传。

（四）重视平台交互，强化能力提升

阅读推广活动的培训服务对于阅读能力的提升尤为重要。在阅读推广活动期间，要加强和广大读者的互动，及时掌握读者的阅读水平、能力和意愿。通过阅读推广的各种服务形式，训练那些有阅读意愿但不善于阅读的人，使他们更喜爱阅读、更善于阅读。具体借助训练有素的图书馆员、配套的读物和有吸引力的活动，诸如读书会、故事会、知识竞赛等日常化、规范化的项目，常年举办，辅之以送书、荐书、诵读、导读等服务手段，依托教授讲坛（学苑讲坛）、读书沙龙、阅驿站等平台，使读者在参加阅读推广活动过程中，逐渐学会阅读。

（五）重视评估总结，完善激励机制

活动评价是阅读推广活动的收官环节，是提升活动效果的重要举措。在一项阅读推广活动完成后，要对活动效果进行抽样调查，看活动是否达到了预定目标，找出活动过程中存在的问题，为阅读推广活动的改进提供重要依据。要及时对阅读推广活动的经验做法进行总结，对阅读推广活动中表现突出的先进分子予以物质和精神上的表彰奖励，如给予“优秀读者”“优秀读书指导员”等荣誉表彰，并予以素质拓展方面的加分，对“新生驾到—入馆教育在线答题”“浙江省高职高专院校图书馆素质提升工程”等知识竞赛活动中成绩优秀的读者，及时予以公开褒奖，从而最大限度激发读者参与阅读推广活动的积极性。

总之，高校，尤其是高职院校的图书馆，在持续、深入、创新开展阅读推广活动中，应紧密结合自身办学特色，通过加强人文资源建设、提高藏书质量、营造人文环境、开设人文讲坛、做好阅读引导、加强队伍建设等有效途径，不断强化对读者人文精神的渗透，努力配合学校实现人才培养与人格塑造的多重目标，使图书馆真正成为教育人、影响人、引导人、塑造人的“精神家园”。

附件 1

“阅”推广·“阅”享受
——读书指导员培训系列活动回顾

近年来，在学校的大力支持下，图书馆数据库的采购力度逐步加强，数据库也凭借资源更新速度快、内容专业、方便获取等诸多特点，成为广大师生科研与学习的重要资源支撑。为进一步扩宽读者获取知识渠道，图书馆借助读书节等契机，紧紧围绕读书指导员队伍建设，开展了切实有效的系列培训活动。

2018 年 3 月，学校通过各平台组织学生参加阅读推广相关活动，包括组织学生参加由浙江省高等学校图书情报工作委员会举办的全省高职高专院校大学生知识竞赛活动。活动均由各班读书指导员宣传发动，组织引领。

4 月，图书馆邀请武汉三新集团的老师来校为读书指导员介绍纸电同步的发展趋势及图书荐购的优势，他们通过 PC 端和手机端分别讲解了图书荐购平台的使用方法和具体操作流程，并邀请读书指导员现场进行图书荐购的演练。此次讲座为更好地满足读者的图书需求提供了有效途径，为图书馆今后图书采购工作提供了便利。

同时，邀请超星数据平台的老师来校为读书指导员介绍超星名师讲坛，从使用方法、内容特色等方面指导读书指导员如何利用学校数字资源，提高学习效率。

上述讲座，通过强化对读书指导员的培训拓宽了同学们的学习渠道，帮助同学们体验数字化时代全新的学习方式。

附件 2

漫读书香四溢
——衢州职业技术学院教工读书协会成立仪式暨青年梦朗读会展演纪实

“鸟欲高飞先振翅，人求上进先读书”，2019 年 4 月 22 日晚，由衢职院图书馆联合学生处主办的《漫读书香四溢》教工读书协会成立仪式暨青年梦朗读会展演，在学校一号报告厅拉开帷幕，300 余名师生以朗读会的形式，共同迎接第 24 个世界读书日的到来。衢职院党委副书记王东升，党委委员、副院长傅元勋，教工读书协会全体会员及学生代表参加了本次活动，共享读书盛宴。

梁衡的《冬日香山》在烟气氤氲中，由两位身着汉服的仕女，伴随着高山流水的音乐，娓娓道来。紧接着，现当代国内外名家的经典选段在舞台上一一呈现，体裁涉及小说、散文、诗歌、评论文等，通过丰富多元的表达，将现场观众带入一个又一个或浪漫、或平凡但激荡心灵的书中世界。

随后，我校教工读书协会举行了成立仪式，通过了协会章程。图书馆副馆长夏武祥被推举为会长并致辞，向全校师生发出“阅读阅快乐”的倡议，代表协会表示，将秉承“引领良好学风，丰富校园文化”的宗旨，积极参与学校图书馆开展的各类校园阅读推广活动，组织形式多样的读书活动，搭建师生交流学习平台，吸引更多的读书爱好者主动阅读，爱上阅读，引领主动学习的良好学风。

最后，王东升副书记为朗读小组颁奖，祝贺并勉励大家再接再厉，坚持把阅读的良好习惯带遍校园、带出校园，伴随终生。

此次活动是我校图书馆 2019 年上半年阅读推广活动中的重要一项，覆盖整个学期的阅读推广活动形式丰富多彩，从辩论赛到读书会，从培训到朗读竞赛，周周有活动，月月有亮点，践行了“爱读书、读好书、善读书”的倡议。

辩论有声：校辩论队，育人无价

一、活动设计理念

（一）理念

2018年，习近平总书记在全国教育大会上发表重要讲话，强调“培养德智体美劳全面发展的社会主义建设者和接班人，加快推进教育现代化、建设教育强国、办好人民满意的教育”。教育部2014年印发的《关于全面深化课程改革落实立德树人根本任务的意见》中，提出“核心素养体系”概念。核心素养以培养“全面发展的人”为核心，随着《中国学生发展核心素养》总体框架的颁布，教育过程中越来越重视培养学生的健全人格，并将培养学生健全人格的目标渗透在教育教学过程的方方面面。《健康浙江2030行动纲要》也将健康人格作为健康发展重要的指标之一。

这几年来衢州职业技术学院实行健康文化，培养学生的健康人格。人格是心理素质与道德素质的总和，包含人的社会地位与个体特征。现代人文社会科学将人格从伦理学、心理学、社会学等多个角度进行了界定。健康人格是职业发展、知识经济发展、素质教育、合格人才培养的需要。世界卫生组织对健康的定义是，“健康不仅是没有疾病，而且包括躯体健康、心理健康、社会适应良好和道德健康”。由此可见，健康人格是构成适应现代社会要求的心理素质、文化素养、道德情操和日常行为规范的总和。按照青少年健康人格工程文件上的解释，健康人格包括理想教育、行为养成、文化传承、心理疏导、性健康教育五项基本内容。

校辩论队旨在通过行为养成训练，有效适应社会生活环境的变化及自身身心的发展，乐于为社会服务；通过理想教育在社会大环境和小环境里找准自己的位置，认清自己人生的目标，清醒地认识和评价个人的行为；通过合作学习，与他人建立和谐的人际关系；通过竞争训练，发挥学生的创新精神与创造能力，培养其健康的人格。

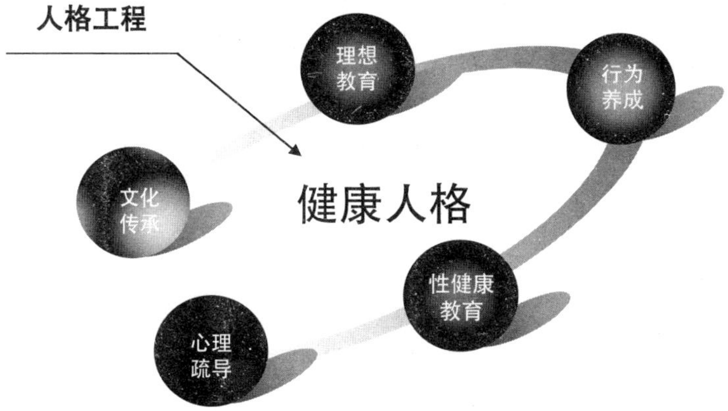

图 2-1 健康人格工程

（二）特色

辩论有声的主要特色有以下五个方面：

1. 训练常规化

校辩论队从学院成立之初就存在并开展了活动，2013 年注册为社团，属于校重点社团，从成立起就建立了常规化的训练方式，制订了相应的训练标准和规范。

2. 学习课堂化

校辩论队开设有学习课堂，体现了将健康的认知融入辩论队，将健康的人际关系融入辩论队，将健康的人格融入辩论队的追求，培养学生文化基础、自主发展、社会参与方面的核心素养。培养学生的八大能力：公开演讲能力、逻辑推理能力、批判思维能力、领导能力、团队合作能力、快速阅读能力、快速笔记能力和心理抗压能力。

3. 服务社会化

辩论队通过举办辩论赛、培训辩论队伍、参加社会调研、开设文化讲坛等方式服务社会，在服务中提高社团的影响力。

4. 培训能力化

大学生的核心竞争力是其综合素质的集中体现，主要表现在大学生的思维力、意志力、凝聚力、适应力和创造力等诸多方面，其中凝聚力展示了大学生的克制力、亲和力、领导力和维系力等人格魅力。通过校园辩论赛实践活动，大学生的动脑、动口、动手能力得到了提升，其未来的核心竞争力也大大提升了。辩论队以口才为特色，以气质为底蕴；融交际、主持为一体；集辩论、演讲、朗诵于一身，培养了队员们的逻辑思辨能力，充分挖掘并发挥了队员的潜能，提高了辩论队全体同学的综合素质。

5. 发展长效化

建立新老队员联谊活动方式，邀请毕业的老队员回校指导。建立友爱、互助与支持的体制机制，用收获和成长留住人，实现辩论队的长效发展。

二、活动方案、工作计划

（一）目标与理念

1. 建设目标：实现“三个一”目标。

图 2-2 “三个一”目标

建立一个校辩论队培训的信息平台，提升队员的知识与能力；制订一个校辩论队培训的特定流程和方法，以过程与方法培养队员的良好习惯；创设一个校辩论队培训的组织机构，培养队员的集体情感与价值认同。

2. 核心价值：以信为本、共同成长。

3. 创建理念：辩是非曲直，论古今中外，为每一位辩手提供最精彩的舞台。

（二）实施过程与载体

1. 四类活动路径

在“核心能力”的导向下，针对社团活动模式趋同的问题，精准实施“四类活动路径”：第一类是队员实行“每日一刻、每周一省、每月一辩、每期一服”的“4 个一”日常训练培养；第二类是队员实行“逻辑”培养；第三类是队员实行“服务”培养；第四类是队员实行“礼仪”培养。

每日一刻。早训，由大二辩论队成员在体育场对辩论队全体成员进行集合点名，并且做考勤记录，锻炼全体成员努力坚持的意志力。

在田径场进行 2000 米的晨跑训练，雨天跑教学楼上下 9 层楼梯 3 趟，锻炼全体成员的身体素质。晨跑结束后到人流密集的下层广场练声，锻炼成员的胆识和气魄。

每周一省。每周对个人朗读错误处做出点评，队员改正并且开始训练气势和声音的处理，根据不同人的声音特质进行专门训练，做到有教无类、因材施教。

每月一辩。每个月在辩论队教室集合，分组对辩题进行辩论。辩论结束后，由指导老师指出不足之处，全体成员不断提升自己的辩论技巧、语言技巧、写作能力和理解能力。

每期一服。每个学期开展社会化服务是拓展辩论队活动空间、锻炼学生实践能力的有益尝试，通过信息咨询、技术支持、公共服务等方式走入社区与乡村。

2. 系统研究关键问题

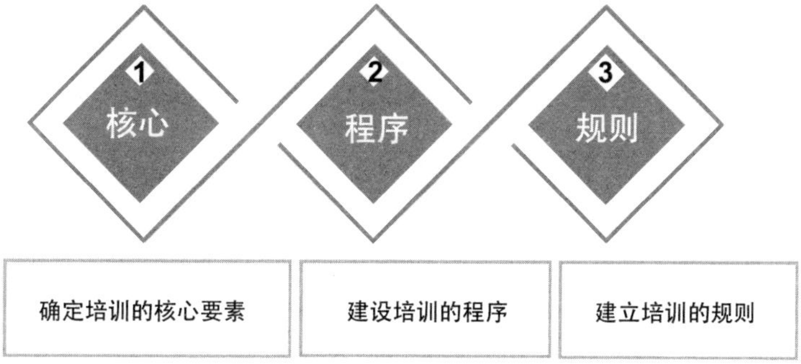

图 2-3　培训要素

内容一：起床，做早课、发声、形体、演讲。通过锻炼增加吸气量。早训锻炼胸腹的各种肌肉，提高肋骨吸气肌肉群的机能，使胸腔容量大为增加，从而提高舞台辩论时的呼吸控制和情绪控制的能力。通过慢速的呼气训练，提高气息的控制能力。比如“数数儿”或者唱慢歌或小段戏曲。训练一段时间之后，即使到了最后仍旧能平稳地数而没有局促或气急的表现。技能训练贵在持之以恒，用嗓和呼吸控制是技能，坚持训练，“功力”就会增加。

内容二：文学、历史、社会学、法律、科学等主题报告。邀请专家为队员做主题讲座。根据专家所熟悉和擅长的内容、学科、服务，以往讲座记录、队员评分、评价等信息，帮助队员选择最适合自己的报告。现代科学技术的系统性、整合性越来越强，自然科学、社会科学、人文科学的融合也越来越密切，辩论赛的开展能够引导学生多读书，学会、并善于查阅报刊、资料，拓宽其在文学、社会学、政治学、哲学、美学等方面的知识，开阔视野，提升修养和品质。

内容三：思维反应训练，抓漏训练，一对一训练，发散训练，一对强训练。

《国家中长期教育改革和发展规划纲要（2010—2020 年）》中强调“注重学思结合。倡导后启示、探究式、讨论式、参与式教学，帮助学生学会学习”。由此可见，要重视学生的思辨能力的培养，在辩论中提高与学生学习相契合的思辨能力。通过思维训练，各种案例分析、实战，与教练或培训导师交流，看高级辩手视频，分析其辩论的方法，开拓辩论思维。校园辩论赛也是大学生逻辑知识的大竞赛，谁具有较强的逻辑思辨能力，谁就有较大的可能战胜对方，取得胜利。辩论的灵魂是思维，辩手的思维质量将直接影响到辩论的效果。高校辩论赛的前期准备、中期辩论和后期总结，都锻炼了辩手的逻辑思辨能力，培养了其敏锐的洞察力、机智的应变能力和恰如其分的幽默感。

内容四：立论框架、陈词稿、质询问题、自由辩论战场、结辩价值。目前，大多数辩论赛都采用“ 2000 年 CCTV 全国大专辩论赛”的比赛模式，这种模式除了比赛的一些辅助环节，如介绍、点评和颁奖等，辩论过程主要分为立论陈词、质询攻辩、自由辩论、总结陈词四个环节，另外还可选择观众提问环节。这种模式让辩论双方既充分论证了己方论点，又深入质疑了对方论点；既对辩题中的每个重点进行了针锋相对的攻守，又对辩题中的各个方面进行了巨细无遗的涉猎；既能够展现辩手高超的语言能力，又能够展现辩手灵活的反应能力，所以具有非常强的对抗性、启发性和观赏性。根据学校的实际情况，辩论队采取的模式也有所不同，目前采用两种模式：课堂内模式和课堂外模式。

3. 活动组织架构

实现高质量发展，良好的规模、架构、人员等组织构成是必要基础。第一，坚持适宜的规模。辩论社团的思想研习、传播与实践等方式，决定了其规模不宜过大。一方面，要兼顾不同学院、学科、专业、年级等，另一方面，要根据实际确定合理规模，既要防止成员人数太少而无法实现常态化、精品化运行，也要防止因成员人数过多而出现管理不畅、活动参与度弱等现象。第二，坚持合理的架构。辩论队根据具体事项分别成立相应的部门，凸显上述领域的策划动员与组织实施等方面的功能。第三，培养精干成员。保证队员来源广泛、品学兼优的基础上，凸显社团骨干成员在社团发展谋划、重大活动策划、日常运行管理等方面的能力素质与责任担当。校辩论队设队长 1 名，副队长 2 名，具体部门主要分为财务部、公关部、考核部、实践部、宣传部、调研部、组织部和后勤部，由各个部门联合构成一个整体。

各部门负责的内容：

(1) 公关部：负责与外部的集体或个人进行沟通与联络，营造有特色、健康的风貌，深化外界对社团的认识，提升外界对社团的评价；

（2）组织部：组织策划活动的文案编辑以及内部工作的协调分配；

（3）财务部：经费预算、执行和物品的管理；

（4）实践部：早晚训练的督察和活动人员调动安排；

（5）宣传部：活动前后期宣传工作和与外界宣传的联系；

（6）考核部：纪律督察和成绩考核；

（7）调研部：积极、客观地了解社会的热点、思想动态，组织开展各类调研活动，并且在活动前做好资料收集和活动后数据统计；

（8）后勤部：训练场地的教具管理、卫生督察以及开展活动时的物资协调。

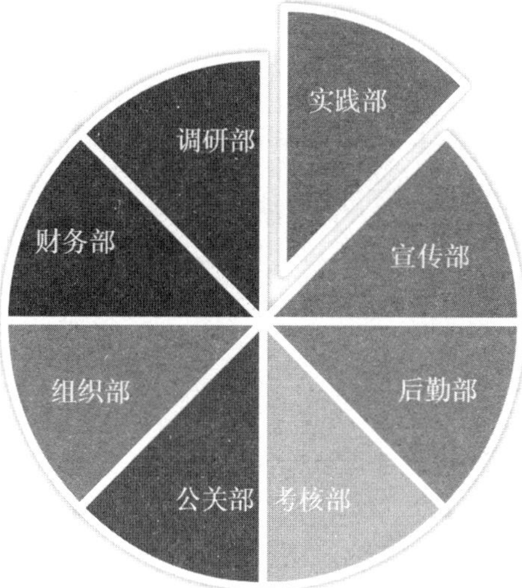

图 2-4　校辩论队各部门组成饼状图

4. 考核要求

辩论队根据辩手年级不同布置不同任务，对任务完成情况进行考核。全体队员应积极完成任务。

辩论队根据考勤和考核对辩手进行表扬或批评。参与比赛时，参考大家的表现决定上场队员；比赛结束后根据大家的表现为表现优良者申请学分。具体实行方法由队长委员会制订并公布。

参加重大赛事时，根据大家的参与度决定主力与替补，根据学校相关规定分别申请学分。凡在赛事报名名单中的，上场比赛的，全面认真参与讨论次数为总次数二分之一以上的记为主力队员。凡参与讨论次数达到四分之一，不及二分之一者记为替补队员。参与讨论不足四分之一者将不计为比赛参与者，不享有行为积分。

三、活动成果

（一）团队建设，提升学生沟通协作能力

队员训练能力得到很大提高，学习生活态度都很好，获得奖学金次数多，毕业后表现好。团队建设是指帮助一组人本着共同的目标，彼此之间以及领导、外部干系人和组织之间协同工作。成员之间有效沟通、相互依赖。团队的凝聚力强。辩论队从成立以来，就开始艰苦的训练，加强团队的建设，增强凝聚力，队员具有较高的荣誉感，多次获得省市比赛的奖项。

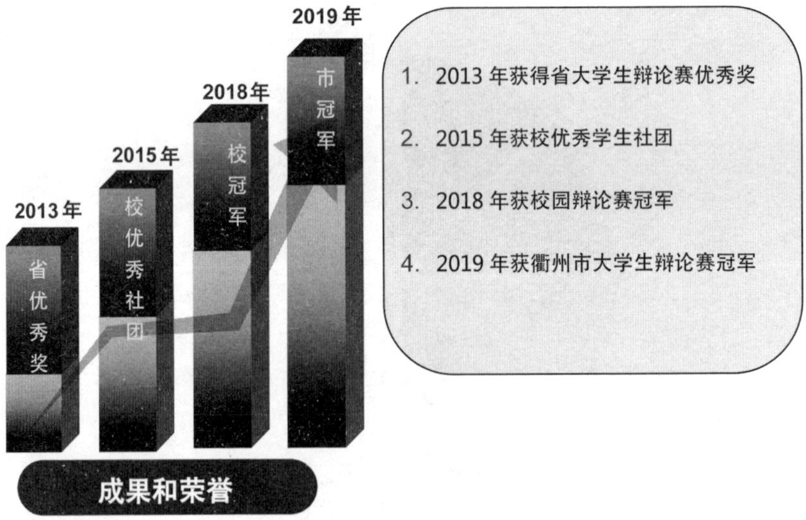

图 2-5　成果和荣誉

近五年学员表现

项目	奖学金	奖励	专升本	优秀毕业生	就业与创业
表现	获得国奖 2 人，省政府奖 6 人，获得校奖学金 8 人	获得省最佳辩手 5 人	2 人升入一本院校，3 人升入二本院校	3 人获得省优秀毕业生称号	3 人考入编制，2 人创业规模达到百万，1 人在公司年入百万

（二）教学改革有推进，提升学生批判思维能力

创设辩论式的教学法，将听说和读写有机结合，将课堂预设和生成有机结合，激发创造的火花，使课堂变得更生动；将教师主导与学生自主有机结合，将竞争和合作有机结合，构建学生学习团队，比合作学习更走远了一步；改变

肤浅的课堂讨论，提高学生的逻辑思辨能力、表达能力以及民主意识。思想道德基础与法律修养课程组根据课程内容和教学目标大胆尝试，将辩论赛搬进课堂，把课堂交给学生，实行角色转换，教学效果有了很大的提升。辩论式的教学获得省教学改革项目立项并圆满结题。将课堂交给学生，让他们提前学习课程内容，再将学习中的问题带回课堂，学生之间、师生之间相互讨论交流，使学生吸收内化知识的同时，自主学习能力也在提高。苏格拉底说过：一万次的灌输，不如一次真正的唤醒。翻转课堂的教学模式让学生成为课堂的主体，唤醒学生的内驱力，达到更好的学习效果；翻转课堂的教学模式让教师成为引导者，对教师的课程目标的分析能力、课程内容的设置能力、课堂管理及组织能力提出更高的要求。每一次尝试都有收获，每一次思考都有进步。

（三）服务社会有成效，提高学生服务社会能力

学校先后与十里丰监狱、十里坪监狱、衢州市检察院、市财政局、市农行、市妇保院等十多家单位开展辩论交流与培训活动。培训十里丰监狱队伍获得省赛亚军，开化华埠中学获得县比赛优秀奖等成绩；2018 年，先后深入莲花农村建设基地、赵抃故里参加传统文化资源开发和利用研究活动，获得省大学生创新项目立项；2019 年参加赵清献公诞辰 1011 年祭祀活动，协办首届廉孝文化讲坛；多次参加与市疾控中心联合主办的大学生防艾主题辩论赛，学校获得全国防艾宣传先进单位称号。

四、活动照片

17 届队员省赛合影

18 级表演赛合影

2018 年衢州市大学生辩论赛冠军

2013 年浙江省赛优秀奖

衢州市防艾滋宣传活动，学校成为防艾宣传全国先进集体

辩论进课堂教学研讨会，辩论课堂获得省教学改革课题立项

省优秀社团指导教师授课

省赛最佳辩手沈佳倩授课

辩论队文化下乡活动（莲花镇农业基地）

辩论队走进乡村活动（赵抃故里沙湾村），课题获得省大学创新项目立项

五、师生心得

（一）学生心得

信工学院 13 级方蕊同学说：

毕业以后，人人都忙于生活。虽然现在月入过 10 万，实现了财务自由，但是每签下一个单子，都让我回忆起在辩论队的生活，在那里我学到了成功的秘诀——充满自信地站起来陈述自己的观点。这就是当年我参加辩论赛的原因！

医学院 13 级吴源弘同学说：

最难忘的是在郭老师带领下和同学们一起参加辩论大赛，它使我学会了共同探讨，学会了坚持观点，学会了团结合作。两个月的时间，我们协作配合，积极备战，我懂得了什么是团队精神，体会到了团体合作的快乐，俗话说台上一分钟，台下十年功，漫长的准备都是为了台上一刻的璀璨，曾经的汗水都是为了这一刻能够无憾，我会永远记住和我一起辩论共同努力的同伴，也会永远记住我在辩论队学到的一切。

医学院 17 级屠书怡同学说：

在辩论队的两年时间里，每日晨起的长跑、朗诵，辩稿的不断书写、修正，人际交流愈渐流畅，这些都让我的心性越发沉稳。我坚信“在训练中提高水平，在努力中获取进步。”从之前讲话温声细语到现在可以爽朗大气地畅所欲言，我学会了据理论证，懂得了辩论的魅力，在一定程度上提升了我的思维应变能力、丰富了我的想象力。我会珍惜在辩论队里的每一分每一秒，永不忘怀。

（二）教师心得

校社科部杨老师说：

辩论式的教学改革，大大提升了课堂的教学效果。社团活动是思想政治课的延伸。

校党委副书记王老师说：

衢职的辩论队，最早看到校园清晨的景色，最晚回到宿舍。他们通过早训、练声、参加比赛和社会服务，逐步形成了积极的心态，养成了良好的品行。

六、经验分享

（一）科学定位，明确核心素养目标，创新人才培养模式

以发展学生核心素养为目标，以培养“全面发展的人”为核心，满足新形势下社会发展与个体成长的特点及需求，创新辩论队的培养模式，积极探索符合高职院校学生的素质培养和人格塑造模式，从方法能力、社会能力和专业能力等全面介入能力提升的设计，在人才培养方案的总体框架中进行人才模式的全新变革，从而为社会培养和输送具有创造性的人才。

（二）讲究方式方法，加强队伍建设，提高自身的业务能力

为提高辩论队整体水平，强化队员自身能力，辩论队从以下三个方面逐一加强队伍建设。一是联合衢州市本地学院举办衢州市大学生辩论比赛，打响名声；二是聚合队内精英队员，集思广益，总结历届大小不一的辩论比赛所获经验、技巧，一同出版有关辩论技巧、内容、逻辑方面的成果；三是厚积薄发，创立衢州市口才协会，广纳各路英才，扩充队内人数，优化全队整体质量，夯实辩论队后方阵营。

（三）推进整体设计，引导社会参与，提高服务社会的水平

辩论队的活动拓展了学生的实训基地，丰富了学生的实践能力。与社区和其他单位共同举办辩论赛，让学生走入社区，走进乡村，点燃他们服务社会的激情。

附件：活动方案

关于举办 2018 年衢州市大学生辩论赛的通知

衢州市各高校：

为深入学习贯彻党的十九大精神，深入挖掘和弘扬儒家优秀文化，培育和践行社会主义核心价值观，在校园营造浓厚的思辨氛围，让学生在思想交流的火花中探求真理、成长成才，助力“南孔圣地 衢州有礼”城市品牌建设，经研究，决定举办 2018 年衢州市大学生辩论赛。现将有关事项通知如下：

一、活动主题

文明、有礼、感恩、成才

二、时间地点

2018 年 5 月—6 月。每场比赛具体时间地点另行通知。

初赛时间：5 月中旬—5 月下旬；

复赛时间：5 月下旬—5 月底；

半决赛时间：6 月初—6 月中旬；

决赛时间：6 月中旬—6 月下旬。

三、举办单位

衢州市知联会主办，衢州职业技术学院与衢州学院等承办。

四、参赛对象及选派形式

1. 参赛对象：衢州市全日制普通高校在校学生。

2. 选派形式：采取自愿参赛原则，各高校组织选派 1 支辩论队参赛，每支辩论队由参赛选手和指导教师组成，其中参赛选手不超过 6 人，指导教师不超过 3 人。指导教师负责组织管理、指导具体赛务工作。各场比赛由 4 名选手参赛，比赛途中不得更换选手。

五、赛制说明

初赛、复赛按照参加高校所在地区，根据“就近、均衡”原则，分为 A、B、C、D 四组集中时间段举行，实行单轮淘汰制，如参赛队伍为奇数，则第一轮轮空，第二轮由主评委推荐，经与市知联会商定后，从未晋级队伍中选取一支优秀队伍复活参加比赛。

每组各确定 1 所牵头高校，负责初赛、复赛每场比赛的组织实施和统筹协调。每组最终各决出 1 支队伍进入半决赛。

六、奖项设置

团体奖：分别设冠军、亚军、季军各一名；优秀组织奖若干名。

个人奖：初赛、复赛、半决赛的每场比赛设“优秀辩手”各一名；决赛设“最佳辩手”一名，“优秀风采奖”一名，“优秀口才奖”一名。比赛设“优秀指导教师奖”若干名。

七、评委组成及评判模式

市知联会将组建专家评委库，初赛、复赛每场比赛的评委由各组牵头高校按照公平、公正、回避的原则从评委库中自行联系确定，同时将评委名单报知联会备案，每场比赛设评委 5 名，其中主评委 1 名。半决赛、决赛每场比赛的评委由市知联会遴选确定。

辩论双方按照最终得票确定胜方，初赛、复赛、半决赛每场比赛“优秀辩手”以及决赛“最佳辩手”“优秀风采奖”“优秀口才奖”由评委根据参赛辩手现场发挥情况推荐产生。“优秀指导教师奖”由评委及知联会联合商议决定。

八、其他

1. 请各高校将参赛回执于 5 月 10 日前报送至衢职辩论队鲁艺处。

2. 初赛、复赛所采用的辩题由各组牵头高校确定。半决赛、决赛采用的辩题由市知联会统一提供。

主办单位：衢州市知联会
衢州职业技术学院统战部
衢州职业技术学院社科部
承办单位：校辩论队
2018 年 5 月 6 日

星火工程："宿—班—院—校"四级朋辈心理辅导

一、活动设计理念

（一）理念

心理健康教育是提高大学生心理素质、促进其身心健康和谐发展的教育，是高校人才培养体系的重要组成部分，也是高校思想政治工作的重要内容。在高校思想政治教育的总体框架下开展心理健康教育，通过心理育人提升和优化高校思想政治教育效果，实现立德树人总目标，是我国高校心理育人的鲜明特色。20 世纪 80 年代以来，高校心理育人工作从探索实施心理咨询工作开始，经过了"心理咨询""心理素质教育""心理健康教育"等称谓变化，发展为全员、全过程、全方位育人框架下的"心理育人"。

2018 年 7 月，中共教育部党组印发了《高等学校学生心理健康教育指导纲要》，强调高校要把建成教育教学、实践活动、咨询服务、预防干预"四位一体"的心理健康教育工作格局作为总体目标，将高校的心理健康教育的覆盖面、受益面不断扩大，加强普及教育；要创新宣传方式、拓展传播渠道，宣传心理健康知识，增强学生心理健康意识，提升学生心理健康素质。

浙江省教育厅在 2019 年 9 月印发《浙江省高等学校学生心理健康教育工作基本建设标准（修订版）》文件，提出要发挥学生主体作用，鼓励学生成立心理健康教育社团，组织开展心理健康教育活动，增长心理健康知识，提升心理调适能力，积极进行心理健康自助互助。

衢州作为一座有礼之城、活力之城，近年来正在高速发展变化中。衢州的发展离不开人民素质素养的提高，也离不开无数耕耘在新衢州建设事业中的人才，衢州职业技术学院作为衢州地区唯一一所公办高职院校，是衢州市技能人才培养的摇篮，肩负着为当地经济发展培养、输送高素质人才的基本责任，衢职院以立德树人、知行合一为导向，以培养具有国际视野、创新精神和实践能力，富有社会良知和使命感的技术技能人才为根本任务，努力把学校办成办学特色鲜明、社会评价优良的优质高职院校。

衢州职业技术学院已基本形成以教育教学、实践活动、咨询服务、预防干预“四位一体”的心理健康教育工作格局，目前正积极推进落实心理健康教育工作三级网络。一级网络为学工部心理健康教育指导中心，统筹开展全校学生心理健康教育工作；二级网络为二级学院心理健康教育工作小组，负责开展二级学院学生心理健康教育工作；三级网络为班级心理健康教育工作队伍，主要以班主任及班级心理委员为主来落实班级心理健康教育工作。

朋辈心理辅导（peer counseling）是指由经过一定短期培训的非专业人员（朋辈心理辅导员）对周围需要心理帮助的人提供的心理咨询与心理辅导，并在日常学习和生活中，自觉开展心理知识普及、心理问题探讨、心理情感沟通、心理矛盾化解、心理危机干预等活动，帮助他人解决日常遇到的心理困扰，推动周围群体的互助、关怀、支持，实现“自助式”成长模式。它可以理解为非专业心理工作者作为帮助者在从事一种类似心理辅导的帮助活动，是一种特殊的心理辅导形式，又被称为“准心理辅导”或“非专业心理辅导”。大学生朋辈心理辅导员是高校学生心理健康教育队伍的重要补充，也是学校基础心理辅导和危机干预的重要力量。我校大学生朋辈心理辅导体系已成为学校心理健康教育的重要力量，为全校学生提供各项心理健康教育和辅导服务。

（二）特色

星火工程有以下五个特色：

1. 以项目化为支撑的朋辈辅导体系构建

学生处将朋辈辅导体系构建定为我校心理健康教育的重点项目，由校心理健康中心负责人专职负责，组建校内外相结合的培训师资团队、设立朋辈心理辅导员培训专项经费，在校阳光心理中心划分专门场地作为朋辈心理辅导工作室，实现对我校朋辈辅导体系的专业师资、专项经费、专门场地的全方位支持。

2. 以立体化为特征的朋辈辅导队伍设置

形成“宿舍—班级—二级学院—学校”四级朋辈心理辅导体系：宿舍层面为宿舍信息员，班级层面为班级心理委员，二级学院层面为从班级和心理协会中选拔出的朋辈心理辅导员，学校层面为从二级学院朋辈心理辅导员中选拔出的优秀成员组成的“星火”朋辈心理辅导工作室。这一体系搭建了学校心理健康基层辅导体系和学生心理危机干预预警体系，形成立体化朋辈心理辅导体系。

3. 以系统化为指导的朋辈辅导培训体系

探索朋辈心理辅导员胜任力模型，分解朋辈心理辅导员胜任特征，从职业态度、人际沟通、专业技能等维度系统设计朋辈心理辅导员培训方案。系统规划朋辈心理辅导员培养课程，推动朋辈心理辅导员培训课程化，纳入公共选修课，考核合格后获得相应学分。

4. 以实战化为核心的朋辈辅导队伍训练

在加强理论学习的同时，强调对朋辈心理辅导员辅导实践能力的培养，围绕朋辈心理辅导工作特点，在培养过程中加入大量案例交流、个别辅导情景模拟训练、班级心理活动组织、团辅活动设计等环节，并对培训效果进行评估和督导。

5. 以梯队化为目标的朋辈辅导队伍发展

建立“选拔—培训—考核”三位一体分层培养体系，对不同阶段的朋辈心理辅导员制订相应的选拔、培养方案，挑选优秀人才进入下一阶段培养，从而实现朋辈心理辅导员队伍的梯队化发展。

二、活动方案、工作计划

（一）工作概要

我校星火工程朋辈心理辅导体系建设，以学生朋辈自助和互助为核心，通过对朋辈心理辅导员系统的选拔、培训、考核，培养出优秀的朋辈心理辅导员为同学们提供心理辅导服务，把他们培养成守护在同学们身边闪亮的星，为迷惘困惑的同学指引方向；作为围绕在同学们身边温暖的火，为难过失落的同学提供支持，达到朋辈之间互帮互信、共同成长的目的。

我校朋辈心理辅导员支持体系建设由校心理健康教育中心统一负责，由四名心理学专业硕士背景教师和一名精神专科医院主任医师组成教师团队，共同完成人员选拔、培训、考核工作。学校同时设立专项工作经费和场地支持星火工程开展，星火朋辈心理辅导工作室位于学生服务中心三楼，配套建筑面积近$400m^2$，设有接待室、阅览室、测评室、放松咨询室、沙盘室、发泄室、团体辅导室等功能区，配备了智能呐喊宣泄系统、音乐放松系统、团体心理沙盘、心理测评系统等心理专业设备。

（二）实施方案

1. 构建朋辈心理辅导员队伍“宿—班—院—校”四级人才结构

我校朋辈辅导员队伍体系由宿舍心理信息员、班级心理委员、二级学院朋辈心理辅导员以及学校星火朋辈辅导工作室中成员组成。宿舍心理信息员在每年新生入学后设置，由学生自荐和班主任推荐共同产生候选人，通过心理量表调查、现场面试等形式选拔。宿舍心理信息员主要职责是关注室友心理状况、识别同学心理问题或心理危机信号，将信息报给班级心理委员或辅导员；班级心理委员主要负责对本班级学生开展朋辈心理辅导和心理健康教育活动，包括一对一的朋辈心理辅导、心理班会等；二级学院朋辈心理辅导员一般于每年3月开始培养，由二级学院心理健康小组从宿舍信息员、班级心理委员以及校心理协会等群体中挑选，并通过心理基础知识理论测试、技能面试、工作评价等形式考核。二级学院朋辈心理辅导员负责协助二级学院开展心理辅导和心理健康教育活动，包括一对一的朋辈心理辅导、团体心理辅导、心理健康教育主题活动等；学校心理朋辈咨询员一般在每年6月开始培养，由校心理中心从二级学院朋辈心理辅导员队伍中选拔优秀学生进入星火朋辈辅导工作室。校星火朋辈辅导工作室成员承担工作室日常接待工作，并协助心理中心开展朋辈心理辅导员队伍的建设，分板块负责朋辈辅导员日常管理与工作指导、朋辈心理辅导工作指导、团体辅导班会设计指导、寝室信息员和班级心理委员工作指导等专业性工作。

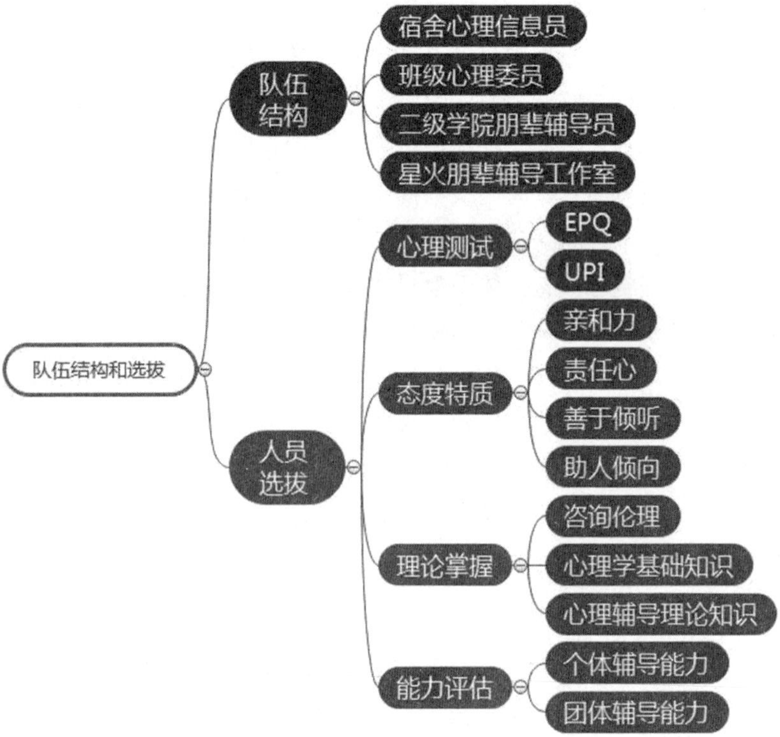

图 3-1　朋辈辅导员队伍结构和选拔

2. 实施朋辈心理辅导员队伍分层系统培训

我校对不同层次的朋辈心理辅导员队伍人员制订不同的培训策略，对于宿舍心理信息员，开展工作制度培训和相关理论培训，包括工作职责和要求、大学生心理问题识别、大学生心理危机干预；对于班级心理委员，在宿舍心理信息员培训基础上，从理论知识方面，增加朋辈辅导员工作职责、个别辅导理论和技术、团体辅导理论和技术、自我成才团体辅导训练等；二级学院心理辅导员和星火朋辈辅导工作室成员在班级心理委员培训基础上，开展个体辅导模拟练习、团体辅导模拟练习以及社会见习和实践等培训项目。最后，由教师团队对朋辈心理委员的培训效果和工作表现进行督导和评估。

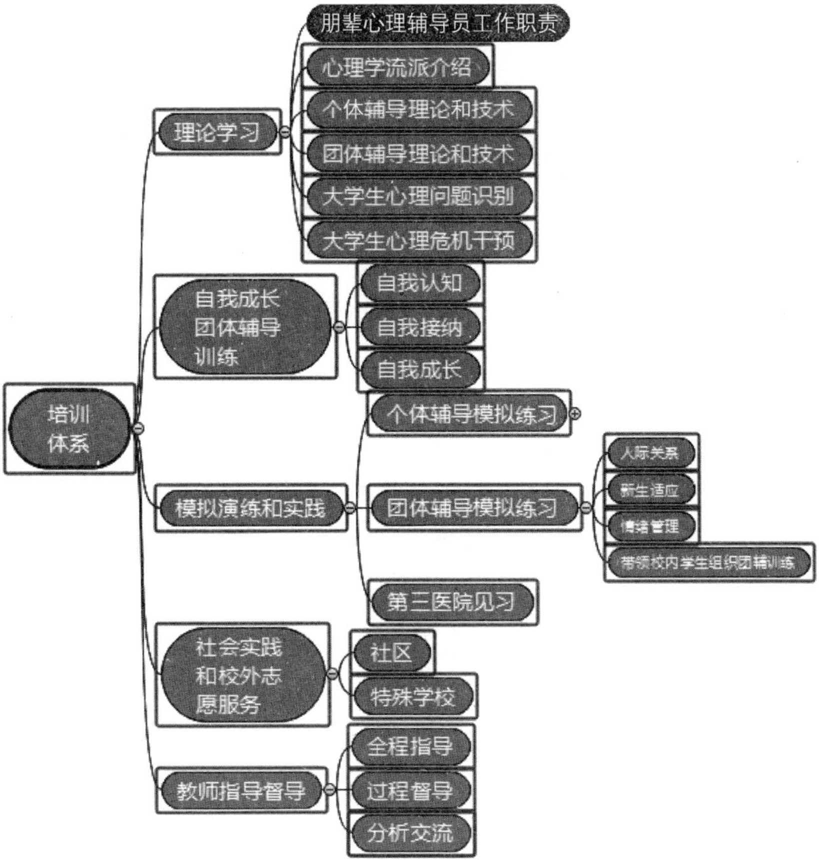

图 3-2　朋辈辅导员队伍培训体系

3. 打造朋辈心理辅导员服务四大工作平台

根据我校学生发展实际情况，我校朋辈辅导员体系目前形成了四大学生服务平台。一是宿舍服务平台，由宿舍心理信息员关注全宿舍成员心理健康状况、开展简单心理帮扶、组织参加院校心理健康教育活动。二是班级服务平台，由班级心理委员主要开展心理班会、班级团体心理辅导活动、个体心理辅导帮扶以及组织开展或参加心理健康教育活动。宿舍工作平台和班级工作平台共同组成了我校基层学生心理援助体系和学生心理危机预警体系。三个是二级学院朋辈心理辅导站，由二级学院朋辈心理辅导员面对本学院开展心理辅导工作道德和伦理、个体心理辅导、团体心理辅导、组织二级学院心理健康活动等工作。四是星火工作室，面向全校学生开展朋辈辅导员培训、心理健康教育品牌活动开展、心理健康网站和公众号运营等工作。

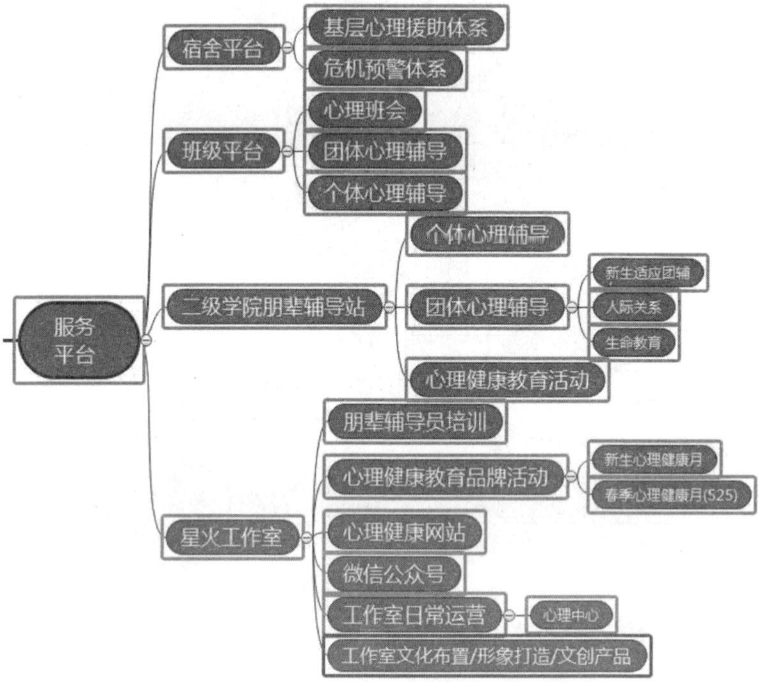

图 3-3　朋辈辅导员队伍服务平台

4. 实行朋辈心理辅导员工作全程效果评估制度

宿舍心理信息员和班级心理委员工作由二级学院心理辅导站进行评估考核，二级学院心理辅导员和星火工作室成员由心理中心负责评估考核。考核内容包括日常工作完成情况和工作效果评估，评估途径包括班级学生评价、班主任反馈、团辅辅导效果评估以及个体辅导过程监督等。

工作计划见附录 1、附录 2。

三、活动成果

我校自2016年开始推进朋辈心理辅导体系建设，培训对象从班级心理委员逐渐扩展到心理协会成员和二级学院学生干部群体，每年报名参加朋辈辅导员培训的人数持续增长；经过不断探索和实践，朋辈心理辅导员的培训体系日益完善，课程课时逐渐增加，形成了对朋辈辅导员队伍的分层培养策略。

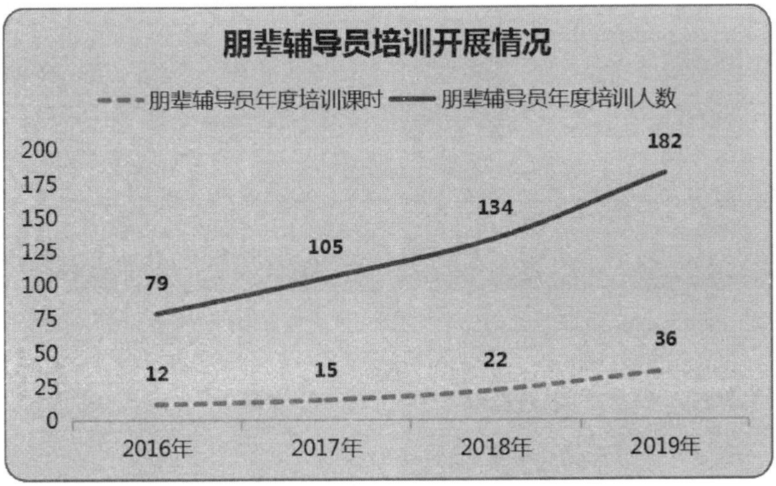

图3-4 朋辈辅导员培训开展情况

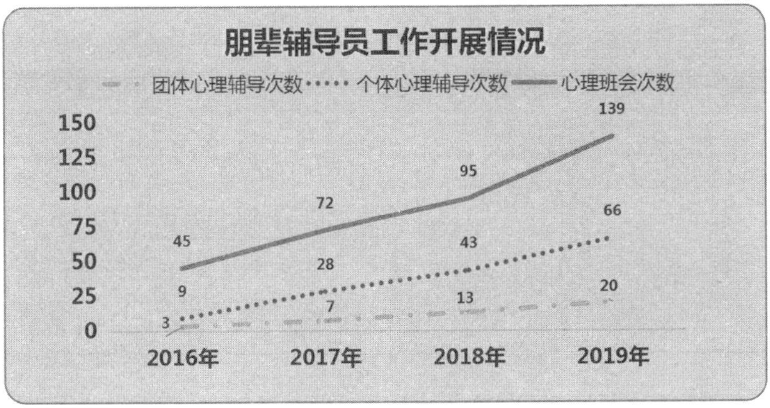

图3-5 朋辈辅导员培训开展情况

我校朋辈辅导体系的工作内容有关注学生日常心理健康、开展心理班会、提供个体心理辅导和团体心理辅导服务以及组织心理健康教育活动。从2016年来，我校朋辈心理辅导服务体系逐渐形成宿舍平台、班级平台、二级学院平台以及星火工作室四项工作平台。开展学生服务项目逐渐增多、学生服务次数逐渐增加，特别是组织开展团体性心理辅导活动方面，服务人数和服务质量明显提升。

四、活动照片

参加心理委员培训

组织心理情景剧比赛

参加团体辅导技能培训

组织心理游园会活动

组织心理班会活动

参加心理训练营活动

组织心理发泄室体验活动

沙盘团体训练

五、师生心得

（一）学生心得

参加心理委员培训的 19 级医学院吴同学说：

成为心理委员更多的是因为好奇，但是在参加完 12 个课时的学习后，我对心理委员的定义、职责有了清晰的认知，同时对心理委员的基本素养、工作方法和技巧等方面的学习有了很大的进步。我最喜欢的课程是团体辅导课，没想到还可以用这样生动有趣的方式来帮助班级同学。最后我很开心顺利通过了心理委员课程的考核，让我对接下来完成心理委员工作充满了信心。

接受过朋辈个体心理辅导的 16 级医学院何同学说：

早就看到学校里朋辈心理辅导工作室的宣传，刚好赶上大三要毕业了压力很大，抱着试试看的心情预约了咨询，挺担心能不能真正地对自己有帮助。有点出乎意料的是，接待我的同学非常专业，学生的身份反而让我很快地放松下来，整个谈话过程让我很舒服、很有安全感。在那个小小的房间，她帮助我把最近的压力、郁闷以及担忧全部都倾诉出来，而且还分享她自己的经历来给我启发。谈完以后我感觉自己情绪好了很多，如果有机会我还是会去找她谈话的。

参加朋辈团体心理辅导训练营的17级医学院瞿同学说：

第一次参与这种形式的训练营，很好奇，同时也很害怕，毕竟感觉自己不是个自信的人，也希望通过这个训练营提升自己。后来发现上课的“老师”是我们的学长学姐，训练营的氛围很好。刚开始都是互相不认识的人，我还显得拘谨。学长学姐通过一次次课，帮助我们互相熟悉，让大家迅速进入状态，课上基本都是互动，很结合主题。主题是自信心，每个活动都让我们大方地展现了自己，使我们得到很好的锻炼，每次课都有收获。课程的设计是递进的，一次次课程的深入，我们收获的不仅是自信心，还有朋友，特别是最后一节课，真的有点伤感，很舍不得。

作为朋辈心理辅导员参与举办心理游园会17级经管学院的郦同学说：

心理游园会是我们星火朋辈心理辅导工作室在全校面前展示的机会，经过我们精心策划，将工作室最好的一面展示出来。心理游园会以心理游戏为主，对于同学们来说，精心设计的游戏很有吸引力，起到了良好的宣传教育效果。这是我们朋辈心理辅导工作室主办的心理健康教育活动，也是我们工作室能力的展现，后来活动举办得很成功。经过这次锻炼，我们这批人都成了各二级学院心理健康教育的骨干，对开展心理活动也更有信心了。

（二）教师心得

星火朋辈心理辅导员选拔和培训的董老师说：

我觉得朋辈心理辅导员体系的发展已经超过了我的预期，没想到同学们参与的积极性这么高，班级心理委员是每个班的标配，但如果班级心理委员缺少继续留在朋辈心理委员发展的意愿，朋辈心理辅导队伍的梯队化发展将严重受挫，朋辈心理辅导体系建设也会成为空谈。我想同学们参与的积极性一方面体现了朋辈心理辅导培养体系在大一阶段实现了对学生的有效引导，另一方面也体现了朋辈心理辅导体系本身对学生发展的吸引力。应继续坚持和优化朋辈心理辅导体系建设，为我校心理健康教育培养力量。

心理情景剧活动的指导老师蓝老师说：

很累，但是最终看到学生的进步我又觉得很欣慰，无论是最终在舞台上呈现的效果，还是在排练过程中学生的成长、学生团队之间的磨合，都让我感受到了教育的成就感。发动班级心理委员参加心理情景剧是一种比较适合大学生的心理健康教育活动，大家创作的剧本都是来源于大学生活中经常遇到的问题，通过舞台上的生动演绎，能让同学们学习处理人际交往、情绪管理等方面问题的心理知识，获得处理问题的方法并运用于实践。

朋辈心理辅导工作室指导老师华老师说：

看着朋辈心理辅导体系的逐渐完善，看到朋辈心理辅导工作室运转日益成熟，看到我们用心培养的朋辈心理辅导员在各自岗位上发光发热，感受到朋辈心理辅导体系在我校心理健康教育中的贡献，从个体辅导、团体辅导、班会活动甚至主题教育活动，都能看到朋辈心理辅导员们的身影，他们将所学所会的知识、技能都回馈到了周围的同学身上，践行着一名优秀朋辈心理辅导员的职责和素养，为他们感到骄傲。

六、经验分享

（一）严格班级学生心理工作队伍人员选拔

优秀的人才是建立优秀的朋辈心理委员队伍的前提条件，当前许多高校包括心理委员在内的班委选拔采用自荐竞选产生，班主任也对除了班长、团支书以外的班干部缺乏重视，导致出现大一班级心理委员的素质良莠不齐的现象。学校应该从源头上抓好包括班级心理委员、宿舍心理信息员的队伍建设，要求班主任高度重视并且在选拔前充分宣讲心理委员和宿舍心理信息员工作职责和要求，选拔时除日常表现外要结合适当的心理问卷测量，尽可能地选拔出具有责任心、亲和力和乐于助人品质的优秀学生。

（二）做好朋辈心理辅导员的系统培训

系统的培训是朋辈心理委员队伍建设的关键助力。根据朋辈心理辅导员胜任力模型，分解朋辈心理辅导员胜任特征，从职业态度、人际沟通、专业技能等维度设计培训方案；建立分层培养体系，对不同阶段的朋辈心理辅导员制订针对性的培养方案，不同阶段有不同的侧重点，在培训内容上逐级递进，帮助实现朋辈心理辅导员队伍的梯队化发展。

（三）重视朋辈心理辅导员道德和伦理守则教育

心理辅导在很多时候涉及心理隐私、情感诉求等，与中小学生不同，大学生一般都是成年人，在涉及情感恋爱辅导、辅导异性同学时，朋辈心理辅导员要特别注意自己的角色：既能很好共情（empathy），但又不能移情（transference），要尽量避免和受助人有工作以外的牵连。另外，要做好朋辈心理辅导员“职业道德”教育，注意对受助人的隐私保密，避免发生拿别人隐私开玩笑甚至嘲笑等情况。

（四）做好朋辈心理辅导员培养工作效果评估

做好朋辈心理辅导员培养并对其学习和工作效果进行评估考核是朋辈心理辅导员队伍建设的重要保障。在培养过程中及时对朋辈心理辅导员的学习效果进行考核评估，引导朋辈心理辅导员积累工作自信、夯实培训效果，也激励部分相对落后学生查找不足；对朋辈心理辅导员的工作效果进行评估，发现问题要及时改正，加强对辅导员的工作督导，促进朋辈心理辅导员良性成长。

（五）落实朋辈心理辅导员表彰激励

开展优秀表彰活动是对朋辈心理辅导员队伍的有效激励。根据不同岗位同学的工作职责和要求，定期考察其工作表现，并在学年结束后对优秀的同学及时进行表彰鼓励，这既是对同学们认真工作的肯定，也是树立先进榜样，从而对其他人起到激励作用。

附件 1：

星火工程——朋辈心理委员培训体系

星火工程——朋辈心理委员培训体系

		寝室心理信息员	班级心理委员	二级学院朋辈心理辅导员	星火朋辈辅导工作室
选拔	时间	9月	9月	3月	6月
	对象	大一新生	大一新生	班级心理委员、心理协会成员	二级学院朋辈心理辅导员
	要求	责任心、亲和力、助人意愿	责任心、亲和力、助人意愿	理论掌握、工作能力和表现	理论基础、工作能力和表现、工作态度
	方式	心理测试、面试	心理测试、面试	理论测试、工作表现考核	理论测试、工作能力评估
培训	内容	朋辈辅导员工作职责 大学生心理问题识别 大学生心理危机干预	个别辅导理论和技术、团体辅导理论和技术、自我成长. 团体辅导训练	个体辅导模拟练习、团体辅导模拟练习、校园心理教育活动设计与实践	社会实践和志愿服务、星火辅导员工站运营管理
	形式	理论学习	理论学习、团体辅导	理论学习、案例分析、团辅训练、小组训练	理论学习、模拟练习
	师资	校内老师、朋辈心理辅导员	校内老师、朋辈心理辅导员	校内老师、朋辈心理咨询师	校内老师、专科医院医生
考核	考核	常规工作完成情况	常规工作和活动开展情况	理论考核、工作开展情况	理论考核、工作开展情况
	激励	优秀班级心理工作者	优秀班级心理工作者	优秀朋辈心理辅导员	优秀朋辈心理辅导员

附件 2：

二级学院朋辈心理辅导员选拔培训工作实施方案

一、目的

选拔和培养出优秀的朋辈心理辅导员，配合二级学院组织开展个体心理辅导、团体心理辅导、心理素质拓展活动，服务全校学生心理健康成长。

二、组织报名和选拔测试

（一）招募对象：大一班级心理委员、心理协会大一成员

（二）招募人数：从报名者中选拔 30 人进入岗前培训，经培训考核，合格者予以上岗。计划招募 30 名朋辈心理辅导员

（三）报名时间

3 月 7 日至 3 月 14 日

（四）报名方式

1. 自主报名：阳光心理中心现场报名。

2. 各系推荐：由各二级学院心理辅导老师推荐。

请各位报名同学在 3 月 14 日前将报名表交到心理中心 301 值班室，按要求填写各项基本信息。

（五）报名条件

1. 热爱心理工作，乐于真诚、热心、主动帮助同学；

2. 个性乐观、积极、善于倾听与沟通，观察力强，细致耐心，有高度责任心；

3. 有一定团队领导能力，组织协调能力强，语言表达能力强；

4. 能参加 2019 级朋辈心理辅导员培训课程，能从事本工作至少一学年；

5. 对心理学有一定了解者优先；有组织、参与团体辅导活动经验者优先。

（六）选拔程序

1. 理论初试时间：3 月 17 日（暂定）

地点：阳光心理中心

方式：理论考试，限时 60 分钟完成

目标：考察受试者的朋辈心理辅导基础知识掌握情况，选拔 40 人左右进入复试。

2. 实操复试

时间：3 月 20 日（暂定）

地点：阳光心理中心

方式：用随机抽签方式，每 5 人一组，进行情景面试

目标：考察受试者的责任心、细致、乐观等个性品质，选拔 30 人左右进入培训。

三、岗前培训

时间：3 月 23 日至 5 月 23 日

地点：心理咨询中心、学生活动中心、多媒体教室

内容：

阶段	时间	培训课程	培训方式	课时	考核方式	分值比例
第一阶段	3 月 23 日—4 月 8 日	朋辈心理辅导员职责 心理咨询流派 个别辅导理论和技术 团体辅导理论和技术	理论学习	10	理论考试	20%
第二阶段	4 月 9 日—4 月 23 日	自我成才团体辅导 自我认知 自我接纳 自我成长	团体辅导	8	个人成长报告	20%
第三阶段	4 月 24 日—5 月 16 日	三人精微咨询技能练习 组内团体辅导方案设计 学生组织团体辅导练习	模拟练习	12	考核	50%

续表

阶段	时间	培训课程	培训方式	课时	考核方式	分值比例
第四阶段	5 月 17 日—5 月 23 日	第三医院见习 校外志愿服务和社会实践	见习实习	6	考核	10%

四、考核结业

为通过考核的朋辈心理辅导员颁发上岗证书，从下学期开始在各自二级学院工作，服从二级学院心理小组工作安排，参与二级学院学生心理辅导，按要求组织团辅活动和户外拓展活动，并接受后续培训与督导。

心理健康教育指导中心

2019 年 3 月 7 日

战“疫”思政：让青春在实践中闪光

一、活动设计理念

（一）理念

习近平总书记在全国学校思想政治理论课的教师座谈会上指出：“要坚持理论性和实践性相统一，用科学理论培养人，重视思想政治理论课的实践性，把思政小课堂同社会大课堂结合起来，引导学生立鸿鹄志，做奋斗者。”理实交融对新时代青年大学生的成长具有重要作用。2019 年中共中央办公厅、国务院办公厅印发《关于深化新时代学校思想政治理论课改革创新的若干意见》，强调“坚持开门办思政课，推动思政课实践教学与学生社会实践活动、志愿服务活动结合，思政小课堂和社会大课堂结合，鼓励党政机关、企事业单位等就近与高校对接，挂牌建立思政课实践教学基地，完善思政课实践教学机制”。各个教育实践主体参与到思想政治理论课建设中来有助于进一步推动思政课的教学体系、人才培养。这些方针为高校思政教学实践课程提供了政策保障。浙江省宣传部、教育厅、团省委联合打造升级版大学生社会实践活动——“双百双进”，引导百所高校和百万大学生深入基层，走进人民群众当中，赢得了广泛的社会赞誉，真正做到了让青春在实践中闪光。2020 年，面对突如其来的新冠肺炎疫情，衢州市根据本区具体实际情况，衢州团市委联合多部门面向全市衢州籍大学生开展“家燕归巢”暑期社会实践活动，该活动为衢州市的大学生思想政治理论课社会实践活动提供了良好的施展才华的宽广平台。

几年来，衢州职业技术学院通过充分运用大学生思想政治理论课平台，以“三个有利于”为标准，摸索出一条富有衢职特色的大学生思政课实践活动。“三个有利于”具体是指：有利于高职院校学生全面自由而健康发展；有利于培育服务衢州经济和社会发展的应用型人才；有利于培养和践行“工匠精神”的高素质技术技能人才。衢州职业技术学院的思想政治理论课社会实践教学是巩固高职院校《思想道德修养与法律基础》《毛泽东思想和中国特色社会主义理论体系概论》《形式与政策》课程理论教学成果和提高教学实效的重要途径。随着教育部印发《高等学校思想政治理论课建设标准》文件，进一步把实践教学作为考量课程建设成效的重要标准，并指出："把实践教学纳入教学计划，统筹思想政治理论课各门课的实践教学、落实学分（本科 2 学分，专科 1 学分）、教学内容、指导教师和专项经费。实践教学覆盖全体学生，建立相对稳定的校外实践教学基地。"根据 2020 年 4 月教育部召开的 2020 年度高校思想政治工作视频会，以及思想政治理论课"战'疫'小课堂"方案《关于疫情防控期间高校思政课教学组织工作的通知》等文件的要求，我校将思想政治理论课实践活动分为课堂实践、校园实践和社会实践，以适应做好战"疫"思政展示课、上好战"疫"思政教育课、办好战"疫"思政实践课的要求。

衢州职业技术学院在疫情期间的战"疫"思政课实践活动能鼓舞新时代青年大学生的学习热情，传播正能量，弘扬社会主义核心价值观。这项工程着力解决高职院校学生学习理与实相割裂、对思想政治理论课理解偏差等方面的突出问题，从思想上和行动上引导新时代青年大学生关心衢州乃至国家和民族的前途命运。新冠肺炎疫情防控不仅是一场疫情阻击战、一场疫情全面战，更是一场疫情持久战。在病毒肆虐时，处于社会中的每个人都不能够自保，每个人都要投入这场疫情阻击战中。因此，衢州职业技术学院 2020 年思政课实践环节从思想上和行动上引导全校学生共同防疫，让学生意识到我们的命运与国家是紧密相关的，通过参与一系列的实践活动自觉养成奉献的意识；让学生认识到人生的价值就在于奉献，只有在社会活动中不断地奉献自己，为他人乃至全社会做出自己的一份贡献，才不会因虚度年华而悔恨，不会因碌碌无为而羞愧。更要让学生学习到这场疫情让很多人不计个人得失和紧密团结的精神品质，从而理性对待疫情当中的恐惧和挫折。

（二）特色

战"疫"思政课实践活动的主要特色有以下几个方面：

1. 理论系统性

衢州职业技术学院战"疫"思政课实践活动以紧紧围绕党的指导思想、反映时代要求和呼唤、适应高职院校学生的学习特点为要素，从而开展一系列丰富多彩的实践活动。活动自开展以来，大学生充分释放了青春的能量，点燃了梦想的火炬，自觉用理论武装头脑来指导自己的行动，从而培养出拥有崇高理想、创新意识、与时俱进意志品质的新时代有为青年。参与战"疫"思政课实践活动，一方面，可以使新时代青年自身的理论水平得到加强和升华，解决和分析问题的能力得以提升；另一方面，也可以增强他们学习习近平新时代中国特色社会主义思想的自觉性，从而能指导自己以后的学习与生活，实现思政课“立德树人”和“三全育人”的目标。

2. 活动精准性

习近平总书记强调，“思想政治理论课要坚持在改进中加强，提升思想政治教育亲和力和针对性，满足学生成长发展需求和期待”。每一个学生都可以通过战“疫”思政课实践活动，找到与理论知识相匹配的项目，也可以找到与自己兴趣点相结合的项目，使得高职院校学生都能做关注社会和现实的“有心人”。精准的实践项目，使得学生成为有着奉献精神和工匠精神特质的有为青年，充分实现人才培养目标。培养学生成为具有团结协作能力、调查研究分析能力、自我认知和磨炼意志能力的有为青年，即在战“疫”思政课实践活动过程中精准提高高职院校学生人格修养和心理素质，使得他们在遭遇困难和挫折时能够有坚强的毅力、顽强的意志、互助的精神。2020 年的这场特殊战“疫”思政课实践活动能够培养高职院校学生关注时事、为社会做贡献，全心全意为人民服务的历史使命感和社会责任感的精神品质。

3. 创新多维性

从战“疫”思政课实践活动内容上看，衢州职业技术学院战“疫”思政课实践活动自开展以来，不管是校内、校外的实践活动都会随着时代发展，国内国际时事政治的变化而变化，真正达到贴近生活、贴近群众、贴近实际的目的。新时代青年要通过战“疫”思政课实践活动了解：我们需要把握时代脉搏，聆听时代声音，与历史同向，在创新实践中奉献自己。从战“疫”思政课实践活动参与主体上看，它结合了我校职业教育的特点，从以教师教授为主再逐步过渡到师生共同参与，最后让学生成为活动的主角，让新时代青年能够在班里、学院、学校和社会中展现自己的才能。这样一来学生由被动的、命令式的“任务”变为主动的、开放式的“活动”——由被动地灌输习近平战“疫”理论到主动探究习近平治国理政战略的科学性，从而有助于激发新时代青年主动学习和参与思政理论课教学的积极性。从战“疫”思政课实践活动的方法来看，通过“三结合”，即结合衢职院校专业特色、结合不同特质学生特长、结合衢州特色文化，以达到习近平总书记所强调的“好的思想政治工作应该像盐，但不能光吃盐，最好的方式是将盐溶解到各种食物中自然而然吸收”；同时，战“疫”思政课的教学案例很鲜活，可供选择的资源信息比较广，每一个学生都或多或少地参与到这次疫情防控阻击战中来，从而使学生能够很好地融入活动中来。

4. 服务社会化

衢州职业技术学院秉承“俯身贴地，服务地方经济”的理念积极开展社会服务。战“疫”思政课实践活动通过开展一系列活动，动员全校大一学生参加校内外志愿服务活动等方式服务衢州，在服务中提高衢职院的社会影响力，提高大一学生了解疫情防控、关注社会发展的品质，读懂战“疫”，用行动去诠释青年一代“00后”的勇敢与坚强，责任和担当。

二、活动方案、工作计划

（一）目标与理念

1. 建设目标：实现“三全育人”目标

通过战“疫”思政课实践活动帮助学生树立四个正确认识。第一，正确认识世界和中国发展趋势；第二，正确认识中国战“疫”策略和世界策略的差别；第三，正确认识新时代青年的责任与担当；第四，正确认识远大抱负的实现要着眼于脚踏实地。通过战“疫”思政课实践活动让“全员育人”有更深度的理论认识，使得学生产生参与感、获得感，更有积极性和主动性参与今后的思政课实践活动。通过战“疫”思政课实践活动让“全方位育人”更加有激情，让学生真正体会中国特色社会主义制度的优越性，厚植高职学生的爱国主义精神和工匠精神，把所学理论和技能自觉融入坚持和发展中国特色社会主义建设事业、建设社会主义现代化强国、实现中华民族伟大复兴的宏伟蓝图之中。通过课堂实践展示、校园实践活动和暑期社会实践活动达到思想政治理论课的“全程育人”。

2. 创新理念：形成了以“增强高职院校学生获得感和幸福感”为中心的“12345”战“疫”思政课实践活动考核模式

“1个思想”：以习近平新时代中国特色社会主义思想为指导思想。

“2个主体”：以激发高职院校学生获得感和幸福感为抓手，充分调动思政课教师和高职院校学生两个主体的积极性。

“3个环节”：课堂项目化实践（学生战“疫”PPT演讲+学习通投票打分/教师打分）、校园实践（思政教师战“疫”展示课、模拟法庭、大学生辩论赛、校内思政法制宣传教育实践基地）、思政课暑期社会实践。

“4个机制”：理论与实践考核相结合、内容与形式考核相结合、实践态度与实践成果考核相结合、学生自我评价与教师评价考核相结合的战“疫”思政课实践活动考评机制。

“5个能力”：通过战“疫”思政课实践活动培养起高职院校学生“听、说、读、写、行”五个方面的能力。

3. 核心价值：突出社会主义核心价值观在战“疫”思政课实践活动中的地位

（二）实施过程

1. 三类实践路径

在党的指导思想下，针对高职院校思想政治理论课在学生群体中存在感低以及新时代青年大学生认知水平尚未成熟等方面的问题，精准实施“三类实践路径”：第一类是课堂项目化实践活动采取教师示范、教师参与、学生主导的“三个一”策略；第二类是校园社会实践通过润物无声的形式实行“能力”培育；第三类是暑期社会实践实行“服务”培育。

2. 教师示范

线上开学第一课由马克思主义学院教师精心设计《抗击疫情，中国人民一定能，中国一定行》向学生传递中国特色社会主义制度的优越性以及中国人民抗击疫情的决胜之心。线下开学第一课通过借助《形式与政策》课确定宣讲主题，即《读懂疫情防控阻击战，做新时代有为大学生》，主要分为三个部分：第一部分，读懂战“疫”（读懂中国优势：党的领导优势、国家制度优势、科技力量优势；读懂中国方案：把人民群众生命安全和身体健康放在第一位、打好湖北保卫战和武汉保卫战、防控与经济两手抓双胜利、秉持人类命运共同体理念）；第二部分，反思战“疫”（敬畏生命、心怀感恩、牢记担当）；第三部分，同心战“疫”（遵守学校规定、做好个人防护、保持身心健康）。通过中国战“疫”理论的讲解为战“疫”思政课社会实践活动提供理论支撑；通过展示我校优秀校友余琳欢、吴露萍、戴晶晶、柴爱娟、徐美凤、叶佳乐等参与此次疫情防控的感悟为学生参与战“疫”思政课社会实践活动提供素材和案例。

3. 教师参与

教师通过指定战“疫”思政课社会实践主题，学生可根据自己的特质选择团队合作或个人展示。同时，全校教师参与“我为学生晒被子”活动也展现出战“疫”思政课社会实践活动不仅需要学生参与，而且也需要教师参与。在暑期社会实践活动中，教师为学生提供技术支持和理论指导，让战“疫”思政课社会活动做得更精、更细、更深。

（三）实施方案

战“疫”思政课社会实践活动推进时间表

序号	工作内容	工作任务	工作方法	完成时间	责任人
1	战“疫”思政实践课程安排表	战“疫”思政课社会实践活动原则、项目、要求	每周至少两次，连续十六周，多样化和精细化	第一第二周前	教研室主任
2	课堂实践活动开展	1. 学生制作ppt并展示 2. 学生答辩 3. 教师和学生评分	统一部署 统一要求 质量第一 公平公正	第一到第十六周	各任课教师
3	参观思政实践教育基地	组织乘车、参观、返回	安全第一	第十周前	教研室主任
4	校内实践活动开展	1. 活动策划 2. 活动备案	自主选择	第十二周前	各任课教师
5	暑期社会实践活动	任务下达与分配	安全第一 合理有序	开学前	各任课教师

（1）课堂实践：《毛泽东思想和中国特色社会主义理论体系概论》学习比重

序号	内容	要求	分值
一	平时成绩×0.5		100
1	课堂表现	考勤、课堂参与	35
2	课堂实践成绩（线下）	师生共同评价	20
3	“学习通”平台学习		45
(1)	完成登录	200次	5
(2)	观看视频	观看所有视频	25
(3)	完成作业	完成所有作业	10
(4)	网上讨论	一个2分	5
二	期中考试		100
三	期末考试		100
附加	“学习强国”平台学习	500分/期	5
合计			500

（注：学生可通过所学的理论知识结合此次疫情进行战“疫”思政课实践活动，以更好地讲好中国故事。在战“疫”思政课社会实践活动中，学生成果展示采取讲中国故事主要有以下几个方面的考虑：第一，高职院校的大一学生思想还处于萌发期、社会阅历尚浅，认知判断活动还不成熟，纯理论的实践展示难以获得其他同学的肯定和支持；第二，战“疫”故事素材较多，刚好契合了高职院校学生感性认识能力强、理性认知能力弱的特点；第三，通过讲中国故事，有助于培养他们的理论自信能力。）

案例1：近日，为贯彻落实省委省政府关于抓住高校返校复学机遇，强化师生教育引导，帮助高校师生增强防护意识，掌握防护技能，确保师生生命安全和健康成长的相关精神，马克思主义学院根据校党委的统一安排和部署，结合我校学生返学实际，精心准备并组织开展了“复学第一课”活动。

疫情发生以来，为充分学习以习近平同志为核心的党中央为做好疫情防控工作所采取的重大决策部署，深刻感受中国共产党的坚强领导、中国特色社会主义制度的显著优势，马克思主义学院多次组织全体思想政治理论课教师认真研读、深入系统研究习近平总书记关于疫情防控工作的重要讲话指示精神和省委各项决策部署，充分挖掘疫情防控期间的育人元素，认真准备、提前谋划，以《读懂疫情防控阻击战，做新时代有为大学生》为题，给大一和大二全体学生上了“复学第一课”。

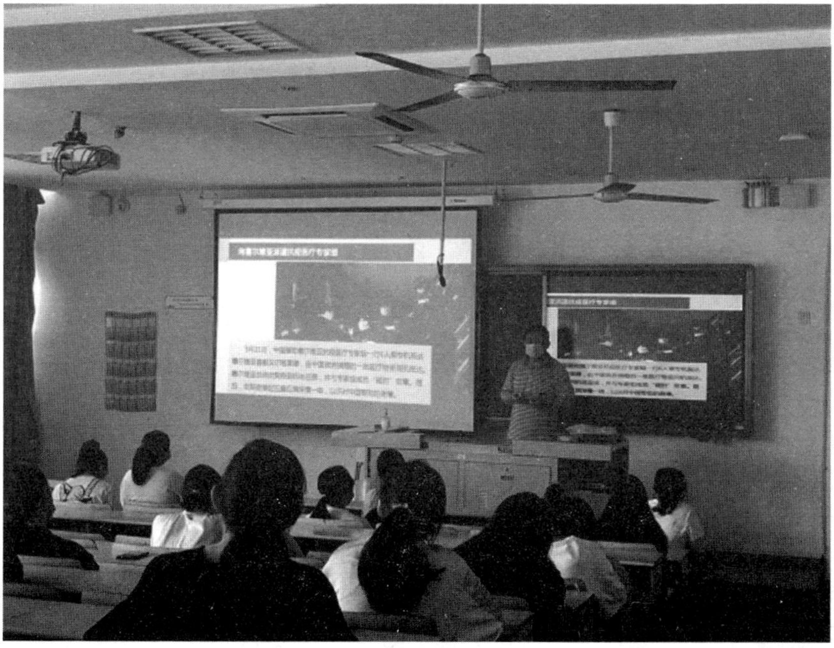

图4-1　“复学第一课”1

课堂中，老师们从读懂战“疫”、反思战“疫”和同心战“疫”三个方面，对我国疫情防控中一方有难、八方支援的大爱壮举，人民团结一心、共克时艰的精神风貌，不畏艰险、无私奉献的先进典型，干部师生上下齐心、团结一致抗击疫情的生动实践进行了深入浅出、有针对性的讲解。

图 4-2　“复学第一课” 2

“复学第一课”活动在学校师生中引起热烈反响，同学们纷纷表示进一步坚定了“四个自信”，认识到了中国优势，今后会更加珍惜宝贵生命，心怀感恩、担当，听从学校安排，争做新时代有为大学生。

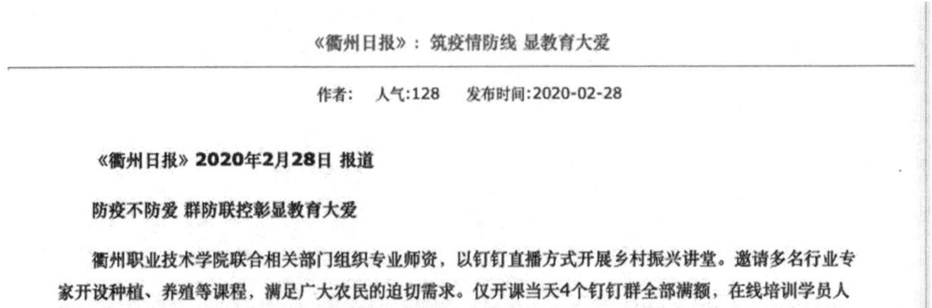

《衢州日报》：筑疫情防线 显教育大爱

作者：　人气:128　发布时间:2020-02-28

《衢州日报》2020年2月28日 报道

防疫不防爱 群防联控彰显教育大爱

衢州职业技术学院联合相关部门组织专业师资，以钉钉直播方式开展乡村振兴讲堂。邀请多名行业专家开设种植、养殖等课程，满足广大农民的迫切需求。仅开课当天4个钉钉群全部满额，在线培训学员人数达4000余人。"柑橘红美人栽培技术"课程把直播地点放到了种植基地，并就病虫害防治、果树修剪等为学员们作现场答疑和示范操作，为农民搭建了更加直观便捷的培训平台。

图 4-3　《衢州日报》报道截图 1

案例2:《衢州日报》筑疫情防线，显教育大爱

（2）校内实践：

实践项目名称	实践对象	校内实践方案修订
1. 校园志愿者服务 2. 优秀抗疫校友访谈 3. 主题党课、团课宣讲 4. 辩论赛 5. 模拟法庭 6. “被”感幸福 7. 战“疫”情景剧 8. 疫情时期创新创业模拟	全校部分教职工 全校大一所有班级 全校大二部分班级	1. 本学期教学实际 2. 教师实践项目安排 3. 学生实践项目安排 4. 可行性预判 5. 各实践活动开展 6. 优秀实践成果展示 7. 学院、教研室和任课教师总结 8. 暑期战“疫”思政课社会实践活动安排

案例3：优秀抗疫校友访谈

一方有难，八方支援。在此次新冠肺炎疫情战斗中，各地医务工作者主动请缨，挺身前沿，在最危险的防疫阵地昼夜拼搏。我校医学院毕业的校友们在此次疫情中坚守岗位，默默奉献着自己的力量，多名校友更是不畏艰难，挺身而出，踏上去武汉的征途，奔赴一线，成为最美的“逆行者”。

凌晨1点零7分，衢州市中医医院钉钉群里一条驰援武汉的紧急报名信息，犹如射向宁静夜空的一发烟花，瞬间炸开了元宵节这个子夜的宁静，报名者众多。“2003年抗击非典疫情时，我就报名上一线，但很遗憾当时只是作为一名后备人员。此次新冠肺炎疫情暴发，我主动向护理部请战，申请进入最危险的隔离病房!”衢州市第二人民医院护士长我校护理9410班校友蒋庆花激动地说。“驰援武汉，一路狂奔！作为一名有着多年临床经验的护士，又是一名老党员，我先上!”衢州市中医医院护士，我校护理9410班校友柴爱娟也不想错过这次机会。

她们也早已经做好了辛苦付出的准备，蒋庆花到达武汉后每天平均工作12小时以上，十几个小时不喝一口水地连轴转是常态，最忙的一次从早上8点一直工作到凌晨1点，她却从来没有喊过一句累。我校07护理4班校友吴露萍，是衢州市第二医院的一名护士。8年身患垂体瘤的她，长期服药抵抗力低，但在疫情需要之时，她仍然毫不犹豫地报名参加抗疫情工作。“我一个人去完成操作，就能减少他人的接触，减少同组其他小姑娘被传染的可能性。”为此吴露萍每次进入隔离病房前，总是尽可能地选择阳性患者的楼层；每次夜班都需要采

集咽拭子，她依然选择独自一人去完成。

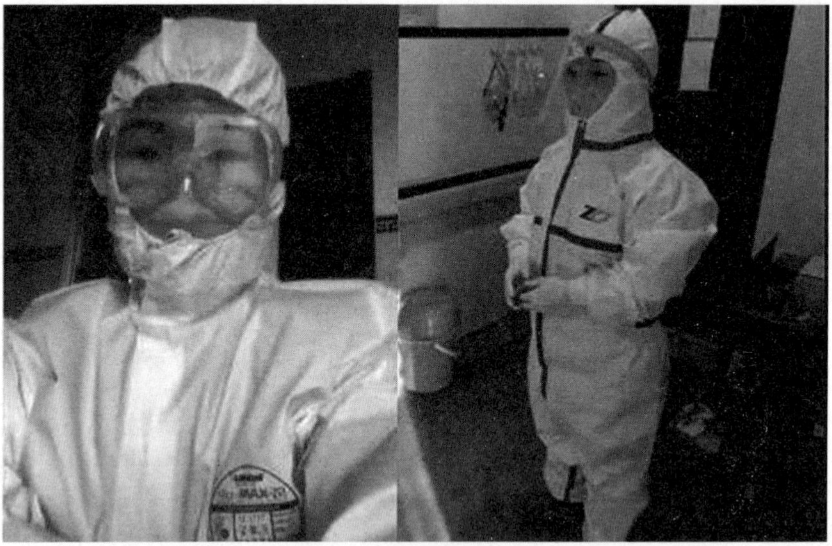

图 4-4　抗疫校友 1

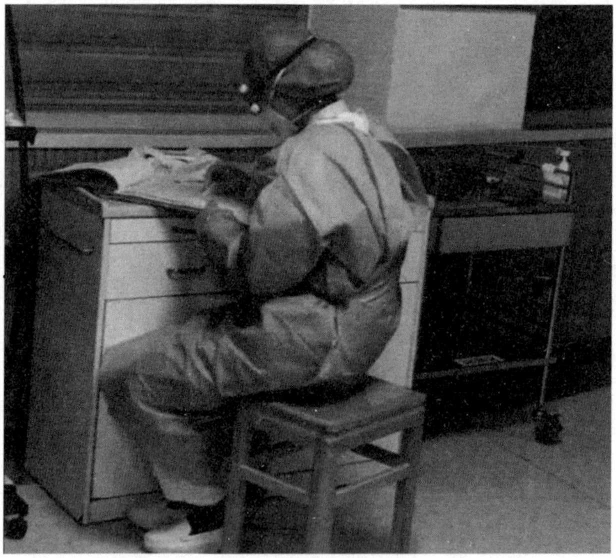

图 4-5　抗疫校友 2

“踏入隔离病房的那一刻，我的内心是激动的，我告诉自己，此刻的我就是一名战士，这时的我放下心中所想所念，大步向前走去。相信有着‘不破楼兰终不还’的决心，我们终将赢得这场战‘疫’的胜利！”衢州市第二人民医院急诊科我校 15 级护理 9 班刘泽锋面对困难充满信心。

就职于浙一医院的我校校友丰孟祥赴武汉后感慨万千：“还记得刚到武汉时的情形，空气中弥漫着消毒水的味道，路上插满了国旗，心中澎湃也忐忑，2020 年的冬末春初，会让武汉人民铭记，会让中国人民铭记，我们这些医务人员也会铭记。当拨开云雾之时，能在武汉街头吃碗热干面多好。”

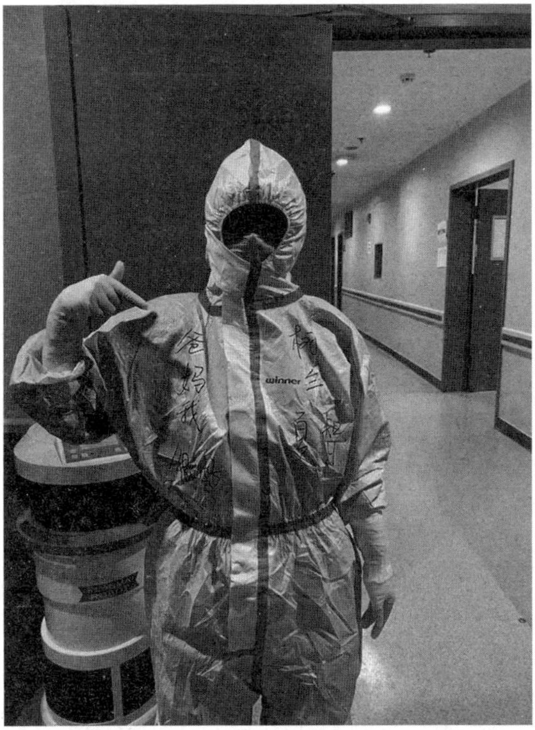

图 4-6　抗疫校友 3

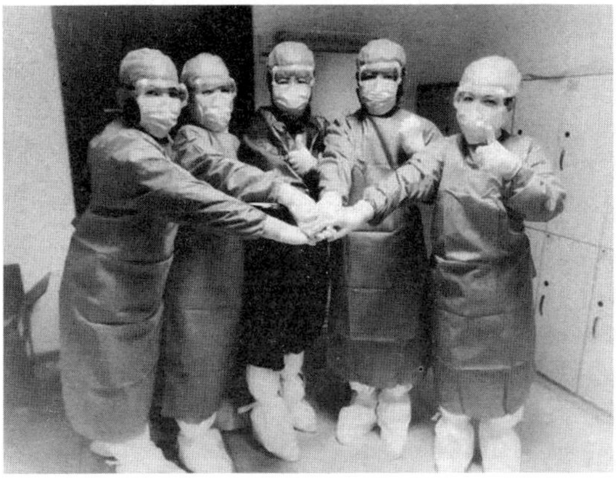

图 4-7　抗疫校友 4

作为一名资深的责任护士和新上任的护士长，我校护理 21 班校友夏智在武汉一个月的时光里，一直保持着一丝不苟的工作态度。“我在这里度过了凛冽寒冬，经历了焦虑、紧张与迷茫，见证了无数可歌可泣的感人场面，感受到了举国力量的伟大，看到了希望的曙光。”

在武汉起早摸黑的三十个日夜是衢化医院呼吸治疗师、我校 06 级护理 1 班校友李德生这辈子最难忘的日子。“感觉自己已经和武汉连在了一起，见过这里艳阳高照，也挨过风霜雨雪；看过恐惧的目光，也目睹了感激的泪水；有挥手离别的不舍，也有互道珍重的感怀！我们都有着同一个信念：早日打败疫情，得胜而归！”

使命在肩，逆行出征，向逆行的勇士致敬！向所有默默坚守着自己的岗位的校友致敬！寒冬已过春已至，感谢你们的勇敢付出，你们是母校的骄傲！

案例 4：战“疫”思政课社会实践活动——“抗疫故事”图片展，让思政课更鲜活

《衢州日报》：“抗疫故事”图片展 让思政课更鲜活

作者：　人气:437　发布时间:2020-05-12

《衢州日报》2020年5月12日 报道 通讯员 欧阳洪萍 摄

5月5日，衢职院在第一批复学学生到校报到之际，由合作发展处收集并展出了来自一线抗“疫”典型、防疫工作先进典型、志愿服务先进典型等49位校友的“抗疫”故事，以期用身边的故事感染人、教育人，把困难当磨砺，增强社会责任感和奉献精神，上好这堂优秀校友思政课。图为学生观展现场。

图 4-8　《衢州日报》报道截图 2

案例5：汇聚青春正能量，同心协力共战“疫”——衢职院学子深入开展线上主题团活动

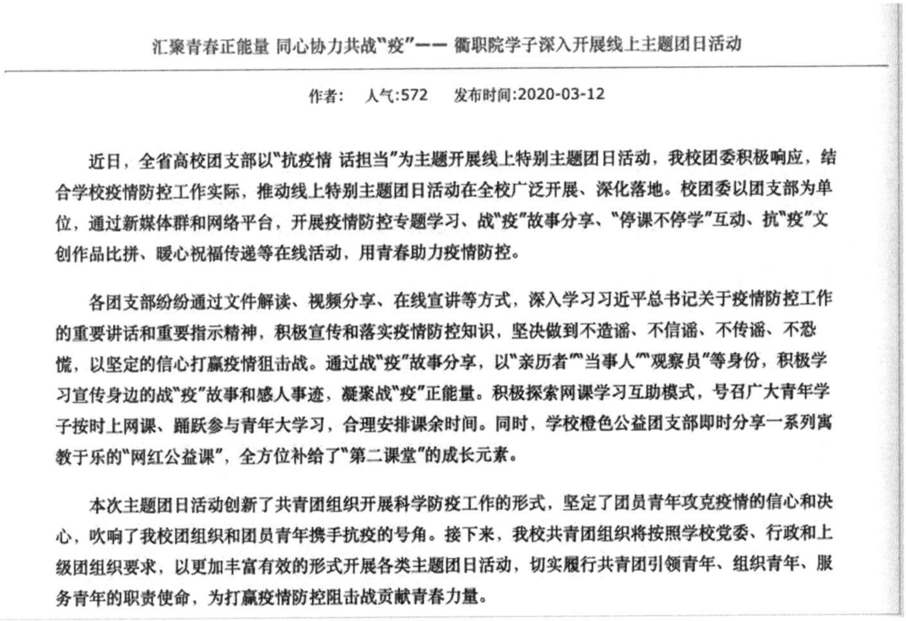

汇聚青春正能量 同心协力共战"疫"—— 衢职院学子深入开展线上主题团日活动

作者： 人气:572 发布时间:2020-03-12

近日，全省高校团支部以"抗疫情 话担当"为主题开展线上特别主题团日活动，我校团委积极响应，结合学校疫情防控工作实际，推动线上特别主题团日活动在全校广泛开展、深化落地。校团委以团支部为单位，通过新媒体群和网络平台，开展疫情防控专题学习、战"疫"故事分享、"停课不停学"互动、抗"疫"文创作品比拼、暖心祝福传递等在线活动，用青春助力疫情防控。

各团支部纷纷通过文件解读、视频分享、在线宣讲等方式，深入学习习近平总书记关于疫情防控工作的重要讲话和重要指示精神，积极宣传和落实疫情防控知识，坚决做到不造谣、不信谣、不传谣、不恐慌，以坚定的信心打赢疫情狙击战。通过战"疫"故事分享，以"亲历者""当事人""观察员"等身份，积极学习宣传身边的战"疫"故事和感人事迹，凝聚战"疫"正能量。积极探索网课学习互助模式，号召广大青年学子按时上网课、踊跃参与青年大学习，合理安排课余时间。同时，学校橙色公益团支部即时分享一系列寓教于乐的"网红公益课"，全方位补给了"第二课堂"的成长元素。

本次主题团日活动创新了共青团组织开展科学防疫工作的形式，坚定了团员青年攻克疫情的信心和决心，吹响了我校团组织和团员青年携手抗疫的号角。接下来，我校共青团组织将按照学校党委、行政和上级团组织要求，以更加丰富有效的形式开展各类主题团日活动，切实履行共青团引领青年、组织青年、服务青年的职责使命，为打赢疫情防控阻击战贡献青春力量。

图 4-9 “汇聚青春正能量”报道截图

案例6：欢迎回家，“被”感幸福——我为学生晒被子的活动方案

各位老师：

庚子之年，暴发了始料未及的新型冠状病毒，疫情延迟了我校开学时间。自疫情发生以来，老师们每天坚持记录学生健康情况，进行电话家访，又要准备线上教学，真的辛苦了！病毒无情人有爱！众多逆行者的身影向我们诠释着责任担当和使命意识。如今春暖花开，同学们即将陆续回到校园、回到寝室、回到老师们的身边，他们也需要一份特别的关爱，来驱散心中的雾霾！现学生处在校党委的号召下，开展“欢迎回家，‘被’感幸福——我为学生晒被子”活动，希望通过活动，师生之间能建立起特别的友谊，让学生能感受到老师的爱，更希望他们能带着温暖回到朝思暮想的校园。现将活动方案公布如下（具体安排由二级学院负责）：

欢迎回家，“被”感幸福——“我为学生晒被子”活动方案

一、活动目的和意义

由于新型冠状病毒的暴发，疫情延迟了我校开学时间，同学们已经在家三个月，寝室里的棉被也许久未见阳光。现在春暖花开，阳光明媚，为了喜迎同

学们安全返校，顺利入住温暖的寝室，我校将组织全体教职工一起帮助学生晒晒棉被、寝室通通风，一方面促进学生养成良好的生活习惯、保障同学们的健康，另一方面更希望以此促进师生之间和谐相处、增进感情。

二、活动主题：欢迎回家，“被”感幸福

三、活动场地：全校晾晒区

四、活动时间：2020 年 4 月 20 日教师返校日起到学生返校前

五、活动安排

1. 学生开学前通过校园网、二级学院主动告知学生关于晒被子活动，由班主任（通过班级网络群）主动征求学生意见，经学生同意后为其晒被子；

2. 班主任统计需要晒被子学生名单、寝室号、床位号等资料后统一交二级学院学工办进行统筹安排策划晒被子具体实施方案；

3. 教师报到后，由各二级学院根据天气状况、场地等自行安排，并由二级学院负责召集辅导员、班主任、联系寝室教师一起参与实施。

六、活动要求

1. 晒被子活动既是疫情防控的需要，也是增进师生感情的有效途径，体现了我校对学生的人文关怀，全体教职工应思想上统一认识，主动协助班主任做好晒被子活动。

2. 二级学院晒被子可根据学校资源以及学生返校安排分批、错时安排。

3. 晒被褥期间，公寓管理员、公寓辅导员要管好公寓出入，实施封闭式管理，以防无关人员进出。

4. 在晒被子过程中要注意细节，特别是要做到“谁晒谁收”，做好标识，以防混淆。

5. 晒被褥的同时可以进行寝室通风等工作，让学生回到寝室就能感受到学校充满人情味。

学生处

2020 年 4 月 20 日

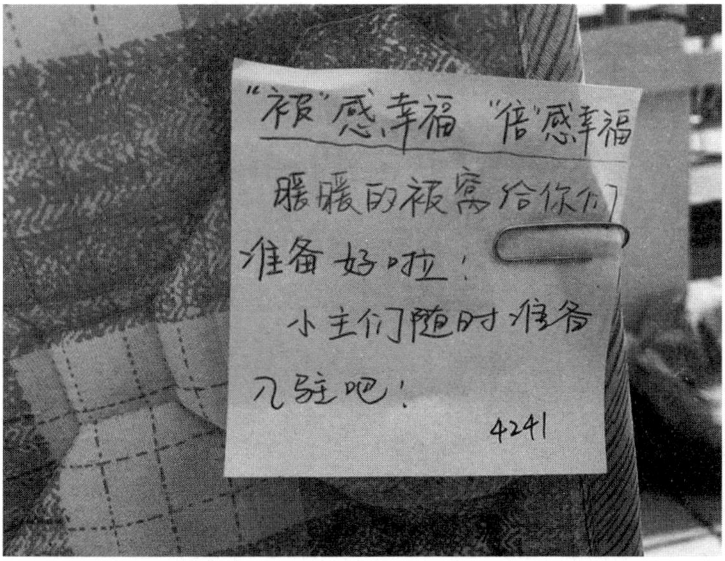

图 4-10　便签

“暖暖的被窝给你们准备好啦！小主们随时入驻吧！”写下对联系寝室同学们的暖心话语，衢州职业技术学院经济管理学院的姚春老师小心翼翼地将便笺纸别在对应床铺的棉被上，然后一趟趟地往返寝室和楼顶的晾晒场地，搬运被子、抱枕、玩偶，铺开、拍打、整理……

图 4-11　晾被子 1

图 4-12　晾被子 2

2020 年年初，新冠肺炎疫情的暴发，拖住了开学的步伐，近期连续的低温和阴雨天气，三个多月没有通风和洗晒的被褥“可能会沾有灰尘和湿气，等开学了盖起来肯定会不舒适”。想到这些，校学工部的老师们就琢磨着要赶在学生们回校前，趁着太阳充足，把床铺、被褥拿出去通通风，晒一晒，等同学们回校了，就能在空气清新的寝室里享受被褥上阳光的味道，舒舒服服地开学复课。

接到准备开学的指示，学校制订了全方位网格化的日常管理方案，为了确保管理横到边、纵到底，落实到位，全校 1027 间寝室都安排了教职工负责联系。在此基础上，学生处便着手安排为同学们晒被子。“考虑到有些同学可能不喜欢别人接触自己的私人物品，所以还是通过班主任向同学们征集了意见，对需要晒被子的同学统一统计名字、班级及寝室床位号，再逐一匹配给联系寝室的老师，老师们会按照床位号找到需要晾晒的被子，别上写好床位信息的便笺纸，分批拿出去晒，防止错收漏收。”4 月 22 日，校官方微信发布了晒被子活动通知，得到了同学们的积极点赞响应。据不完全统计，活动第一日晒出的近 800 床被子只是第一批，接下来根据天气情况还会组织分批晾晒。

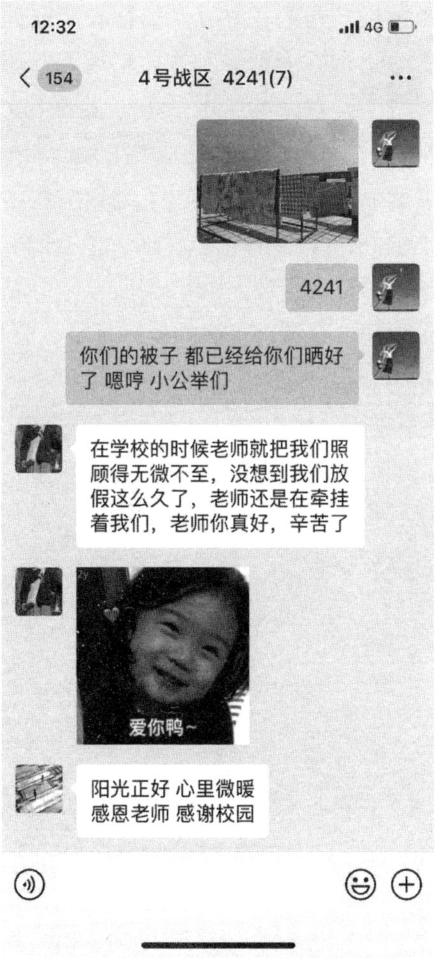

图 4-13　聊天记录截图

图 4-14　打扫寝室

小小的举动促进了师生之间的良好互动，把教育浸润在日常生活的关心关爱里，凝聚起了思政教育更加强大的亲和力、穿透力和感召力。在老师们不断优化学校育人环境的过程中，在默默给予学生更多的人文关怀的时候，学生们也给予老师真情的反馈。“在学校的时候老师就把我们照顾得无微不至，没想到放假了，老师还牵挂着我们，谢谢你……”了解到有些联系老师一个人跑了五六趟才把同学们的被子晒好，经济管理学院学工办主任蒋雪芬甚至还磨破了脚，但看到同学们在群里给老师留言点赞，她却倍感充实和欣慰：“现在能为学生做的就是帮他们营造一个干净、整洁、有序的校园环境，等待琅琅书声回归校园，期待相见。”

“学校对学生的爱不仅仅是停留在口号上，停留在墙上，而是应该刻在老师心上，表现在行动上。”学生处处长陈海清说。教育的温度隐藏在校园管理的每一个细节之中，体现在“以生为本”的教育理念上，是关爱与温暖、是尽责也是情怀，能传递温暖，能春暖花开。

(3) 校外实践

马克思主义学院关于组织 2019 级学生开展“思政课”暑期社会实践活动的通知

各二级学院：

开展社会实践活动，是大学生了解国情、感知社情、体察民情的重要途径，是大学生接受教育、增长才干、服务社会的重要渠道，更是大学思想政治教育的重要组成部分。为深入贯彻党的十九大和“两会”精神，学习和弘扬“抗疫精神”，引导青年学生走出校园、深入社会，在实践中加强磨炼、增长本领，自觉把个人的成长进步和祖国发展紧密联系在一起，在切实感受改革开放 40 多年取得的新成就、新面貌的生动实践中受教育、长才干、作贡献，引领教育广大青年学生立足助力振兴，勇做中华民族复兴大任的时代新人，决定开展 2019 级大学生暑期社会实践活动，现将有关安排通知如下：

一、社会实践活动的主题与形式

（一）活动主题

志愿防控新冠疫情 同心共筑美好生活。通过走访和调查身边的典型事例，认真贯彻落实习近平总书记重要讲话精神，统筹运用志愿力量，激发大学生投身中华民族伟大复兴中国梦实践的热情，增强大学生中国特色社会主义道路自信、理论自信、制度自信和文化自信。

（二）活动方式

参与社会实践的同学可以按主题来独立开展活动，也可以就近自愿组成3~5人的小组开展活动。具体可以采用现场走访、问卷调查、个别访谈、查阅资料、观察比较、典型案例分析等方式进行。

（三）内容与要求

中国共产党领导的疫情防控阻击战，在灾难面前彰显了“中国速度”“中国力量”“中国制度”与“中国精神”。鼓励大学生在暑假期间围绕实践主题深入农村乡镇、城市社区、企事业单位等进行现场调研，调查了解疫情防控期间家乡的防控现状。用文字、图片、视频等方式记录和描绘家乡各类志愿服务，切身感受和体验志愿者不畏艰险、冲锋在前的奉献精神，学习他们为疫情防控全面胜利做出卓越贡献和让祖国为之自豪、让世界为之瞩目的良好精神风貌。把学习与实践、思考与实践、创新与实践紧密结合起来，上社会大学、读无字之书、向群众学习、下基层创新，不断丰富社会体验、拓展人生阅历、提升实干本领，切实在服务人民、奉献社会的生动实践中实现人生价值。

二、社会实践活动的时间要求

（一）实践活动时间：2020年7月5日—8月30日

（二）上交报告时间：开学后二周内，请二级学院教学秘书以各二级学院为单位将学生撰写的社会实践报告统一收齐后交到马克思主义学院（社科部）办公室（教学大楼807室）。

三、社会实践报告的撰写要求

每位同学须围绕社会实践活动主题，结合自己的活动内容，撰写一份不少于1000字的社会实践报告。报告分为两大部分：一是自己参与实践活动的内容和过程；二是自己的真实感受、切身体会或者建议。杜绝抄袭。以小组形式、集体参加社会实践活动的同学必须每个人单独撰写实践报告。

马克思主义学院（社科部）组织教师对全部社会实践报告进行集中批改，合格者获得一学分。再从中遴选一批优秀报告编印成册，并对其撰写者进行表彰、奖励。

四、其他注意事项

1. 社会实践活动既是大学生增长见识、了解社会、服务社会的重要途径，也是培养大学生组织活动能力、人际交往能力的极好机会。所以，同学们要充分利用这次社会实践活动的机会锻炼才干，提高了解社会、适应社会的能力。参与活动者要积极热情、言谈举止要大方得体、仪容仪表要朴素端庄，充分展现出当代大学生的优良素质与风貌。同时，暑假天气炎热，每位同学要十分注意交通、饮食、突发事件等关乎人身安全的事情，坚决不参与诸如传销、诈骗或迷信之类的活动。

2. 为了便于装订和保存，同学撰写报告必须统一使用由马克思主义学院（社科部）印制的“大学生社会实践活动报告”纸，每人 1 张，可正反面书写，如不够可另附纸张。本学期未返校同学待下学期返校后到所在二级学院领取并撰写。请各二级学院安排人员于 6 月 22 日—6 月 27 日到马克思主义学院（社科部）办公室（教学大楼 807 室）统一领取报告纸。

3. 每位参加实践活动的同学须按照“大学生社会实践活动报告”的规格要求，在自己撰写的报告上写明活动内容、活动时间、活动地点、活动人员、姓名、学号及自己所在的学院、专业、班级名称。

马克思主义学院（社科部）
2020 年 6 月 10 日

三、活动成果

（一）活动多元、形式多样、学生支持

一系列的战“疫”思政课实践活动使得衢职院大一学生理论素养得到加强，思维活跃性和积极性得到提升，探索精神和动手操作能力得到进一步彰显，战“疫”思政课实践活动的理论深度得以体现。在全校所有师生群体中开展战“疫”思政课实践活动期间，大家都能亲身感受到“中国特色社会主义制度的优越性”，疫情防控以及中国特色社会主义伟大事业建设中都离不开党的领导，同

时也有助于打造有衢职特色的战“疫”思政社会实践课。战“疫”思政课实践活动避免了理论教学的“乏味枯燥”，让学生在做中学，在学中悟，在悟中行，更加强调过程性体验，它是一种有挑战难度的新型考核模式，改变了传统的思政课教学。

成果：绽放战“疫”青春　坚定制度自信

衢州团市委开展了以“绽放战“疫”青春 坚定制度自信”为主题的衢州市有礼青年征文大赛。我校各级团组织积极响应、广泛发动。经过申报推荐、专家评定，三篇师生征文作品脱颖而出。分别是医学院戴一鸣老师指导、王俊同学撰写的征文作品《六花散尽，夜空自明》荣获一等奖；经济管理学院吴逸冰老师指导、陈笑珍同学撰写的征文作品《绽放战“疫”青春·勇担时代使命——不负韶华 战役青春》，艺术设计学院何敬老师指导、张灵慧同学撰写的征文作品《我愿意做这样的人》，荣获二等奖。

（二）高职院校思政课教学改革有效推动，培养学生生成性思维

马克思认为，“生产是生成的，社会关系是生成的，所以人的本质也是生成的，这就意味着人并没有一个现成的、固定不变的抽象本质，而只有现实的、具体的、历史的本质”。高职院校学生虽然在学习上与本科学生存在着差距，但是我们可以另辟蹊径，因为这种生成性特点也决定了高职院校学生发展有多种可能性，在他们大学阶段的关键时期或阶段，通过战“疫”思政课社会实践活动在成长中弯道超越，实现其自身价值。它也打破了传统预成性思维：只看重期末分数不看人、只看学生存在而不在思考的困难窘境。从课堂实践成果汇报中，教师可以了解到学生寻找资料和调查研究的掌握程度；校内实践展示获得认可度，可以了解到不同群体观点的矛盾程度；从暑期社会实践活动成果撰写内容中了解学生对战“疫”理论的差异程度。另外，多维度的战“疫”思政课实践活动可为学生构建高阶性的梯子和战略性的实践思维训练，从而有助于培养衢职院学生自信、自强以及追求真善美品性和时代青年特质。

（三）校地共建大花园，青春建功新时代

通过开展思政课社会实践活动，促进学生社会化进程，更好对接社会服务，加强了衢职院学生与社会的联系紧密程度。开展战“疫”思政课社会实践活动将有利于调动社会各方面的力量，加强和促进衢职院思政理论课教学改革，让他们预先踏足社会、了解社会和服务社会。

四、活动照片

《衢州日报》：衢州这所学校百位老师 晒了近千床被子 “被”后的故事好暖！

发布者：宣传部1 发布时间：2020-04-28 浏览次数：533

《衢州日报》2020年4月28日 报道 记者 尹婵萱 通讯员 欧阳洪萍 文/摄

老师在帮学生们晒被子和玩偶

浙江新闻：“幸福！衢州职业技术学院教职工为返校学生晒出‘被’爱的温度”

战“疫”思政课社会实践活动——课堂实践展示环节

战“疫”思政课社会实践活动——校园实践

校外实践——2019 年思政课社会实践活动

五、师生心得

（一）学生心得

文化旅游学院 19 级英语 2 班学生范亚婷同学说：

此次战“疫”思政课社会实践活动让我明白：在疫情面前，每一个人都应遵纪守法、自重自律，既不制造谣言、轻信谣言，更不充当谣言传播的“二传手”，而要时刻扎紧防控谣言的“篱笆”，不给任何谣言可乘之机，让专业人士、医务人员在“冲锋陷阵”时心无旁骛。抗击疫情，必须众志成城、人人出力。面对疫情，我们都无法置身事外；防控疫情，每个公民责无旁贷。让我们行动起来，自觉做防控疫情的践行者、正能量的传播者、抵制谣言的守护者，为打赢这场疫情防控阻击战贡献自己的力量！

医学院 19 级护理 9 班姜莹同学说：

这次战“疫”思政课社会实践活动让我明白，在灾难面前，所有人都是受害者，所有人都如此渺小，所以我们更应该敬畏自然、敬畏生命。同时，只有祖国足够强大，人民幸福才有保障；只有坚持中国特色社会主义道路，中华民族才能走向伟大复兴。面对未来必须具有风险意识，必须通过改革完善国家制度和治理体系，提高风险化解能力。

（二）教师心得

校马克思主义学院（社科部）陈老师说：

战“疫”思政课社会实践活动，进一步促进思政理论课的教学改革，提升了思政课育人成效，以及提高学生关于疫情防控的认识。

衢州职业技术学院王副书记说：

在建设“活力新衢州，美丽大花园”的征程中，如何进一步发挥高校优势、整合地方资源，通过校地共建服务区域经济社会发展，推动市委“1433”战略体系重重落地，是地方和高校共同面对的重要课题。作为大学生志愿者应该要做到：一是坚定理想信念，争做大花园建设的生力军；二是学好专业本领，争做勇立潮头的实干家；三是锤炼品德修为，争做衢州有礼的践行者。

六、经验分享

（一）树大局、形合力、促平衡

战“疫”思政课实践活动的各个环节必须坚决服从教师、学院和学校的统一指挥、统一协调、统一调度，做到令行禁止，每个学生和老师必须增强大局意识和全局观念。社会各行业与学校形成合力，实现“协同效应”，健全的制度、组织的规范和过程的安全都为学生提供安全的实践志愿服务机会，从而使学生能够全身心地投入到战“疫”思政课实践活动中来。另外，也要注意实践活动不能与学生、理论、专业和教研室相脱节，避免出现“一枝独秀”和“忙前忙后，一人承受”的局面。针对不同学院、不同性别、不同学习背景的学生安排，使他们都能选择到自己所钟爱的社会实践项目，从而使各个学生群体都能将思政理论内化于心、外化于行、真心喜欢思想政治理论课，让思想政治理论课产生深远持久的影响。

（二）讲方法，强自身，同向通行

为了加强参与实践主体的业务能力，战“疫”思政课实践活动主体须逐步加强自身建设。在战“疫”思政课实践活动过程中，我们要自觉克服传统“门户之见”的偏见，打破学生眼中的“工作部门”的藩篱。参与主体必须克服“政绩有别”的观念鸿沟，学校各个部门共同融合构建战“疫”思政课实践活动教学体系，强调“大思政”教育教学的统一性，真正做到守好战“疫”思政课实践活动的“一段渠”和“同向同行”原则。因此，在战“疫”思政课实践活动展示环节各个学院要互相对接，联合全校各个学院和部门，打破左右为难和部门分割的局面，打响衢职院思政课实践活动名声；要整合学校各实践活动项目，保留优质实践活动，联合优质实践队伍，集思广益，学习以往优秀实践成果，避免战“疫”思政课实践活动的重复和资源的浪费；厚积薄发，对于战“疫”思政课实践活动中所涌现出来的优秀成果，各个学院要互认，增进学生参与实践活动的动力，为今后有序开展思政课社会实践活动奠定基础。总之，学生的思想政治教育水准，不是取决于几个思政老师，而是取决于全校老师；不是取决于马克思主义学院（社科部），而是取决于全校所有部门和院系。

（三）校企合作，合理参与，提高水准

战“疫”思政课实践活动拓展了大学生实训基地的实践领域，丰富了衢职学子实践活动内容。与校外思政教育基地合作开展实践活动，让学生成为主角，走进社会，弘扬主旋律，燃起新时代青年大学生服务社会的热情。

（四）成果导向，重在方案落实，促进实践项目的执行力

通过战“疫”思政课实践成果的考核量化与各实践项目的方案扎实落实，以实践成果反证实践方案，增强今后思政课实践活动的执行能力。

（五）守正创新，创建实践教育基地，提高实践成果的转化力

战“疫”思政课实践活动文化传承创新是衢职院校园建设的基本内容，是衢职院文化发展繁荣的重要途径。习近平总书记强调：“在5000多年文明发展进程中，中华民族创造了博大精深的灿烂文化，要使中华民族最基本的文化基因与当代文化相适应、与现代社会相协调，以人们喜闻乐见、具有广泛参与性的方式推广开来，把跨越时空、超越国度、富有永恒魅力、具有当代价值的文化精神弘扬起来，把继承传统优秀文化又弘扬时代精神、立足本国又面向世界的当代中国文化创新成果传播出去。”创新是一个民族进步的灵魂，是一个国家兴旺发达的不竭动力，也是一种文化生生不息的源头活水。因此，“守正”是思政课实践活动的根基，守住思政课教学的客观规律，思政课实践活动无论是处于顺境还是逆境，都要坚守初心、矢志不渝；“创新”是源泉，从开始设立思政课实践活动项目，每一年都有不同的实践项目和主题，始终在“大思政”实践道路积极探索、不断创新、与时俱进，通过形式多样的创新让新时代青年在实践中闪光。着手打造高职院校思政实践教育基地，使学生在实践活动时的人身安全得到保证，显性和隐形的投资建设成效收益延长，不同学生都有机会去参加体验式教学的实践，让每一个高职院校学生都能成为理论先锋、思想先锋、制度先锋、实践先锋。注重实践成果的时代性，结合哲学和党的系统理论知识，重点阐述战“疫”思政课实践活动的价值内涵和内在逻辑，这样才能将战“疫”思政课优秀实践成果应用到思政课理论教学中来，进一步指导思政课理论教学。

二、健康体魄

美丽无价：百人健身操

一、活动设计理念

（一）理念

2016年10月印发并实施的《“健康中国2030”规划纲要》是推进健康中国建设的行动纲领。其明确指出到2030年，我国人口健康素养水平达到30%，经常锻炼的人数达到5.3亿。促进全民健康的制度体系更加完善，健康领域发展更加协调，健康生活方式得到普及，健康服务质量和健康保障水平不断提高，健康产业繁荣发展，基本实现健康公平，主要健康指标进入高收入国家行列，到2050年，建成与社会主义现代化国家相适应的健康国家。锻炼是手段，需要长期地坚持体育文化知识的灌溉。高校是科学研究成果诞生的重要基地，是文化底蕴深厚的殿堂，大学生的体育教育不能局限于简单的身体教育，更加需要健康素养的升华。2019年6月国务院印发《国务院关于实施健康中国行动的意见》，把健康知识普及、合理膳食、全民健身、控烟、心理健康等方面综合施策，全方位干预健康影响因素，明确写入三个方面15个专项行动的首位。

2017年1月浙江省十二届人大五次会议在杭州开幕，会议认真贯彻健康中国战略，全面实施《健康浙江2030行动纲要》。在推进健康浙江“体育篇”的工作中，浙江省体育工作多措并举，多项指标“超额”完成任务。体育部门主动参与、积极建言，提出体育部门参与健康浙江建设的建议和具体措施，这些建议和措施被纳入《健康浙江2030行动纲要》《健康浙江建设考核办法》及《健康浙江建设考核指标框架》等文件中。另外，省体育局还制订了《健康浙江体育工作考核实施细则》，考核指标涵盖方方面面，为推动体育事业发展提供了“尚方宝剑”，将各项考核指标落在实处，切实推进全民健身工作，给广大市民带来幸福感和归属感。

2017 年 12 月，衢州市委市政府制订出台的《健康衢州 2030 行动纲要》（以下简称《纲要》）正式实施。《纲要》提出，健康衢州建设要以“健康快乐、运动休闲”为主题，加快建设健康生活体系、健康服务体系、健康保障体系、健康环境体系和健康产业体系，加快建立政府主导、部门协同、社会动员、全民参与的大健康格局，显著提升人民健康水平、生活品质和健康公平。

2014 年，为进一步落实《高等学校体育工作基本标准》的文件精神，推动我校体育文件创建，促进校内体育活动的蓬勃开展，活跃校园体育文化氛围，提高学生体育竞技水平，衢州职业技术学院公共体育部印发了《衢职职业技术学院校内体育竞赛暂行办法（讨论稿）》。从制度上明确校园学生体育竞赛方案，对获得优异成绩的学生个人或团体进行物质与精神方面的奖励。

校园体育文化是维系学校团体的一种精神力量，在培育校园精神、促进精神文明建设、营造学校人文气息和氛围等方面都起着重要作用。对于培养学生树立正确的人生观、价值观和世界观有重大意义；对促进学生个性发展、身心健康、提高学生道德水平，培养学生的集体意识和协作精神，陶冶学生的情操都有良好的促进作用。这些品质都是高校学生重要的文化素质。

团体操在高校大型体育赛事或者校园体育活动中，是增添节日气氛、烘托赛事氛围不可或缺的集体表演项目。在校园体育文化建设上团体操的表演形式多样，不仅能够展示体育运动技能，还能彰显当代大学生的青春与活力，并且能够烘托良好的体育氛围，引导学生终身体育意识的形成。团体操的表演内容结合了体育、音乐、舞蹈、美术、历史知识等综合性的内容，最终实现团体操的艺术性和体育健身、娱乐相结合的综合表演功能。团体操在校园开展的主要特点是易于组织、对高校的宣传效果较好等，并且团体操是一项体育与艺术高度结合的综合性的集体表演项目，深受广大体育爱好者和学生的欢迎，在高校，团体操被越来越多地运用在各种大型文艺活动或运动会开幕式上，也越来越受到教师和学生的喜欢。

“让大学生走出教室，走出宿舍，走向操场。”校党委书记崔戴飞说，随着科技的迅猛发展、智能科技产品的普遍应用，大学生的闲暇时间较多用在了电子设备上，体育活动逐渐成为大学生精神需求急缺的重要内容，我们既要培养健康人格，也要培养健康体魄。优化大学生课外体育活动的时间、空间、形式、内容和结构，使学生乐于主动锻炼，全面发展。

（二）特色

活动中的特色团体操是一项气势恢宏的集体体育表演活动，它融体育、音乐、队形、服装、道具、思想内容等多种形式为一体，是当今高校体育中一种特殊的活动形式。我校百人健身操大赛由于参赛人数多、历时时间长、场面隆重壮观，特与体育运动会错开，放在第二学期。它是我校体育文化的重要组成部分。

1. 校操属性，独此一家

我校百人健身操自 2011 年以来每年举办一届，集体跳校操《舞动衢职》。该段操舞经过时间的沉淀，已经演变为我校校园文化的一部分，沁润着每一名大学生。学生的素养离不开校园文化的厚植，作为学校的一分子，这样“灵动”的种子，深深播种在师生的心田。很多高校有校歌，师生相互传唱朗朗上口，但高校有校操的院校却为数不多，通过百度搜索引擎查询，高职院校中我校是目前国内唯一一所拥有校操的院校。

2. 全生参与，全员覆盖

大一新生第一学期体育课安排特色体育项目兴趣体验课，健美操作为我校特色体育项目之一，在体验课中会安排全校新生体验“歌舞衢职”。在一年一度的百人健身操大赛中，要求每个二级学院至少派一支队伍参赛，每支参赛队伍不少于一百人，由于人数多出还有加分，更增添了广大在校学生报名的积极性。大一新生是每年健身操比赛的主力军，我校常年招生人数在 2000 人左右，每年健身操报名比赛伊始阶段，在各学院精心组织下有 1500 人以上学生参与，正式参加比赛人数在 600~800 人，从参赛方面看全校有 75%以上新生参与大赛。

3. 高创编技巧与艺术表现性

团体操活动一次性的参与人数之多是其他体育项目和文艺形式无法相比的，我校百人健身操已举办多年，随着时间的推移，互联网媒体的发展，各学院参赛队伍比赛经验的积累，表演内容和形式也日益丰富，每年的参赛作品都在不断进步、升华，加上高科技等科技设备的运用，呈现出高度的艺术性与欣赏性。如信息工程学院比赛作品通过编导独具匠心的构思设计、编排执行，将“南孔圣地，衢州有礼”城市品牌这一鲜明主题合理地融入操舞中去；如艺术设计学院空降道具设备，融体育、音乐、舞蹈、美术、服饰道具等为一体，将一曲操舞像大型舞台剧一样呈现在广大师生面前。表演服装与道具的应用，突出了鲜明主题，丰富的编排融入地方特色，多种形式呈现出来，让表演不再是局限于操场的蹦蹦跳跳，使该项目不仅具有独特鲜明的体育特色，更具有绚丽多彩的艺术魅力。

4. 教育性与健身性相统一

高校体育教育倡导“以人为本，健康第一”的教学理念，提出以“育人”

为中心，以健身为目的，实施科学的体育教学和进行科学的体育锻炼，养成良好的锻炼习惯。许多的运动会或大型活动往往都以团体操表演来烘托气氛并借此机会宣传政治、经济、体育、文化艺术水平和弘扬体育精神。我校百人健身操具有多方面的教育功能，集体表演整个过程可以很好地增强集体荣誉感和组织纪律性，培养团结协作和吃苦耐劳的精神；学会沟通，遇到问题解决问题，增强交际与为人处世能力；通过作品的打磨，提高审美意识和艺术素养能力；参赛者通过长久训练在生理方面有增强体质，促进健康的作用；培养学生掌握健身方法，提高自主锻炼能力，养成良好的锻炼习惯，做到健心健身相统一，使学生们切实体会“尚德弘毅，知行合一”的校训文化，为将来走向社会打下良好品质基础。

5. 高度开放与自治性

各二级学院在后勤保障方面给予学生大力支持，赋予学生广阔的空间施展才华。一场体育盛会不仅是院系文体部门的事情，更是宣传部、学习部、生活部、实践部等部门相互协调、相互配合的活动。教、学、练、编排和表演，是看得见的活动，如此大规模活动的顺利运转更多的是由于各部门明确分工、协调统一，形成内部有效的协调机制，保持良好的工作状态；各部门开展自身工作时讲究整体效应原则，发挥合力，即 1+1>2 效应，及时、准确、有效地收集、分析和反馈信息，把握各项工作实际成效，及时纠正偏差，不断提出改进措施，使整个团队充满活力。

二、活动方案、工作计划

（一）活动方案

该项活动由于规模宏大、参与人数众多，特与秋季体育运动会分开举办，由校宣传部主办公体部承办，正式举办时间放在每年 5 月中下旬，举办地点为田径场，是校园文化节闭幕式上的重头戏。比赛具体时间视天气情况而定或推迟举行。参赛队伍以二级学院为单位进行报名，比赛项目为健身操规定动作和自选动作这两套。

（二）工作计划

以二级学院为单位进行报名，每个二级学院至少报一队，每队报运动员 100 人参赛。运动员必须是本二级学院在校学生，男女不限，报名时要求上报每队的队名；比赛要求统一完整展示我校自编健身操“歌舞衢职”及自编套路。分组展示时，音乐自选，在我校自编健身操的基础上至少有 16 个八拍的自编动作，允许展现第二风格舞，但动作应与音乐相符合，开头和结尾自编，成套动作时间控制在 3′±10″。具体规则详见附件。

三、活动成果

由下图可以看出百人健身操每年参与比赛人数基本维持在 600 人左右；2015 年医学院和经济管理学院各派出两支参赛队，共 8 支参赛队，为历史最多。

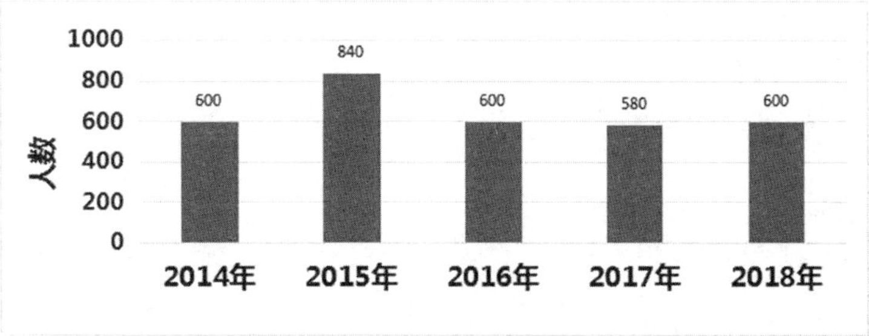

图 5-1　近五年比赛人数

四、活动照片

2015 年百人健身操

2015 年机电工程学院

2015 年信息工程学院

2015 年艺术设计学院

2015 年经济管理学院

2015 年医学院

2016 年百人健身操

2017 年百人健身操

2017 年艺术设计学院

2017 年机电工程学院

2017 年经济管理学院

2017 年医学院

2017 年信息工程学院

2018 年百人健身操

2018 年经济管理学院

2018 年信息工程学院

2018 年医学院

2018 年艺术设计学院

2019 年百人健身操

2019 年医学院

2019 年信息工程学院

2019 年经济管理学院

2019 年机电工程学院

五、师生心得

（一）学生心得

医学院 17 级学生叶同学在参加完百人健身操活动后说：

我喜欢跳舞，有健美操基础，这次活动给我带来了很大的挑战，因为百人健身操大赛充分发挥了学生的能力，一下子参与教学、指导、编排剪辑音乐等非常多的环节，过程中我们焦头烂额，但是努力后的美好结果让我终生难忘。感谢这个赛事历练了我，大家都为身边有这样优秀的同伴而骄傲，也为自己是其中的一分子而自豪！

经济管理学院 18 级学生冯同学说：

百人健身操从最初报名到比赛结束持续了两个月之久，这两个月里我的闲暇时间几乎都贡献给了它，但是我走出了宿舍，走进了操场，和同学们关系更密切了，最重要的是两个月下来我瘦了十斤，体质也明显好了，喜欢上了跳健身操，虽然比赛结束了，但是我报名了学校的健美操社团，想多学一点东西。

信息工程学院16级学生傅同学说：

作为信息工程学院的团副，这次活动下来我感触颇深。我们信工男女比例失调，男多女少，男生普遍偏宅的工科直男，喜欢对着电器、电脑，同学之间交流少，为了打造我们这支队伍废了不知道多少力气，中间也气过、哭过，想过放弃，但是我天生要强，我们信工向来雷厉风行从不言败，大家用情地在在场地上随着音乐的节奏，通过整齐、矫健、优美的各种组合动作，结合各种队形变换，组成绚丽多彩的图案和造型，最终我们也获得了金奖的最高荣誉，我为我们大信工的团结、可爱和坚强而感到自豪。

机电工程学院17级学生林同学说：

百人健身操是我们机电人的“噩梦”，因为我们学院男生太多了，跳操也着实为难了我们，但是我们机电新青年有我们自身的特色。在自编环节中，我们编入了搏击操等元素，充分展现了男性荷尔蒙的风采，一点不输漂亮的舞蹈。正是因为有困难，我们才去挑战，充分发挥当代大学生勇于担当的精神，努力做好每一个环节，不能怕苦不能怕累。虽然我们大家晒黑了，但是我们更强壮了，机电新青年，加油！

艺术设计学院18级学生钟同学说：

我觉得百人健身操比赛非常有意义，这虽然是一场大行的体育活动，但是我们在里面加入了很多艺术元素，让整个比赛像一台梦幻的大型舞台剧一样呈现在观众们面前，展示了形体美、运动美和学校的良好精神面貌，把心灵美和动作美全部表达出来，给观众留下美好印象的同时，自己也得到美的享受，提升了审美能力。这让我感受到，艺术不能停留在狭窄的领域，它应该和周围世界任何一种存在相互碰撞、相互融合，绽放出绚丽的花朵！

（二）教师心得

衢州职业技术学院医学院张老师说：

百人健身操这项活动非常好，我们医学院学生平时学习负担较重，学生们锻炼相对较少，作为一名将来的医护人员如果连自己的健康都不能保证，怎么去治病救人呢？这项活动的开展展示出了我们白衣天使活泼的、青春的、积极向上的一面，首先让自己充满正能量，才能给病患带去希望。

衢州职业技术学院经济管理学院汪老师说：

我们是经济管理学院。虽然健身操大赛是学生们的比赛，但是一百多人历时两个月，从零开始到比赛结束要展现出两套成品操舞出来，纯靠学生自治是很困难的，每年都有学生干部向我吐槽心累，我就引导大家运用管理学知识来管理这个100人的庞大团队，通过赛事活动来灵活运用学到的知识，再利用比赛来检验成果，大赛对学生的历练是多方面的，作为老师我们应该这样去引导学生成才。

衢州职业技术学院艺术设计学院王老师说：

我们学院的学生活泼可爱，喜欢天马行空的想法，充满艺术情怀，百人健身操大赛给他们提供了一个非常好的施展才华的机会，过程中充满趣味和挑战，我看到他们一次次用新奇的想法和创意来克服困难，隐约看到了一个个小小艺术家的影子，不禁感叹年轻真好，比赛中他们学到很多，我也学到很多。

衢州职业技术学院公共体育部黄老师说：

百人健身操对高校校园体育文化建设有着非常积极的作用，在体育、德育、美育、智育等各方面对学生都有发展功能。为期两个月的训练中，不断提高学子们的身体素质，不断增强体质，培养优雅的姿态，提高气质。培养学生们形成开展体育运动的意识，增加对体育运动的浓厚兴趣，养成良好的运动习惯，让同学们终身受益。通过团体操训练学生养成吃苦耐劳、团结合作的良好品质；增强学生爱国主义精神、组织纪律性和集体荣誉感；让学生得到美的享受，提升学生审美能力；给学生创设了展示自己的平台，丰富了校园文化生活。能有机会参与大型团体操活动，对于他们来说既战胜了胆怯、害羞的心理，又展示了他们的表演能力。对于有的学生来说，也许一辈子就这一次参加大型团体操的机会，我们给学生搭建这样一个平台，让学生大胆地展示自己。

六、经验分享

（一）百人健身操在高校校园体育文化建设中的作用

1. 健身作用

参加团体操训练能全面提高学生身体素质，提升学生运动能力，培养学生锻炼习惯。每个学生都必须掌握体育基础知识、基本技术和基本技能。因此团体操在训练的过程中具备了综合锻炼价值和功能，广泛地影响学生的身体形态、身体机能、身体素质和运动能力。

2. 教育作用

团体操注重团队合作精神和集体荣誉感，要求学生之间密切配合，因此能有效地培养学生的合作意识和团队精神，增强学生责任感和自豪感，从而产生团结协作、互帮互助的集体主义情感。因此，团体操不仅可以丰富素质教育的内容，而且有利于体育健康课程的开展，对培养学生团结合作和爱国主义意识有着非常重要的意义。

3. 心理作用

团体操训练必须有音乐的伴奏，音乐可以使学生精力充沛，精神饱满。同学们的智力、体力、运动能力和合作精神都能充分发挥和体现，无形中提高了学生的自信心。团体操训练能帮助学生更好地认识、了解和完善自己，帮助学生保持积极心态、维持良好情绪、优化心理素质，使其成为身心健康的高素质人才。

4. 提高社交能力和社会适应能力

社交能力和社会适应能力是当代大学生基本能力的组成部分。团体操项目是一项强调团队合作精神和集体荣誉感的运动，训练过程中，师生间的互动和情感交流等环节，有助于大学生建立良好的人际关系，掌握基本的交际和沟通技巧，提高学生的适应能力，培养学生良好的性格特征，完善人格品质。这些能力和品质对其个性发展有重要意义。

（二）百人健身操在校园顺利开展的保障措施

1. 福利政策

为了鼓励大家积极报名、安心训练，学院给出若干政策支持。比如，参加训练的同学可以获得较多的志愿者服务学时数，期末评优评先时优先考虑，晚上有晚自习的同学可以请公假等。

2. 训练计划科学合理

多次训练后，学生易产生厌倦，要注意培养他们坚忍的意志品质。排练通常利用学生的课余时间，有时为了达到某阶段的训练效果，甚至会延长训练时间，这样一来学生就会产生不悦和抵触的情绪。教练员需要制订切实可行的排练计划，按计划进行，尽量不出现这样的情况。

3. 进行责任教育

教练员要严格管理、以身作则、言传身教，要严格地要求团队和自己，排练过程中，若有同学偶尔出现错误动作，大家要相互宽容，相互谅解，帮助队友改正错误动作，一起学习，相互鼓励，一起进步。同时教练员要以身作则，为学生树立榜样，把全身心的热情和激情投入训练中，感染学生，激发学生的积极性。

4. 及时沟通交流，了解学生心理

参加训练的学生都要经历一段时间的乏味、单调、重复的训练。工团体操在训练过程中注意学生们的心理变化，及时进行心理疏导和思想品德方面的教育，培养学生们的集体主义荣誉感、良好的意志品质和文明行为习惯。出现问题时要多进行正面的引导，多做换位思考，多沟通交流。在训练时也要进行适当的放松活动，比如通过做小游戏、加入表扬环节，营造良好的积极的训练氛围。

5. 因材施教

学生基础、学习能力、接受能力不一样，可以将学习进度不一致的学生分组指导，训练方法尽量做到变化多样、松紧有度，注意培养学生的主动性和自主感。训练过程中，采用多种多样的方法手段，不能一味地追求训练效果而忽略学生的感受。可以采用个人练习、分小组练习、多组练习、全场一起排练等方法。不同的学生，在身体的反应度、柔韧性、协调性、动作完成的规范性上会有一定的差距，教练员要做好安排，因材施教，人尽其才，让他们乐在其中同时达到训练的最佳效果。

附件：

衢州职业技术学院第十八届健康文化节
健身操比赛规程

一、主办单位：校宣传部、公体部

承办单位：公体部

二、比赛时间和地点

时间：2019 年 5 月中下旬（具体时间另行通知）

地点：校田径场

三、参加单位

各二级学院

四、比赛项目

健身操

五、参加办法

1. 以二级学院为单位进行报名，每个二级学院至少报一队，每队报领队 1 人，教练 1 人。

2. 每队报运动员 100 人，男女不限，报名时要求上报每队的队名。

3. 参赛运动员必须是本二级学院在校学生。

六、比赛办法

1. 集体展示时统一播放指定音乐，完整展示我校自编健身操。

注：本次展示需自备花球，花球颜色各二级学院自行统一。

2. 分组展示时，音乐自选，在我校自编健身操的基础上至少有 16 个八拍的自编动作，允许展现第二风格舞，但动作应与音乐相符合，开头和结尾自编。

注：分组展示时，可根据各二级学院展示要求自行添减花球或其他轻器械道具等。

3. 分组展示成套动作时间为 3′±10″。

4. 分组展示时须有四次或以上的队形变化。

5. 分组展示成套中，要求出现 1~3 次托举动作（包括开头和结尾），托举动作不允许超过 2 人的站立高度，不允许出现抛接动作。

6. 比赛规则采用国家体育局制订的《全国大众健美操评分规则》。

7. 比赛出场顺序由组委会赛前抽签决定。

七、奖项设置

根据参赛数设置奖项，比赛设金奖、银奖。

八、评分标准

（一）比赛采用 10 分制评分方法，去掉一个最高分和最低分，取分数的平均分为最后得分。

（二）评分细则（总分 10 分）

1. 音乐的选择和运用（2 分）

音乐应该反映健美操运动特点，与动作主题一致。

2. 操化内容（3 分）

动作符合健美操运动特点，动作准确、熟练、一致，自编动作展示多样性、创新性。

3. 空间与队形变化（2 分）

空间运用合理，队形变化流畅、新颖。

4. 艺术表现力（2 分）

统一比赛服，动作动感、干净、幅度大，富有表情，具有感染力。

5. 进出场（1 分）

进出场有序，队形整齐。

6. 其他

每支队伍 100 人，多出人员不加分，每少 1 人减 0. 1 分。

九、报名

请各二级学院于 5 月 10 日 17：00 前将比赛报名表发至公体部彭晓倩 OA 邮箱，同时上交纸质报名表。联系电话：彭老师 18268961005

衢州职业技术学院公共体育部

2019 年 4 月 17 日

健康体魄：校园健身跑

一、活动设计理念

（一）理念

中共中央、国务院于2016年10月25日印发的《“健康中国2030”规划纲要》指出：健康是促进人的全面发展的必然要求，是经济社会发展的基础条件。实现国民健康长寿，是国家富强、民族振兴的重要标志，也是全国各族人民的共同愿望。推进健康中国建设，是全面建成小康社会、基本实现社会主义现代化的重要基础，是全面提升中华民族健康素质、实现人民健康与经济社会协调发展的国家战略，是积极参与全球健康治理、履行2030年可持续发展议程国际承诺的重大举措。未来十几年是推进健康中国建设的重要战略机遇期。经济保持中高速增长将为维护人民健康奠定坚实基础，消费结构升级将为发展健康服务创造广阔空间，科技创新将为提高健康水平提供有力支撑，各方面制度更加成熟、更加定型，将为健康领域可持续发展构建强大保障。十九大报告提出，“人民健康是民族昌盛和国家富强的重要标志”。2018年4月11日，习近平总书记在博鳌考察时再次强调“要做身体健康的民族”。

2018年1月衢州市委市政府印发出台的《健康衢州2030行动纲要》（以下简称《纲要》）正式实施。《纲要》提出，健康衢州建设要以“健康快乐、运动休闲”为主题，加快建设健康生活体系、健康服务体系、健康保障体系、健康环境体系和健康产业体系，加快建立政府主导、部门协同、社会动员、全民参与的大健康格局，显著提升人民健康水平、生活品质和健康、公平感。为提升全市人民的健康生活水平和身体素质、为建设“活力新衢州、美丽大花园”作出贡献。

近年来，大学生体质健康水平下滑引起了社会的广泛关注，“大学生因长跑猝死”“距离死亡仅有 3000 米”“学校取消运动会的长跑项目”等报道切实反映出学生体质健康水平令人担忧。虽然 2015 年学生体质监测报告显示学生体质健康大部分指标止跌回升，但是大学生群体在心肺耐力指标和身体机能指标方面仍是持续下滑的态势，提升青少年学生体质健康水平已成为国家迫切需要解决的现实问题和头等大事。

面对大学生体质逐年下降的状况，高校一直在探索行之有效的解决方案。为持续推进“三走”活动的开展，共青团中央、教育部、国家体育总局、全国学联共同制订了《关于深入开展大学生“走下网络、走出宿舍、走向操场”主题群众性课外体育锻炼活动的指导意见》，教育部制订的《教育信息化十年发展规划（2011—2020 年）》中明确指出将“推进信息技术与教学融合”作为未来十年我国教育信息化发展的任务之一。在此背景下，鉴于智能手机在高校中普及率几乎百分之百，携带便捷，使用方便，因此移动 App 快速进入大学生的生活和学习领域，为“校园跑”App 推广和运用提供广阔的平台，学生能很快地学习并运用该软件。App 是 Application 的简称，在移动学习的大背景下，学习者可以通过 App 学习，虽然非正式，但却可以不受人员、地点、时间和环境的影响，因此越来越受到大学生的青睐。

“运动世界校园” App 在 2014 年 4 月由浙江万航信息科技有限公司推出，鼓励高校莘莘学子走出宿舍，开启跑步之旅，健康生活，随时利用碎片时间在校园里跑步，让运动更便捷地走进每位学子的日常生活。“运动世界校园” App 是利用手机 GPS 感应预设在校园内的点位并有相应的跑步规则，学生从手机上下载此 App 后，自由选择点位和跑步路线，在跑步过程中软件自动记录跑步数据，学生跑步结束后，软件将学生跑步成绩保存并上传到老师手机的客户端。

2018 年 6 月，我校制订了《衢州职业技术学院学生课外体育活动实施办法（修订稿）》（以下简称《实施办法》），为学生努力营造良好的校园体育文化氛围，致力于提高学生的身体素质和健康水平。《实施办法》指出我校学生使用“运动世界校园” App 进行课外体育锻炼，将取代传统的早晚跑。

（二）目的

1. 严格要求，提高大学生身体素质

学校体育可以培养学生体育意识、提高学生体育能力、促进学生身体发展，使学生树立“健康第一”的思想，为学生终身体育奠定基础，使他们终身受益。而现实中，部分大学生缺乏锻炼意识、运动意志薄弱、沉迷于网络游戏，学校只有采取相对应的手段，要求学生参与到体育锻炼中来，以实现提高学生身体素质的目标。

衢州职业技术学院将“运动世界校园”运动跑与体育课成绩挂钩，实行一票否决制。学期末，未达标者体育课期末成绩最高以59分记。此外，一旦发现作弊前面成绩全部清零。通过硬性要求，学生走出寝室，平均每周至少参加3次校园健身跑，提高学生耐力素质，提升心肺功能，促进身体健康成长。

2. 个性设置，促进大学生参与兴趣

兴趣和爱好是积极参加体育活动的驱动力。学生的学习兴趣直接影响其学习行为和效果。兴趣是学习的初始动机，也是有效学习的保证。如果学生没有兴趣，任何活动都会让他们感到乏味。只有激发和保持学生的兴趣，才能使学生积极主动地进行体育锻炼。“运动世界校园”App可以看排名、可以看配速、可以看自己的步频步幅、可以分析自己的跑步数据。除了随机终点跑，还有约跑和自由跑模式可以选择，为原本枯燥无味的跑步注入了新的元素，促进学生的参与热情和兴趣。

3. 长期坚持，养成终身体育锻炼习惯

终身体育是指一个人终身进行身体锻炼和接受体育教育，是贯彻人一生的体育。学校体育是学生终身体育的基础，是连接家庭体育和社会体育的中间环节，对实施终身体育起着启蒙和桥梁作用。而运动兴趣的培养以及运动参与意识的形成是促进学生自主学习和终身坚持锻炼的前提。学校体育是为终身体育奠定基础不可缺少的主要途径，对养成终身的良好体育习惯有重要的意义。

通过“运动世界校园”App进行校园跑，学生可以有效地开展体育锻炼活动，掌握正确的体育运动技能，形成正确的动力定型；不仅能提高运动技术水平，避免运动损伤的发生，还能培养学生锻炼的自觉性，使之持之以恒，养成体育锻炼的习惯，为学生终身体育锻炼奠定基础。

（三）活动特色

1. 符合新时代学生性格特质，易于开展

大学是人才的摇篮，是富国强民的根据地。大学生是建设中国特色社会主义的主力军，其整体素质和能力关系到国家和民族的未来。新形势下，随着信息技术的发展，大学生所接触的知识范围也不断地扩大，大学生的思想也变得日益复杂。当今大学生比起20世纪六七十年代的大学生也有很大的变化。

随着信息技术的飞速发展，当代大学生沟通交流的方式也发生了巨大变化。虚拟的网络世界给人们提供了各种各样的新闻信息、新奇有趣的游戏、发表心情的平台以及交谈沟通的途径。

新加坡南洋理工学院陈冀平教授说，21世纪学生是Y世代的学生，他们有不同于X世代的性格特质。他们喜欢用智能手机，一味地和大学生强调身体锻炼的重要性，他们只会说“好的，知道了”，但大部分学生并不会自觉地去锻炼。而我校推行的手机跑步App，一方面强制实行，和体育课成绩挂钩，让跑步这项最简单也最方便的运动，从强制到使学生逐渐形成运动习惯。另一方面大多数App在记录完学生跑步数据后还可以将这些数据与好友排位或分享至用户的微信等其他社交软件上，使大学生运动完后获得一种成就感，符合新时代大学生的特质。

2. 可选择时间跨度大，便于安排

校园健身跑安排在每个学期的第2周至15周，有效时段为上午5：30-7：00；下午17：30-22：00。相比于之前的早晚锻炼，学生可以根据自身爱好以及学习工作情况更加主动地安排自己的锻炼时间。

以往我校课外体育锻炼是统一安排了早上和下午的时间进行集中跑步，先整队再点名然后运动。一方面在整队点名这个环节要花费好长的时间，学生往往要在操场上等很久；另一方面，由于场地在操场上，人又多，大家速度拉不开，跑步的实际锻炼效果并不明显。

3. 可截图、有排行，激发兴趣

“运动世界校园”App里面有配速，即每小时跑多少千米的平均速度。另外还有排名，在信息高速发展的今天，几乎所有同学都有智能手机，可以进行截图，同学们也喜欢发朋友圈，得到更多人的关注，这也激发了同学们的兴趣，也是他们更好地完成校园跑的动力之一。

4. 信息化防作弊利于监测

以往传统的集中跑步，很多同学会以各种理由请假，如肚子痛、身体不舒服、女生生理期等。每到冬天，请假的人数会急剧上升。还有的同学在操场上跑一半就躲在某个角落等着最后队伍到达再混进队伍。很多情况我们无法实际监控。使用“运动世界校园”App，定量给出要求；学生必须完成，系统会自动检测。此外，软件系统还可以根据个人运动大数据分析出步幅和频次，规避了学生代跑、使用电动车等交通工具作弊的可能。

5. 强大数据库供分析

使用“运动世界校园”App，同学们能够清晰地认识到自己在一个阶段的运动量，能够量化和细化锻炼标准。学生添加课程和相应教师，教师可以实时掌握学生跑步进度和其他情况。通过系统后台管理，可了解学生运动人数、参与时间、参与性别、年级比例，可查询平均配速、平均千米数等。

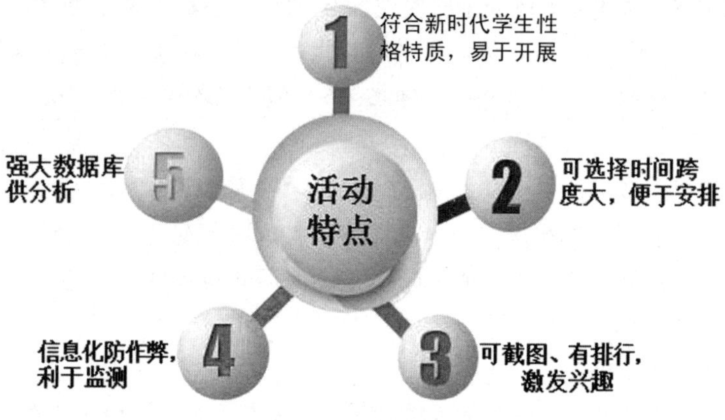

图 6-1 校园健身跑活动特点

二、活动方案、工作计划

（一）活动方案

1. 活动宗旨

为贯彻执行国家阳光体育运动的号召和《关于深入开展大学生“走下网络、走出教室、走向操场”主题群众性课外体育锻炼活动的指导意见》的精神，积极响应“每天锻炼一小时，健康工作 50 年，幸福生活一辈子”的倡议，积极推动校园信息化建设，贯彻我校“两馆文化”精神，努力营造良好的校园体育文化氛围，打造校园健康文化品牌，进一步提高学生的身体素质和健康水平，又符合新时代学生性格特质，并利于监测和分析，推行“运动世界校园”App 进行早晚锻炼。

2. 计划目标

课外体育活动使用校园健身跑 App，是针对新时代大学生性格特点、运动类 App 便捷等特点，让学生走下网络、走出寝室、走向操场，更有效率地进行体育锻炼，提高在校大学生积极主动参加体育锻炼的热情，提升我校学生的身体素质水平。

3. 办理单位

衢州职业技术学院公共体育部。

4. 时间安排

每学期第 2 周至第 15 周

有效时段为上午 5：30-7：00；下午 17：30-22：00。

5. 服务对象

衢州职业技术学院全体学生。

6. 软件硬件设施

“运动世界校园”App（学生版）、“运动世界校园”App（教师版）、教师值班表、申诉登记表、后台管理系统。

（二）工作计划和预期收益

1. 活动简介

衢州职业技术学院公共体育部根据近几年学生体质测试大数据，详细科学地制订了校园健身跑计划：学生在一学期内完成总跑步有效次数不得低于42次，每次跑步须在规定时间内完成规定里程方才有效，每天只记有效次数一次。学校设置每天早晚两个时段，学生以学号登录软件，在规定时间内，按系统随机生成的校内3~5个坐标点（以手机导航定位为准）形成的规划路线，男生每次要在7~13分钟之内跑2千米，女生则是在7~13分钟之内跑1.5千米。否则，系统将默认为无效数据无法上传。除此之外，还有不要求距离和时间的自由跑和约跑模式，计入总里程，不计有效次数。学生在客户端，除了可以查看自己的运动次数和总里程数，还能实时关注运动排行榜。

2. 预期效益

每年更多的同学加入校园健身跑的行列，学生的体质测试成绩有所提高，锻炼兴趣有所提升，体质得到增强。

3. 活动意义

通过校园健身跑，增加学生们的肺活量，促进新陈代谢，调节神经系统功能，还能磨炼同学们的意志和毅力，校园跑对大学生身心健康、精神面貌起着重要的作用。

具体活动实施办法见附件1《衢州职业技术学院学生课外体育活动实施办法（修订稿）》。

具体活动通知见附件2《2019—2020学年第一学期校园健身跑的通知》。

三、活动成果

（一）全员参与，锻炼效果佳

2017级学生共有2179名注册跑步，2018级学生共有2300名注册跑步，2019级学生共有2272名注册跑步。

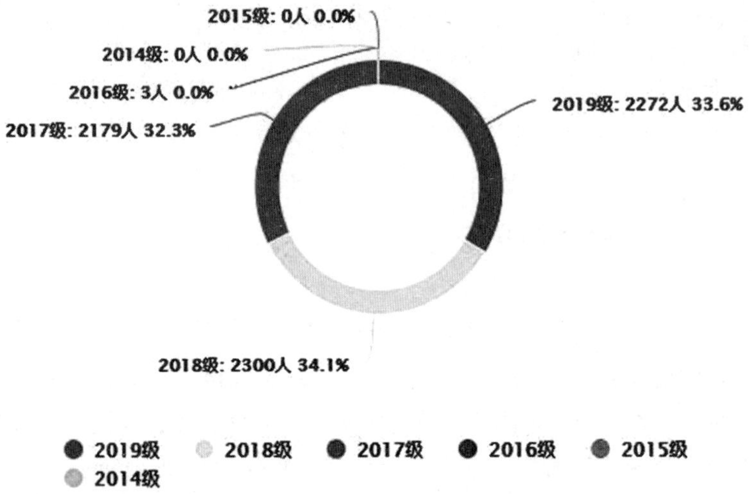

图 6-2 各年级注册参加校园跑人数

（二）涌现一批健身跑达人

学校设置了校园健身跑运动达人的评选，即每学年跑步总千米数在男女排名的各前 50 名，同时，男生大于 300 千米、女生大于 200 千米的同学会被评为校园健身跑运动达人，并在一年一届的校运会上进行颁奖。

序号	学号	姓名	性别	学年总里程(公里)
1	3181413113	周毅杰	男	756.688
2	3171413205	陶卢通	男	747.64
3	3171413225	蒋露吉	男	617.047
4	3181412207	邓建生	男	527.83
5	3171411106	何文锋	男	520.36
6	3171418019	潘元东	男	445.456
7	3181511234	李志豪	男	425.605
8	3171514215	叶建新	男	416.46
9	3171316501	朱礼宏	男	407.06
10	3181411127	杨文广	男	383.966
11	3181411130	孙晨超	男	360.73
12	3181117505	余运喆	男	358.5
13	3181419301	夏家豪	男	320.24
14	3181418230	彭翟威	男	302.52

序号	学号	姓名	性别	学年总里程(公里)
1	3181315132	方舟娅	女	1547.4
2	3181112224	葛荧荧	女	488.34
3	3181114430	徐天资	女	463.1
4	3181114224	叶雨莎	女	416.65
5	3171112344	陈若文	女	299.92
6	3181311242	蔡晓婷	女	294.71
7	3181117919	夏叶莹	女	242.57
8	3181419343	林淑娟	女	234.33
9	3181112209	赵盈盈	女	226.7
10	3171111743	顾小草	女	222.61
11	3181117A05	张丽娟	女	219.61
12	3181313111	邢雨静	女	218.6
13	3181114215	戴文萧	女	218.138
14	3181318216	张瑾	女	205.322

图 6-3 校园健身跑运动达人评选

（三）通过率逐步提高

2018—2019 学年第一学期，2017 级的 2179 名学生中共有 58 人未通过考核，通过率为 97.34%；2018 级的 2300 名学生中共有 59 人未通过考核，通过率为 97.43%。

2018—2019 学年第二学期，2017 级的 2179 名学生中共有 42 人未通过考核，通过率为 98.07%；2018 级的 2300 名学生中共有 38 人未通过考核，通过率为 98.35%。

2019—2020 学年第一学期，2018 级的 2300 名学生中共有 29 人未通过考核，通过率为 98.74%；2019 级的 2272 名学生中共有 24 人未通过考核，通过率为 98.94%，通过率逐年提高。

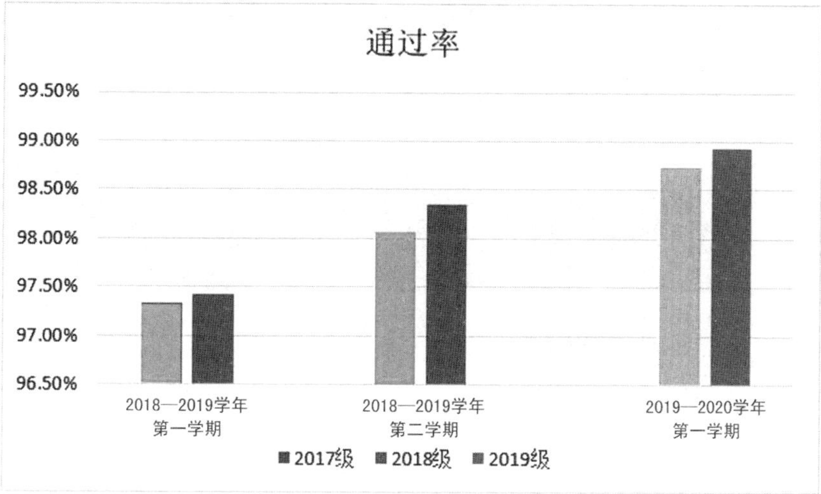

图 6-4　校园健身跑近三学期通过率

四、活动照片

公众号报道

文件

值班日志

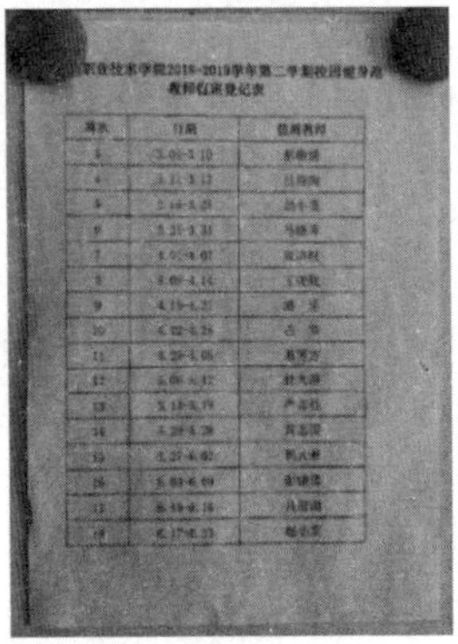

值班表

校园健身跑运动达人颁奖

后台统计分析图

五、师生心得

（一）学生心得

医学院17级叶倩同学在使用“运动世界校园”App后说：

以前集体跑操场，排队等半天，点名点半天，太浪费时间了，现在通过手机App跑步，灵活多了，我可以自己安排时间，真的方便很多。

机电管理学院17级朱礼宏同学说：

作为体育部的前干事，深深感受到了曾经早晚锻炼点名时的不易，收假单陪跑之后还要做统计。现在有了校园跑App，效率高了，我们也解放出来了，智能代替人工，我觉得特别好。

衢州职业技术学院公体部吕迎尚老师说：

以前组织学生跑步，天气阴晴不定，学生跑步情况拿捏不准，出勤率与签到率难以统计，学生怨言多。教师统计汇总全手工，每月制作报表烦琐。操场时常出现拥堵，跑步锻炼效率低，学生体质也难以提高，现在使用校园跑App，跑步速度和跑步效果得到了提升，教师的低效工作也得到释放。

（二）教师心得

衢州职业技术学院饶楚楚老师说：

现在晚上总能看到好多同学在校园里跑步，整个校园锻炼氛围太好了，感觉朝气蓬勃的，我都想跑了，准备也下载一个校园跑App，和学生一起跑步、一起锻炼。

六、经验分享

（一）制度保障

2018年6月，我校制订了《衢州职业技术学院学生课外体育活动实施办法

（修订稿）》（以下简称《实施办法》），努力为学生营造良好的校园体育文化氛围，致力于进一步提高学生的身体素质和健康水平。《实施办法》指出我校学生使用“运动世界校园”App进行课外体育锻炼，取代传统的早晚跑。

衢州职业技术学院将“运动世界校园”运动跑与本学期体育课成绩挂钩，学期末，未达标的学生体育课期末成绩将无法及格。

（二）参与面广

衢州职业技术学院要求所有在校大一和大二学生都要参加校园健身跑，且在一学期内应完成的总跑步有效次数、有效千米数、有效配速均有量化要求，未达到要求的都无法完成既定目标。学生平均每周要完成至少3次有效锻炼，在这个参加量和强度下，学生可以较好地达到身体锻炼效果，提高身体素质。

（三）时间灵活

以往我校课外体育锻炼是统一安排了早上和下午的时间进行集中跑步，先整队再点名然后运动，仅整队点名这个环节往往要花费好长时间。校园健身跑安排在早上和晚上两个时间相对较长、安排相对自由的时间段，相比于之前的早晚锻炼，学生可以根据自身爱好以及学习工作情况更加主动、灵活地安排自己的锻炼时间。

（四）统计便利

利用“运动世界校园”App进行跑步，无须老师和体育部学生进行手工点名和统计，系统后台可以直接反馈给任课老师学生跑步的次数。

（五）安全性高

利用“运动世界校园”App进行跑步，学生可以根据自己当时的身体情况，判断今天能不能跑步，或者跑步的速度。若身体不适，可以选择不跑，无须请假，不用勉强自己参加，更具有安全性。

附件 1

衢州职业技术学院
学生课外体育活动实施办法（修订稿）

一、指导思想

依据国家阳光体育运动的号召和《关于深入开展大学生“走下网络、走出教室、走向操场”主题群众性课外体育锻炼活动的指导意见》的精神，积极响应“每天锻炼一小时，健康工作 50 年，幸福生活一辈子”的倡议，积极推动校园信息化建设，贯彻我校“两馆文化”精神，努力营造良好的校园体育文化氛围，打造学校健康文化品牌，进一步提高学生的身体素质和健康水平，制订本实施办法。

二、参与对象

全日制在校大一、大二学生

三、活动时间和地点

1. 时间：每学期第 2 至第 15 周的周一至周五

有效时段：上午 5：30-7：00；下午 17：30-22：00

2. 地点：衢州职业技术学院校园内

四、活动规则和考核机制

（1）课外体育活动采用“运动世界校园”App 管理系统指导学生参与校园健身跑。

（2）每名学生通过 App 系统采用“随机终点跑”模式参与跑步，每次跑步男生至少 2 千米、女生至少 1.5 千米，且每次跑步须在 7~13 分钟内完成，每次跑步距离和时间同时符合要求才能计有效次数 1 次，每天只记有效次数 1 次。

（3）学生课外体育活动纳入体育课程考评，学期总跑步有效次数低于 42 次，本学期的体育课成绩最高以 59 分计。如在本学期第 16 周至学期末内补足课外体育跑步有效次数 42 次后，该学期体育课成绩以重修成绩认定，最高 60 分。

（4）若采用冒名顶替（一人带多个手机）或利用电动车、自行车、轮滑以及滑板等工具完成任务的，都视为违规行为。一旦发现违规行为，经过核实认定后，则该学生及协同违规学生本次之前参加跑步次数全部清零。

（5）公共体育部定期对学生参加课外体育活动的违规行为进行反馈，学生对反馈信息有疑义的，可以在规定申诉期内向公共体育部提交申诉申请，在申述期内没有提出申诉申请的，视同默认情况属实。

（6）学校设立“校园健身跑运动达人”评比活动，每学期末以“运动世界校园”App 管理系统认定的学生个人总里程（即自由跑、随机跑、约跑三种模式统计出的总里程）排行榜，对全校男、女各前 50 名的学生给予荣誉证书和相应物质奖励。

五、职能分工

（一）二级学院

（1）免跑资格审核。凡因伤病等原因不能参加课外体育活动者，必须由学生本人开学第一周提出申请，填写课外体育活动免跑申请表（见附件），并提供三甲及以上医院证明材料，由所在二级学院党总支书记签署相关意见，统一汇总后交公共体育部认定。

（2）特殊情况统计。因手机配置、思想认识等原因无法参加“运动世界校园”App 健身跑的学生，二级学院进行统一汇总并向公共体育部提出申请，由公共体育部统一安排课外体育活动。

（3）积极宣传课外体育活动的重要性。制订本学院激励机制，引导学生积极参加课外体育活动。

（二）后勤保卫处

（1）负责校园内灯光照明、交通管制，尤其是课外体育活动的有效时段内的外来车辆控制。

（2）定期对校内监控设备进行维护与升级，确保学生跑步路线上卫星点位的影像资料清晰保存。

（3）定期协助公共体育部做好学生对违规申诉的取证工作。

（三）公共体育部

（1）负责学生课外体育活动的实施与管理。以行政班级或体育选项课班级为单位，指导学生下载“运动世界校园”App，实名注册，日常使用与监管等。

（2）负责“运动世界校园”App 系统的后台管理。安排专门管理员处理系统出现的技术问题，定期将学生课外锻炼情况进行统计与反馈，并接受学生申诉，撰写课外体育活动分析报告。

（3）负责学生课外体育活动的日常管理。在课外体育活动有效时段安排教师值班，监督与指导学生规范参加课外体育活动。体育教师指导课外体育活动等同于教学课时，每次按 1.5 个课时计入教学工作量。

六、其他

（1）学生参加课外体育活动必须遵循安全第一原则，跑步前要做好准备活动，根据个人身体状况、校内道路交通、天气情况以及灯光照明等环境因素做出相应的调整。

（2）本实施办法由公共体育部负责解释。

（3）本实施办法自 2018 年 9 月 1 日起开始实行。原实施办法同时废止。

衢州职业技术学院

2018 年 6 月 15 日

附件 2

关于 2019—2020 学年第一学期校园健身跑的通知

一、参与对象

全日制在校大一、大二学生

二、活动时间和地点

1. 活动时间

大一：第 6-17 周（10 月 7 日—12 月 29 日，共 12 周）

大二：第 2-15 周（9 月 9 日—12 月 15 日，共 14 周）

有效时段：周一至周日，上午 5：30-7：00，下午 17：30-22：00

2. 活动地点

衢州职业技术学院校园内

三、活动规则和考核机制

（1）采用“运动世界校园”App 管理系统，选择“随机终点跑”模式参与跑步（禁止使用约跑模式，约跑模式记录定期清零），每次跑步男生至少 2 千米、女生至少 1.5 千米，且每次跑步须在 7~13 分钟内完成，每次跑步距离和时间同时符合要求才能计有效次数 1 次，每天只记有效次数一次。本学期大一学生完成 36 次，大二学生完成 42 次。

（2）学生课外体育活动纳入体育课程考评，大一学生学期总跑步有效次数低于 36 次，大二学生总跑步次数低于 42 次，本学期的体育课成绩最高以 59 分计。大一如在本学期第 18 周（2019 年 12 月 30 日—2020 年 1 月 5 日），大二如在本学期第 16、17 周（2019 年 12 月 16 日—2019 年 12 月 29 日）补足课外体育跑步有效次数，该学期体育课成绩最高以60分计。

（3）若采用冒名顶替（一人带多个手机）或利用电动车、自行车、轮滑以及滑板等工具完成任务的，都视为违规行为。一旦发现违规行为，经过核实认定后，则该学生及协同违规学生本次之前参加跑步次数全部清零。一旦发现作弊，该生相关作弊视频或照片会在校园媒体公布（如图书馆外面大屏幕）。

（4）公共体育部定期对学生参加课外体育活动的违规行为进行反馈，学生对反馈信息有疑义的，可以在规定申诉期内向公共体育部提交申诉申请，每月的15日和30日的中午12：00-13：00为当月校园健身跑的集中申诉日（遇法定节假日和双休日往后顺延），当月15号前的15号申诉，当月15-30号的30号申诉，过期或逾期未提出申诉申请的，视同默认情况属实。

四、其他

（1）免跑资格审核。凡因伤病等原因不能参加课外体育活动者，必须由学生本人提出申请，截止时间为10月12日下班前，填写课外体育活动免跑申请表（见附件）（上学期已申请免跑的和体质测试免测的不用重复申请），并提供三甲及以上医院证明材料，由所在二级学院党总支书记签署相关意见，统一汇总后交公共体育部认定。

（2）特殊情况统计。因手机配置、思想认识等原因无法参加“运动世界校园”App健身跑的学生，二级学院进行统一汇总并向公共体育部提出申请，由公共体育部统一安排课外体育活动。

（3）学生参加课外体育活动必须遵循安全第一原则，跑步前要做好准备活动，根据个人身体状况、校内道路交通、天气情况以及灯光照明等环境因素做出相应的调整。

衢州职业技术学院公共体育部

2019年9月1日

衢州职业技术学院学生课外体育活动
“校园健身跑”免跑申请表

申请学期：　　　　　　学年第　　　学期

学院：	班级：	任课教师：
姓名：	学号：	手机：
申请原因	申请人： 年　月　日	
学生所在学院 审批意见	签名： 年　月　日	
公共体育部 审批意见	签名： 年　月　日	

备注：

1. 相关证明材料附后　2. 本表一式两份（可复印）

趣味运动：欢乐中增强体质

一、活动设计理念

（一）理念

趣味运动会，是一种由大众自发的集思广益的活动体育项目，也称群众体育、群众运动会。“趣味运动会”是运动会的延伸，其竞技要求低，在娱乐身心、营造气氛的同时，达到锻炼的效果。刚开始，它并不叫趣味运动会，而是把一个个体育运动项目修改规则，令其变成趣味运动项目，或者称之为趣味游戏。它不仅能起到锻炼身体的作用，更能促进人与人之间的团队协作能力，非常适合校园文化推广。

习近平总书记于 2017 年 10 月 18 日在十九大报告中提到：建设教育强国是中华民族伟大复兴的基础工程，必须把教育事业放在优先位置，深化教育改革，加快教育现代化，办好人民满意的教育。要全面贯彻党的教育方针，落实立德树人根本任务，发展素质教育，推进教育公平，培养德智体美全面发展的社会主义建设者和接班人。完善职业教育和培训体系，深化产教融合、校企合作。加强师德师风建设，培养高素质教师队伍，倡导全社会尊师重教。办好继续教育，加快建设学习型社会，大力提高国民素质。衢州职业技术学院将“尚德弘毅，知行合一”作为校训，并且将“尚德弘毅”置于校训之首，寓意学校将“立德树人”作为本校办学首要任务，同时引导学生“知行合一”，致力于培养德智体美劳全面发展的人才。学生寝室，是大学生学习、生活、交流的重要场所，也是大学生日常进行自我管理、自我教育、自我服务的所在。身体健康本质在于锻炼，意志的健康在于磨炼，为响应国家号召，进一步提升校园文化建设，我校每年都会组织“趣味运动会”活动。举办趣味健身活动旨在推动我校全民健身运动的开展，引领全体师生掀起积极参与锻炼的热潮，让大家走出办公室、走出网络，坚持每天锻炼，在全校范围内形成全民健身、关注健康、珍爱生命的氛围。

“目前的大学教育，很多学校都存在学生与老师之间不熟悉、课堂以外老师与学生接触较少等弊病。”崔戴飞说。“3221”联系制度，今后要成为衢职院一个常态制度，长期坚持下去，以此凝聚人心，促进衢职院更好更快发展。“3221”即校领导“三联系”：每位校级领导联系一个二级学院、联系一个班级、联系一个学生寝室。部门中层干部“二”联系：每一位部门中层干部联系一个学生社团、联系一个学生寝室。二级学院领导“二联系”：每一位二级学院领导联系一个班级、联系一个学生寝室。教职工党员“一联系”：每一位教职工党员联系一个学生寝室。衢州日报曾发报讯《衢职院推出创先争优新举措“3221”联系制度聚人心促发展》。为更好地推动校园健康文化建设、增进师生感情、缩短师生距离，我校每年都会举办“3221”趣味运动会活动，提升师生幸福指数，增强学校凝聚力。这种比赛形式集竞技与趣味于一身，比赛过程中需要老师与学生默契配合，为师生深入沟通提供了很好的机会，营造了温馨、和谐、活跃的校园文化氛围。

（二）特色

“3221”联系寝室趣味运动会的开展有五个方面的特色。

1. 立足实际、注重实效

结合我院实施的“3221”联系基层制度，开展趣味运动会有利于推动教师在活动中拉近与学生的距离，了解学生实情，从而转变思想、工作作风，提高工作效率，提高办学质量与效益。

2. 以点带面、全员参与

“3221”联系寝室趣味运动会 2015 年开始至今制度日趋完善，从党员教师参与到如今的全体教师参与，教师参与度高达百分之百。全院教师参与到联系基层活动中来，促进联系活动更加广泛深入地开展，让更多的学生受益。

3. 明确任务、规范管理

在活动中了解学生学习生活情况、有何困难和问题、需要什么帮助等；在活动中对学生进行鼓励、分享其喜悦、发现典型、总结经验，并把经验积极向其他同学推广。使学生在活动中体会到团结的力量，增强凝聚力。

4. 加强督促、强化激励

高职学生虽已成人，但思想还不成熟、个性尚未定型，而且有一部分存在不良行为习惯。“3221”联系寝室趣味运动会活动作为一项具体的行动举措，广大教职员工在参与的过程中，要充满爱心、细心、耐心去做，不断用自己的实际行动和正确的立场、观点、态度去影响、感染学生，为学生树立榜样。

5. 创新形式、增强联系

在开展“3221”联系寝室趣味运动会活动中，有的部门和党员推出了不少成功的方法，这些经验值得借鉴。找准突破口，把联系制度落实到位；利用网络加强与学生的沟通与联系。取得了较好的成效。既让大家体验到运动的快乐，放松了心情，同时也活跃了校园气氛，增强了教职工及师生的凝聚力。

二、活动方案、工作计划

为进一步密切师生关系，有效推动教职工联系学生寝室活动的深入开展，我校制订了以下工作计划。

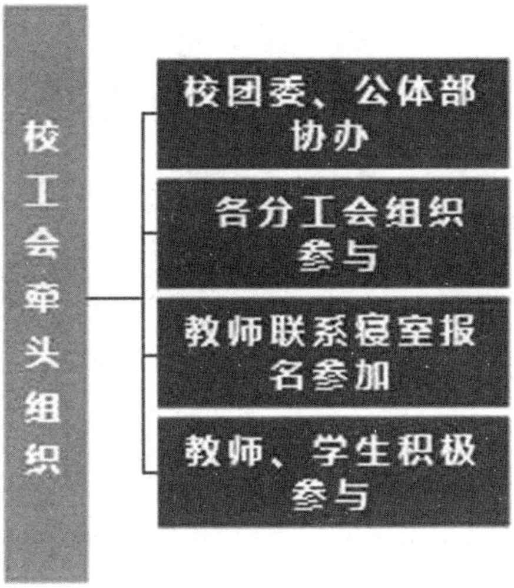

图 7-1 “3221”趣味运动会内容框架图

（一）“3221”联系寝室趣味运动会活动组织内容

1. 校工会牵头组织

每年 5-6 月或 10-11 月由校工会牵头组织“3221”教职工联系寝室趣味运动会活动，制订活动规程，下发文件，通知各个分工会积极参加及安排工作。

2. 校团委、公体部协办

公体部派体育教师根据活动章程做好裁判工作，确保比赛的正常有序进行。校团委负责学生的“素质拓展本”的考勤记录工作，提高学生参与积极性。

3. 各分工会组织参与

学校各个分工会主席收到通知后组织分工会老师积极参与，确保老师全员参与。

4. 教师联系寝室报名参加

每个教师收到通知后根据赛程联系寝室学生，进行沟通交流，选择学生喜欢的活动项目进行报名。

5. 教师、学生积极参与

参加活动的教师、学生在活动当天准时到达活动地点集合准备，根据活动规则及裁判的安排有序进行比赛。

（二）联系方式

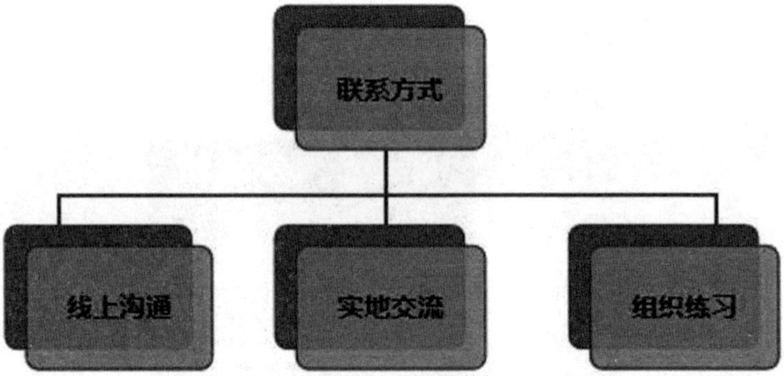

图 7-2 “3221”趣味运动会师生联系方式

1. 线上沟通

每位教职工利用手机社交软件与学生寝室联系建立线上群组，如微信群、钉钉群或 QQ 群，与所负责学生寝室进行沟通；教职工也可以与单个学生（寝室长）进行线上沟通，让其传达到位。还可以通过关注所联系寝室学生的朋友圈、QQ 空间状态等，全方位了解所联系寝室学生的生活学习情况及其思想动态变化，及时发现问题并第一时间给予帮助与解决；此外，教职工也可以线上沟通交流，加强对所联系寝室学生的学业成绩、身体健康、心理状况等情况的了解与把握，对他们进行全方位、全过程的指导。

2. 实地交流

按照“一访”“两联”“三谈”的要求，每月至少实地走访联系学生寝室 1 次，对学生开展自主学习、加强文明修身、塑造健康人格、锻炼健康体魄四方面的内容进行现场指导。

利用午休时间或者空余时间到学生寝室进行走访，面对面交流询问学生感兴趣的活动项目，切实根据学生的兴趣及特长选择活动项目。

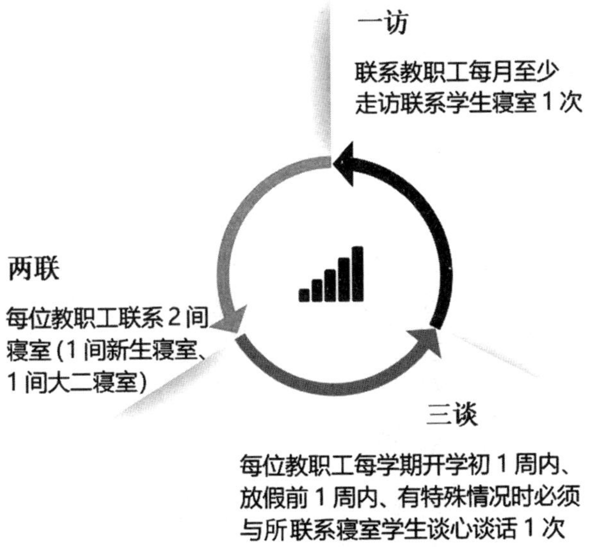

图 7-3 “一访”“两联”“三谈”架构图

3. 组织练习

与学生沟通交流好比赛项目后，利用空余时间进行项目练习，熟悉比赛规则，提高团队配合，以期获得优异成绩。

三、活动成果

教职工联系学生寝室自 2010 年启动以来，联系学生寝室的教职工群体逐渐从党员扩大到全体教职工，我校 2015 年发布《教职工联系学生寝室工作手册》，将 2015 年新生寝室全部纳入联系寝室范围之内。自 2017 年起至今，我校教职工联系学生寝室比例达到百分之百。

截至 2018 年下半年，全体教职工联系 17 级、18 级学生寝室共 729 间，16 级毕业生联系寝室 363 间，“3221”联系活动关联的人数共计 6500 余名学生，除了大三在校外实习的毕业生寝室，已实现将联系范围覆盖至全校学生寝室，通过教职工联系学生寝室活动受到关怀的学生人数占住宿生的比例达到百分之百。具体如下：

“3221”联系寝室趣味运动会从 2012 年开始开展活动。每次活动教职工参与率达到 100%，我校坚持以教职工联系学生寝室为抓手，在“3221”联系寝室趣味运动会中促进了师生关系融洽、校园和谐稳定。主要成果表现为：

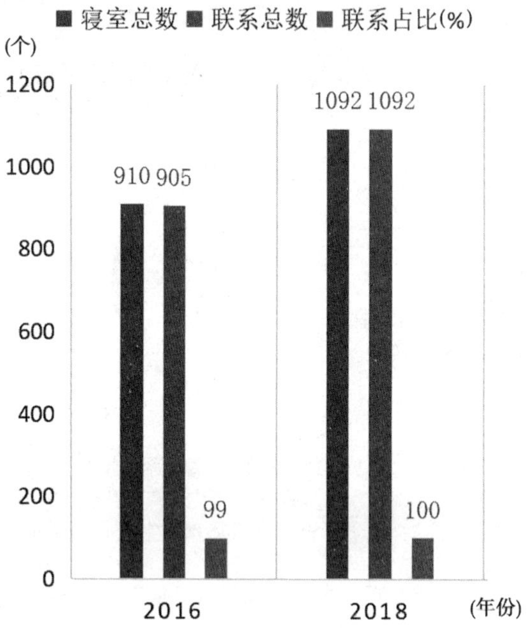

图 7-4　2016 年、2018 年学生寝室总数及联系学生寝室占比

（一）多样的参与形式

趣味运动会内容形式新颖有吸引力、有参与性和趣味性，操作难度不高，区别于传统的运动会方式；让参加者乐于接受、将心驻入，为活动添色彩；让学生发现自身的优点，在参加各种活动时，学生会想到这些优点，并告诉自己有什么优点。这样有助于学生提升从事这些活动的自信，这叫作“自信的蔓延效应”。这一效应对提升自信效果很好。

（二）增进了师生关系

通过“3221”联系寝室趣味运动会活动，师生进行沟通交流，增进了彼此之间的了解，将教师从讲台融入学生生活当中，学生管理工作的瓶颈更容易突破。贴近学生生活，“3221”活动更有利于带动教职工联系学生寝室工作的开展。例如：

在联系活动中以教职工联系学生寝室趣味运动会为载体，开展“三走”主题活动，使大学生“走下网络、走出宿舍、走向操场”。通过活动，同学们更具强健体魄，推动了我校“两馆文化”建设；教职工深入联系学生寝室，通过与学生谈心谈话、拉家常，积极回应学生提出的问题，关注学生的思想动向，有效引导学生的舆论方向，特别是网络热点事件在学生中间的反应，引导学生文明上网、理性看待社会发展中的问题，善意回帖、抵制网络暴力，增强虚拟空间中的自律性，做到“不听谣、不信谣、不传谣”；调动学生的热情，在欢声笑语中拉进教职工与学生之间的距离，增进师生间的关系，使师生关系可以在活动中得以升华，更好地达到育人的效果。

（三）达成学校团队熔炼的目的

调整教职工常规心态，增强凝聚力，注入教学激情；达成的活动效果有震撼力、感染力，并能触动心灵，通过参与、感悟激发其做正面积极的心态调整。与自信的人多接触，“近朱者赤，近墨者黑”，这一点对增强自信同样有效。每个项目都安排老师带队，老师的组织能力强、自信心强，也带动了参赛学生的自信心。

（四）提升凝聚力

活动期间提供交流空间，有助于增进师生之间、同事之间的关系，增强群体的凝聚力。自我心理暗示，不断对自己进行正面心理强化，避免对自己进行负面强化。一旦自己有所进步（不论多少）就对自己说“我能行”“我很棒”“我能做得更好”等，这将不断提升自己的信心。学会微笑，微笑会增加幸福感，进而增强自信。要求学生在第九套广播体操训练和会演时要保持微笑，进而增强自信。扬长避短，在学习、生活、工作中，抓住机会展现自己的优势、特长，同时注意弥补自己的不足，不断进步，肯定能增强自信。做好充分准备，从事某项活动前如果能做好充分准备，那么，在从事这项活动时，必然较为自信，而且这有利于顺利完成活动并增强整体自信心。

（五）增强我校影响力

近年来，“3221”联系制度通过不断开展与完善，不仅在校内获得了广大师生的喜爱，并且在校外被《浙江日报》《浙江教育报》《衢州日报》等多家媒体报道，如2010年12月8日《浙江日报》报道衢州职院建立教职工党员联系学生制度“老师走进寝室与学生交朋友”；2018年10月31日《衢州日报》教育版报道“教职工联系学生寝室”活动等。这项制度被列入省教育系统创先争优活动优秀长效机制，在全省高校党建工作座谈会上做经验交流，是6所高校代表中唯一一所高职院校，扩大了我们的社会影响力。

四、活动照片

趣味活动 1

趣味活动 2

趣味活动 3

趣味活动 4

教职工颁奖合影

“3221”趣味活动获奖队伍合影

五、师生心得

（一）学生心得

医学院17级学生石同学在参加趣味运动会活动后说：

平时学习任务比较繁重，不是在教室上课就是在寝室写作业，我自己会的运动项目也不多，再加上活动时间少，基本不出来运动，但通过趣味运动会发现原来体育活动还可以这么玩，很新颖、很快乐。

艺术设计学院17级学生张同学说：

以前我们都觉得老师教学认真、上课严厉，但在活动中发现原来老师们还有这么活泼的一面。

机电工程学院17级学生陈同学在教职工趣味运动会中当裁判后说：

教职工趣味运动会让我看到了老师的另外一面，比赛中的形象与平时温文尔雅的形象完全不符，为了赢得比赛，他们努力拼搏的样子真的很美、很帅，值得让我去学习。

信息工程学院18级学生赵同学说：

“3221”趣味运动会拉近了师生的感情，增进了同学之间的友谊，活动很有意义，收获良多。感谢学校组织这种活动，也希望学校以后多组织这种形式的活动。

（二）教师心得

衢州职业技术学院公体部杜老师说：

趣味运动会兼顾了趣味性与团队性。集竞技、娱乐、健身等综合于一身的全新趣味训练活动。“3221”趣味运动会更是把师生从日常繁重的工作、学习中解脱出来，让师生彻底抛弃工作、学习中的压力，让快乐不再压抑，将信心从此增强，把力量悄悄凝聚。同时激发教职工团队协作、师生敢于拼搏、永争第一的精神。“玩中享受快乐，欢乐中得到收获”，增进师生感情。

衢州职业技术学院党委书记崔戴飞在参加“3221”趣味运动会后开心地表示：

举办这次活动拉近了师生之间的距离，增进了师生之间的感情，是一次非常有意义的活动。

六、经验分享

（一）活动特色

1. 全面参与性

转变走班选修制度的教学观念，从传统的管理模式中走出来，紧紧围绕“立德树人”根本任务，通过全面深化“3221”联系工程，进一步增强党支部的战斗堡垒作用和党员的先锋模范作用，促进广大党员干部树立全心全意为人民服务的观念，密切党群、干群与师生关系，积极构建“全员、全过程、全方位”育人的工作体系，推动党建工作与教育教学、人才培养工作深度融合，不断提升人才培养质量，引领学校各项事业的全面发展。趣味运动会以趣味为中心，把参与者对运动快乐的体验作为首要的理念，在充分考虑员工的运动的业余性的基础之上设计而成，所以可以吸引更多没有体育基础的师生参与。

2. 高度安全性

趣味运动项目一般都比较简单易学，不需要经过专门的训练，比赛过程中的趣味运动会器材大部分都是充气类、布质类、木质类器材，危险性较低，并且对选手的专业技能也没有特别要求，比赛规则也简单易懂，比赛筹备的时候又充分考虑到了组织安全问题，医务人员跟随在侧，从而能够保证每个参赛者的安全。

3. 充分互动性

趣味运动会比赛项目规则简单、过程安全，倡导快乐体育的理念，在比赛过程中、赛场上下师生进行真正的互动，让他们也真正参与其中，为自己的代表队加油呐喊，让参赛者在大家的鼓励中取得更好的成绩，同时活动的拉拉队加油助威，也增强了集体荣誉感。

4. 观赏共融性

趣味运动项目新颖，始终秉承“友谊第一、成绩第二”的原则。观众不仅能观赏趣味项目比赛，还可以融入他们当中，既是运动员又是观众。参赛者在比赛过程中“洋相”尽出，整个赛场到处都回荡着他们愉悦的笑声。

5. 组织便利性

趣味运动会比赛项目对场地、运动员以及裁判水平的要求都不高，规则简单易懂，甚至师生自己都可以做裁判，组织比较方便。并且学生当裁判更营造出了活动的师生互动氛围，不仅消除了学生的“畏师”心理，还锻炼了学生的公正的值裁及组织能力。

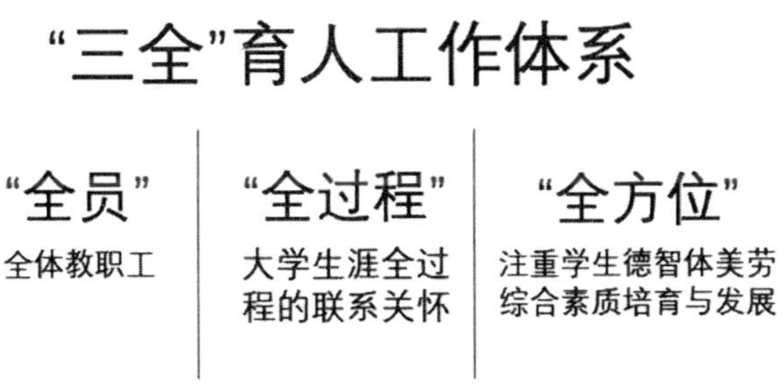

图 7-5　教职工联系学生寝室活动“三全”育人框架

（二）活动实施心得

建立学生公寓党组织对学生公寓建设有着无可取代的重要作用，随着学生公寓在提升校园文化、建设和谐校园等方面的作用日益凸显，高校党建工作的重心会自动转向学生公寓，以公寓为单位开展各式各类党建活动，促进党建工作的顺利开展。我校开展的教职工联系学生寝室示范群建设就是走出传统管理模式的探索与尝试之一，具体如下：

（1）以学生寝室为阵地，开辟高校育人“第二课堂”；

（2）全体教职工纳入联系范围，进一步强化高校教师立德树人的使命感与育人意识；

（3）不断创新联系方式与丰富联系内容，寓教于乐，拉近师生距离，构建新型师生关系；

（4）利用信息化背景下“互联网+”的时代优势，建立线上群组，突破教职工联系学生的时空界限，同时利用网络信息及时将最新的思想观念灌输于所联系学生，构建全方位与全过程的育人体系。

（5）确保育人目的落到实处，教职工联系学生寝室工作能够真正发挥党组织的引领统率作用，党建引领公寓管理，确保教职工联系学生寝室工作能够真正落实到细节。

（三）活动保障措施

在学生公寓内借鉴“网格化管理，组团式服务”的党建模式，纵横交织地开展教职工联系学生寝室的相关活动与工作。

（1）“将支部建在网格上”。将学校党建工作与学生教育管理工作相结合，既能使党建统领全校学生公寓的管理，发挥党组织的战斗堡垒作用，对公寓管理工作进行总的统领；同时，又能在各网格支部中发挥出优秀党员教职工与学生党员的模范带头作用，由点及面，使教职工联系学生寝室工作更上一层楼，确保联系效果落到实处。

（2）各网格内的教职工成员要高度重视联系学生寝室的工作、认真落实网格工作方案，做到精心组织，认真工作，确保教职工联系寝室、关爱学生这一工作内容抓紧抓实抓出成效。

（3）加强网格绩效考评。一是加强上级监督。公寓党工委要督查各公寓网格，各公寓网格要监察各楼层网格的日常运行情况，不断完善和优化网格化监管体系。二是定期考核评价。各网格每年对本网格运行情况进行自评，同时其他网格可对其进行考核他评，结合两者研究制订并落实改进措施。

（4）发动宣传，强化典型塑造。教职工联系寝室需要全体师生人人参与，公寓网格成员要加大联系寝室立德树人的宣传工作力度，充分利用各类宣传品，认真做好教职工联系学生寝室的宣传动员工作，积极营造浓厚的教职工联系学生寝室的关爱育人工作，营造舆论氛围。

（5）强化协调联动整体性工作。学生公寓区按照学校的统一安排和部署，加强对各个学生公寓网格内责任教职工的工作指导，提高其关爱与育人的业务能力；统筹协调学校各相关部门，共同推进教职工联系学生寝室工作的开展，并形成长效机制；适时开展网格化管理责任落实情况的监督检查，尤其是检查记录台账，对工作存在问题及时进行查缺补漏，督促各有关单位认真履行好职责，做好网格区域内各教职工联系寝室的工作，确保取得关爱学生、立德树人的实际效果。

附件 1-1

“举办教职工联系学生寝室趣味运动会”活动方案

一、活动宗旨

为深入学习贯彻党的十九大精神和习近平新时代中国特色社会主义思想，推进“3221”和教职工联系学生寝室活动深入开展，进一步关爱学生，拉近师生关系，经研究决定举办教职工联系学生寝室趣味运动会。

二、活动主题（目标）

关爱学生，拉近师生关系

三、办理单位

主办单位：校工会

承办单位：公体部、校团委

四、时间、地点

2019 年 5 月 24 日（周五）中午 12：20 在学校运动场举行。

五、参加对象

全校师生

六、竞赛项目

1. 集体跳绳
2. 巨型铅笔
3. 托球跑接力

4. 龟兔赛跑

七、参加办法

1. 由各分工会组织联系学生寝室的老师和学生参加。以所联系学生寝室为单位组队，运动员必须是联系寝室学生和联系学生寝室的教职工。

2. 以学生寝室为单位，每个学生寝室限报 2 个项目。

3. 以寝室学生性别进行分组。

4. 每个分工会可报领队 1 人（指定 1 名具体负责人，5 月 10 日中午 12：10 在图书馆二楼教工之家召开具体负责人会议）。

八、竞赛办法

（一）集体跳绳

比赛办法：采用抽签的办法决定比赛顺序，每队 6 人（5 名学生、1 名所联系的教职工），比赛时间 1 分钟，由发令员发令比赛开始，运动员集体双脚过绳记一次，连续重复跳绳。如规定时间内出现间断，可继续跳，不扣分。在规定时间内，按跳过次数多少计算成绩，次数多者名次列前；如出现两队或两队以上次数相等时，则采用相等次数的队复赛 1 分钟的办法决定名次。

（二）巨型铅笔

1. 参赛人数：每队 6 人（5 名学生、1 名所联系的教职工）。

2. 比赛办法：铅笔必须翻滚前进，六人同心协力在规定线路进行比赛，赛程 30 米，铅笔整体过线停表，用时少者为胜。

（三）托球跑接力

1. 参赛人数：每队 6 人（5 名学生、1 名所联系的教职工）。

2. 比赛办法：乒乓球必须放在乒乓球拍的中间，不得用手固定，每个人每次只能托一个球，从起点到终点（10 米）球不掉在地上放入指定位置算有效球，另外一人再从筐中捡起球进行接力。如果球在托送途中掉到地上，选手必须回到起点重来，以 6 位选手全部运送完球所用的时间最少的算胜利。

（四）龟兔赛跑

1. 参赛人数：每队 5 人（4 名学生、1 名所联系的教职工）。

2. 比赛办法：比赛开始前，参赛人员站到器材内，裁判发令后各队人员迅速抬起道具往前移动，赛程 30 米，器材整体过线停表，用时少者为胜。

九、名次及奖励

以寝室为单位男、女各取前 8 名，并给予一定的物质奖励，参赛队少于 12 个人按 60%录取名次。

十、报名时间

请各分工会于 2019 年 5 月 17 日前将报名表电子版发胡雨桐 OA，联系电话：8068659。

十一、裁判员、工作人员由工会统一安排

十二、要求

1. 各分工会认真组织参加。
2. 组织赛前的练习，注意安全，避免运动损伤。
3. 比赛时提前 10 分钟到场。

“岩”启梦想：勇攀高峰

一、活动设计理念

（一）理念

2018年全国教育大会上，习近平总书记明确指出：要树立健康第一的教育理念，开齐开足体育课，帮助学生在体育锻炼中享受乐趣、增强体质、健全人格、锤炼意志。2017年8月，习总书记在第十三届全国运动会开幕前夕指出：国运兴、体育兴，体育强、中国强。体育是社会发展和人类进步的重要标志，是综合国力和国家软实力的重要体现。

2014年6月教育部颁发了《高等学校体育工作基本标准》，注重培养学生体育特长，有效发挥体育特长生和学生体育骨干的示范作用，组建学生体育运动队，科学开展课余训练，组织学生参加教育和体育部门举办的体育竞赛。加强校园体育文化建设，促进中华优秀体育文化传承创新。学校成立不少于20个学生体育社团，采取鼓励和支持措施定期开展活动，形成良好的校园体育传统和特色。开展对外体育交流与合作。通过校报、公告栏和校园网等形式，定期通报学生体育活动情况，传播健康理念。

2014年中国登山协会为引导攀岩运动在我国中小学校安全地开展，评选出4所学校授予“全国攀岩特色学校”称号，并正式制订“攀岩进校园”计划，青少年攀岩推广工作实现校外和校内的全覆盖发展模式，目前全国已有40多所学校获该称号。此后，我国青少年攀岩人口逐年明显增长，整体水平迅速提高。自2016年攀岩被正式列入东京奥运会比赛项目后，攀岩在我国迅速发展，尤其是随着近两年青少年攀岩赛事活动的积极开展，越来越多的学校接触并认识了这项时尚的运动，部分学校通过与地方“登协”或当地攀岩俱乐部合作，已经将攀岩运动列入大课间或选修课；有些学校通过组建攀岩社团或攀岩队参与各类攀岩赛事活动，很好地满足了学生的需求，并将攀岩打造成学校特色体育项目。

衢州市柯城区举行了运动休闲产业双创基地项目签约仪式，浙江省体育局与柯城区人民政府签订厅区共建体育产业战略合作协议，携手探索“运动赋能乡村，乡村孵化产业”的“运动振兴乡村”双创新路径。“新路径”也凸显了省体育局“一张蓝图绘到底”的执着和韧劲。近年来，省体育局高度重视融入大环境，发展体育事业，助力乡村振兴战略自然是重中之重，一直在践行运动振兴乡村的理念，启动了省级运动休闲小镇的创建，着力打造一批慢生活、快运动、特色彰显的运动休闲小镇集群；同时，编制《浙江省户外运动发展纲要（2019—2025 年）》、打造“浙江省全域户外智能信息服务平台”，将登山步道、自行车骑行道等项目和活动穿点成线、连线成网，让城市人民走进乡村，在运动中享受青山绿水，同时提升乡村人民的生活品质……种种措施，也将把体育的活力、魅力和张力表现得淋漓尽致。

（二）目标

1. 打造全国高校品牌

随着攀岩成为 2020 年东京奥运会正式比赛项目，这项集教育、健身、时尚、竞技、探险等多项特点于一身的运动受到越来越多的青少年的喜爱，它的价值得到青少年、家长、学校各方的一致认可，越来越多的学校计划以各种形式开展攀岩运动。我校于 2014 年启动攀岩项目立项，先后投资接近两百万元兴建了室外攀岩场和室内抱石馆，成立了“壁行者”攀岩队和一个有接近百人的攀岩社团。从 2015 年到 2020 年截止，“壁行者”攀岩队共获得国家级攀岩比赛奖牌 64 枚，其中金牌 25 枚；省级比赛获得奖牌 27 枚，其中金牌 13 枚。同时还参加了全国户外运动挑战赛，获得团体全国第六的好成绩。2017 年我校“壁行者（攀岩）”获得全国首批“一校一品”示范基地成果奖。衢州职业技术学院“壁行者”攀岩队在短短的五年里取得丰硕的成果，已经成为全国高校成绩最突出的队伍。

2. 推进校园体育文化建设

攀岩运动是从登山运动中派生出来的竞技运动项目，富有很强的技巧性、冒险性，是极限运动中的一个重要项目。攀岩运动是指利用原始的攀爬本能，借助各种装备作安全保护，攀登峭壁、裂缝、海蚀岩、大圆石以及人工岩壁等。要求运动员身体素质全面，具备勇敢、顽强和坚韧不拔的精神，能够在各种不同的高度及角度的岩壁上轻松舒展、准确地完成腾挪、转身、跳跃、引体等惊险动作。这项运动能够给人以优美的视觉享受和惊险的感官刺激，故又被称为

“岩壁上的芭蕾”。攀岩运动也属于登山运动，攀登对象主要是岩石峭壁或人造岩墙。攀登时不用工具，仅靠手脚和身体的平衡向上运动，手和手臂要根据支点的不同，采用各种用力方法，如抓、握、挂、抠、撑、推、压等，所以对人的力量要求及身体的柔韧性要求都较高。攀岩时要系上安全带和保护绳，配备绳索等以免发生危险。运动队常年不懈训练，在训练的过程中，需要从身体素质、运动心理、竞技状态、沟通协作、吃苦耐劳、坚持不懈等全方位进行训练，提升学生的综合素质能力，全面贯彻“三全育人”模式，极大地推动了校园体育文化建设。

3. 丰富学生校园文化生活

体育竞赛是体育的核心。“更高、更快、更强——更团结”是竞赛追求的目标，“重在参与”是组织竞赛的口号。古往今来，体育在竞赛的推动下发展，竞赛在体育的指引下前进。体育竞赛较之其他竞赛有一个最显著的特点，就是在众目睽睽下进行，它要求“公开、公正、公平”。为此，体育竞赛不仅派生出它的竞赛组织，而且创造出了它的竞赛办法。现代社会生活中，我们每天都可以获得体育竞赛的信息，了解或参与体育竞赛已成为人们日常生活中不可缺少的一部分。在校园的休闲时光里，体育竞赛常常是大学生的一个重要话题，聊足球、篮球、台球、排球等等。我们不少人被体育竞赛那种激烈的竞争性、高超的技艺性、诱人的观赏性所吸引，我相信，我们中有不少人是体育迷。因此对体育竞赛本身的认识，也就成了丰富我们体育文化素养的一个方面。“壁行者”攀岩队的日常训练和攀岩社团的活动组织，成为校园一道亮丽的风景线。

4. 培育创新创业基地

2019 年 8 月 31 日上午，柯城区举行运动休闲产业双创基地项目签约仪式，我校与柯城区签订共建校区“体育+”产业合作协议。近年来，衢职院体育专业发展迅速，广大师生在国家级、省级各类赛事中取得了优异成绩，更可喜的是，学校今年开设了休闲体育专业，有一支精良的体育教学专业人才队伍，可以共同推动基地的建设。希望通过双方合作，进一步改善学校体育人才培养条件，更好地拓展休闲体育专业的校外实训基地，提升学校体育专业发展水平，更好地促进学校与柯城区更深入的合作。我校将充分发挥人才、场地、后勤保障等方面优势，助力柯城区运动休闲产业发展。

5. 服务地方经济

作为衢州唯一一所高职院校，衢州职业技术学院始终秉持着“俯身贴地，服务地方经济”的办学理念。攀岩项目从 2015 年开始落地生根，经过四年的发展，取得了丰硕成果，结合国家休闲体育产业的大发展时机，尤其是“体育+旅游”“休闲+旅游”等概念的兴起，在学校党委的领导下，公共体育部积极谋划，做了大量前期调研工作，借着国家大力发展职业教育的东风，于2019年上半年向教育部申报了休闲体育专业，并成功获批，9月迎来了第一批休闲体育专业的新生。同时学校整合应用英语和休闲体育专业，成立了文化旅游学院。新的学院、新的专业，为服务地方经济培养大量专业人才。要以产业振兴为方向，构建体育产业发展平台。如大力推进省级特色小镇建设，以小镇带动区域经济转型升级；深化“体育+”发展模式，进一步发展、壮大体育服务业。要以体制、机制为保障，着力完善政策体系。制订出台《关于创建全国全民运动健身模范城市，加快“活力新衢州、美丽大花园”建设的实施意见》，同时制订出台国家全民运动健身模范市创建行动纲要，形成“一个规划、一个纲要、一个实施意见”的政策体系。要以最优营商环境为支撑，构建体育产业人才体系。如要吸引各类体育经营服务主体和各类体育人才，加强运动健康专业人才发展体制机制设计；要创新人才评价和激励机制，探索推动高级别体育人才政策机制创新。

二、活动方案、工作计划

（一）活动特色

1. 精准定位、品牌创设

2014年，公共体育部开展了全面细致的调研工作，通过走访衢州市体育局，从政策导向方面着手，了解体育产业发展动态；去全省兄弟高职院校进行交流学习，获取第一手宝贵资料；通过综合研究，结合我校师资和场地情况，制订我校体育发展规划，首要任务是确立攀岩为首的三个特色体育项目。先后投资一百多万元建造了室外攀岩场及室内抱石馆。引进攀岩项目专业教师，聘请校外教练员组成攀岩专业训练团队。

2. 科学训练、硕果累累

通过深化落实“三保、三抓”（即“保政策、保经费、保后勤，抓考勤、抓队风、抓成绩”），严格执行训练计划，明确竞赛目标，强化队伍建设取得了丰硕的成果。我校“壁行者”攀岩队每年参加全国大学生攀岩锦标赛、全国大学生攀岩锦标赛南区赛，参赛队伍包括清华大学、东华大学、香港大学、澳门大学等国内一流大学。我校攀岩队从2016年开始，连续三年，每年的全国大学生攀岩锦标赛和南区赛都是获得金牌数最多的队伍，成为国内高校攀岩项目的领军者。

3. 资源共享、合作共赢

我校“壁行者”攀岩队先后与衢州中专、衢州市白云学校进行对接，为有体育特长的初中生和高中生搭建进入大学深造的学习平台，为从初中升高中然后再进入大学提供了通畅的升学渠道。同时争取地方政府的政策与资金支持，与衢州市体育局对接，积极为衢州市体育产业布局进行探索。我校被授予市级攀岩训练基地称号。

4. 拓宽视野、国际交流

通过攀岩项目，培养了一大批优秀的运动员。多名队员先后参加衢州市市队集训，并参加浙江省第二届体育大会，获得四枚金牌。贵时光同学参加浙江省省队集训，代表浙江省参加第十三届全国运动会攀岩比赛，取得第十三名的成绩。医学院2015级杨梦蝶同学参加国家青年队集训，2017年代表国家出征斯洛伐克举行的世界青年攀岩锦标赛。随着队员训练水平的不断提高，通过参加比赛和一系列的集训，学生拓展了视野、开阔了眼界，同时也增加了学校与国外交流的机会。

（二）活动计划

历经5年，衢州职业技术学院攀岩项目在省、市体育局的大力支持和学校领导的高度重视下创新发展、稳步前行。

1. 筹建攀岩学院，搭建培养体系

2016年攀岩项目成为奥运会的正式比赛项目，为国内攀岩运动的发展开启了新征程。对此，衢州市体育局领导多次与学校领导研究，确定了“奥运人才计划”，并共同筹建“衢州攀岩学院”，搭建初中、高中、大学一脉贯通式的运动员培养体系，为我国攀岩运动竞技人才提供储备，为区域攀岩项目的发展培养服务人才。

2. 借助区域优势，拓宽选材路径

衢州地处浙西山区，境内已开发天然岩壁100多条，具有得天独厚的地域优势。同时，衢州作为首批国家全民健身试点城市已将攀岩项目发展写入《衢州市体育发展“十三五”规划》进行重点建设。衢州攀岩起步较早，目前有衢州高级中学、衢州中专、江山体校等多所中学开展该项目，为我校攀岩运动员选材打下了良好基础。

近年来，学校攀岩项目带动衢州地区攀岩运动蓬勃发展，多次与衢州市体育局、衢州市登山户外运动协会合作推广攀岩运动，曾参与组织中国攀岩俱乐部联赛、浙江省大学生攀岩比赛、绳索技能大赛、全国新年登高活动（江山站）、重阳登高、hallas 攀岩希望之星等活动 20 余次，服务人群约 7000 余人次，为各类攀岩活动的成功举办起到了积极作用。

3. 打造项目品牌，孕育品质文化

学校把攀岩作为品牌项目，积极构建了“攀岩课程+社团活动+运动训练”的发展体系，学生在校期间必须要进行一次体验，根据兴趣选择课程学习，符合选材要求的学生可以参加运动队训练。5 年来，学校共有 20000 余人次参与体验活动，1500 余人参加攀岩选修课学习，200 余人有运动队训练经历。体验、学习、训练已经成为衢职院攀岩运动的套餐，勇攀高峰、协作信任、不畏艰辛已经成为衢职院攀岩运动的理念。“攀为高，岩为信”的攀岩文化已经在衢职院广为流传，并陪伴着每位学子成长、成才。

衢州职业技术学院“壁行者”攀岩队是浙江省唯一一支参加全国大学生攀岩比赛的队伍，同时也是国内高校攀岩队竞技成绩最为突出的队伍之一，曾多次获得全国大学生攀岩锦标赛冠军。目前，是中国大学生体育协会攀岩分会的副主席单位、浙江省登山协会理事会员单位，衢州市攀岩训练基地，在国内高校攀岩届具有一定的影响力。

三、活动成果

（一）近五年攀岩成绩显赫

年份	国家级	省级	金牌数
2015	1铜	2金	2
2016	1金2银1铜	4金1	5
2017	3金8银8铜	4金6银3铜	7
2018	11金7银3铜	3金2银2铜	14
2019	10金5银4铜		10

图 8-1　壁行者近五年获奖牌情况

（二）涌现出一批高水平运动员

我校我校攀岩队队员贵时光在 2017 年 7 月代表浙江省出征第十三届全国运动会攀岩项目决赛；攀岩队队员杨梦蝶在 2018 年 6 月代表国家出征斯洛伐克世界大学生攀岩锦标赛。

（三）被媒体多方报道

自建队以来，学校攀岩项目先后被浙江省《体坛报》《衢州日报》《衢州晚报》、衢州市电视台等多家媒体宣传报道十余次。在全省乃至全国开展攀岩运动的兄弟院校中产生了较好的反响。

12
衢州联队获三个组别金牌榜第一
16
文体
本周末，
柯城区又将迎来拉风的体育赛事

图 8-2　报纸报道

四、活动照片

五、师生心得

(一) 学生心得

经济管理学院袁祁同学说：

我喜欢充实的生活，然而我没有什么兴趣爱好，大学时间又多，自从加入了攀岩队，我充实了自己的生活，找到了人生目标，磨炼了自己的品质，锻炼了吃苦的能力，也认识了一群可爱的人，很感谢有这么一段经历。

信息工程学院汤泽斌同学说：

在我入大学前从未参加过专业的体育训练，更不用说接触到攀岩。初次体验到攀岩时便深深地被攀岩运动所征服，攀岩的刺激和拼搏向上的毅力使我沉迷。同时通过攀岩我认识到了志同道合的队友和同圈的岩友。攀岩充实了我的大学生活，非常庆幸能加入攀岩大家族！

经济管理学院宋瑜倩同学说：

原以为上大学后会碌碌无为、平平淡淡地过完我的大学生活，自从加入了校攀岩队后，我的大学生活变得充满了意义，它带给我最大的感受是用汗水铸就的不畏艰险、顽强拼搏、团结协作的“攀登精神”，这也是我人生的一笔财富，攀岩它不仅让我在赛场上取得了胜利，更是培养了我在学习、生活、工作中永不言败、砥砺前行的精神。

(二) 教师心得

衢州职业技术学院王俊舰老师说：

攀岩运动给学生带来的不但是强健体格，更是健全学生品格。通过攀岩学生学会在人生道路上要坚强、需拼搏、知向上、懂梦想。

六、经验推广分享

（一）定位准确、整合资源

我校在浙江省属于普通高职，由于历史原因，发展受到一定限制，既非国家示范院校，也不是省示范院校，地域上属于内陆地区，经济实力相比大城市也很有限，导致学校财政也无法跟示范类高职院校相比。学校规模不大，目前为止在校生只有6300人左右，跟大多数少则一万人、多则两万多人的高职院校相比，在各方面都不具备优势，尤其是体育项目竞赛，在全省范围内明显处于劣势地位。如何在不利条件下把我校的体育工作做出特色，是学校首先要解决的问题。经过综合考查，我校最终把地掷球、健美操、攀岩三个项目作为重点发展项目，尤其是将攀岩项目作为重中之重进行培育。实践证明，经过几年的发展，攀岩项目取得了优异成绩，获得了巨大成功。

（二）精心组织、科学训练

确立三个特色项目（地掷球、健美操、攀岩）为重点发展对象，通过深化落实“三保、三抓”（即“保政策、保经费、保后勤，抓考勤、抓队风、抓成绩”），严格执行训练计划、明确竞赛目标、强化队伍建设，取得了丰硕的成果，每年参加国内和省内的大学生赛事各一项。

（三）注重团队建设，打造文化品牌

三个特色项目各自设计独有的队名、队旗、队徽、口号。将每个项目各自的特点融入训练中，团队建设理念贯穿于平常的训练与比赛中，打造自身的品牌形象。如攀岩项目取名“壁行者”，口号为“岩出壁行，勇攀高峰”。

（四）政校企融合发展

与地方体育局进行紧密合作，契合地方政府的体育产业布局，争取政府的资金投入和政策上的支持。为地方体育产业发展培育大量的高素质专业体育人才，为地方经济服务。2019年8月31日，柯城区举行运动休闲产业双创基地项目签约仪式，衢州职业技术学院与柯城区签订共建校区“体育+”产业合作协议。衢州职业技术学院开设了休闲体育专业，有一支精良的体育教学师资团队、专业人才队伍，柯城区政府和学校共同推动基地的建设。通过合作，可以进一步改善学校体育人才培养条件，更好地拓展休闲体育专业的校外实训基地，提升学校体育专业发展水平，更好地促进学校与柯城区更深入的合作。衢州职业技术学院与衢州市柯城区绿创森林运动有限责任公司进行合作，在柯城区森林运动小镇建立校外实训基地，同时衢州职业技术学院为绿创公司培养与储备运

动休闲专业人才，政校企融合发展，助推衢州柯城运动休闲小镇全面发展。

（五）拓展学生就业渠道

从 2015 年到 2020 年共五届毕业生，毕业后从事攀岩教练工作的学生达到 24 人。这些学生都是从各个二级学院不同专业中选拔出来的，经过三年的攀岩训练以后，无论是实践经验还是理论知识都具备从事攀岩教练工作的能力。通过毕业生调查，前三年毕业的学生都获得了用人单位的好评，甚至有个别学生已经开始自主创业。

三、健康生活

寓教于乐：公寓文化节

一、活动设计理念

（一）理念

“做好高校思想政治工作，要因事而化、因时而进、因势而新”，习近平总书记在2016年12月全国高校思想政治工作会议上的谆谆嘱托，凸显了高校思想政治工作的紧迫感和使命感。高校要成为大学生成长、成才的筑梦高地，就要坚持立德树人、授道解惑，使得大学生成为明道、信道、传道的时代骄子。习近平总书记指出，办好中国特色社会主义大学，要坚持立德树人，把培育和践行社会主义核心价值观融入教书育人全过程。全过程育人体现在高校办学的课上课下。浙教工委〔2012〕17号文件《关于深入开展学校文明寝室建设的通知》就明确指出要构建起“全员育人、全过程育人、全方位育人”的工作机制。公寓是大学生在校学习生活的主要场所，公寓文化建设是大学校园文化的重要组成部分，是全方位育人的重要阵地。良好的公寓文化是校园精神文明的重要体现，是大学生展示风采的窗口，体现出当代大学生的气质、内涵与修养。

学生公寓是学生学习、生活的主要地方，也是学校思想政治工作的主要阵地，作为养成教育和校园文化活动的重要课堂。公寓文化活动包含着深刻的内涵，有着丰富的活动内容和多彩的活动形式，对学生的思想修养、文化修养、综合能力等各方面起着积极的影响。开展公寓文化节活动是我校积极贯彻落实十九大精神和全国、全省高校思想政治工作会议精神，落实立德树人工作，把思想政治工作贯穿教育教学全过程，加强和深入开展大学生文明素质与行为规范养成教育，是促进学生健康成长和全面发展的重要举措。学校一直致力于公寓文化生活的建设，积极更新观念，多方面思考寝室文化的真谛，引导学生营造自主健康的寝室文化。通过坚持开展公寓文化节活动，丰富广大同学的课余文化生活，展现大学生的精神风貌，增强团队合作精神和寝室成员间的凝聚力，提高学生的综合素质，促进安全、文明、和谐、美丽的公寓生活环境的形成。

（二）目标

1. 丰富校园文化内涵

公寓文化是我校“两馆一室”（图书馆、体育馆、学生寝室）校园文化的重要组成部分。以“公寓文化节”为契机，积极开展主题鲜明、内容丰富、形式多样的公寓文化活动，引导广大同学养成良好的生活习惯，培养健康文明的良好风尚，从而营造出积极向上、文明和谐的公寓文化氛围，进一步丰富大学生的校园文化生活，促进学校优良的校风、学风建设。

2. 提升公寓文化品质

坚持以学生公寓为阵地、以教师为主导、学生为主体，组织学生开展丰富多彩、高格调、高品质的公寓文化活动。通过开展一系列丰富多彩的竞赛活动，提高学生公寓的文化品位和楼幢成员、寝室成员的凝聚力，丰富大学生的校园文化生活，营造公寓文化氛围，加强学生文明修养，提升公寓文化品位，陶冶学生情操，营造良好的育人氛围。

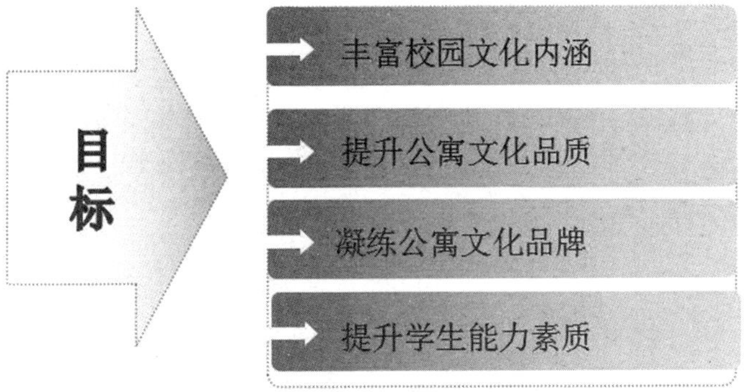

图 9-1　公寓文化节活动设计目标

3. 凝练公寓文化品牌

为了与市场接轨，进一步推进公寓文化活动的育人效用，公寓文化建设要走向品牌建设，从而推进长效机制的形成，为公寓文化发展找到空间。品牌是一种概念，反映出特定物品的典型特征，让人们不自觉地与时尚、价值、文化等相连。公寓文化节是公寓的品牌文化。一方面要特色鲜明，富有公寓的特点，要有学校文化特色、本校学生的特点等；一方面要体现时代特征和地域特色，要结合校园文化的特色和内涵，不断地创新，形成本校公寓文化节独特的风格；另一方面要有延续性，有可传承的内涵、相对可以延续的形式。学校开展了较多公寓文化活动，但这些文化的内涵值不值得深化，形式是否可以进一步完善，需要进行仔细的甄别与凝练。对公寓文化节活动进行项目化管理，使内容落到实处，更为容易传承。当公寓文化节被师生认可并接受后，公寓品牌文化的育人效果会越来越明显。

4. 提升学生能力素质

广大学生有参与公寓文化建设的热情，他们最感兴趣的是公寓文化活动。公寓活动不能局限于简单的娱乐活动，要在内容、途径、形式上不断创新，充分发挥育人的功能，满足不同个性特长的学生发展的需求。通过开展公寓文化节充分发挥学生的主观能动性，鼓励学生自我创新，不断提升他们的力量，让他们成为学生公寓自我教育的典型。在公寓文化节的实践开展中，不断吸收学生新的观念和想法，不断探索引导学生创新发展的新平台，挖掘学生的创意，发挥他们的想象力，让他们自己考虑想要什么样的公寓文化。学生创新的理念得到认可，自主选择的公寓文化建设理念得到落实，学生的认同度、参与度会更好，效果也会更明显。

（三）特色

学校以学生公寓为阵地，按照“以教师为主导、学生为主体”的教育思想，依托多彩活动，加强以公寓为阵地的第三课堂建设。公寓文化节是公寓活动的重要内容，坚持大学生主体、创新活动载体等，寓教于乐才能更为高效地发挥公寓文化活动的育人作用，促进教育的可持续发展。

图 9-2　公寓文化节特色

1. 公寓文化节以教师为主导、以学生为主体，尊重学生的主体地位

大学生思想活跃，大学阶段是他们人生观、价值观定型的阶段，他们较为急切地想确立自己的主人翁地位。公寓生活以学生为主体，满足了他们的需求。大学生在公寓中较为自由，有很大的自主权。他们根据自己的选择，与他人进行交流沟通，从而达到宣泄情绪、学习知识等目的，促进自我提升。公寓文化活动是学生最感兴趣的内容之一，发挥学生的主动性，尊重学生的主体性，才能吸引学生主动参与，才能在不知不觉中感染学生，寓思想政治教育于无形之中。公寓文化节活动要按照学生喜爱的方式进行，不断创新活动的载体，通过与知识、运动、游戏、习惯养成等多种元素结合，开展别出心裁的活动，推进育人工作。公寓文化活动要发挥育人作用，重要的一点是调动学生的兴趣，让他们走上自主参与的道路。以兴趣为师，才能达到育人的效果。如果是外界强加的，反而会引起学生反感。

大学生自我发展中心是公寓文化的承办单位，在活动过程中贯彻了学生自我教育、自我管理、自我服务的要求，真正发挥了学生组织的作用。大学生自我发展中心是公寓文化活动的生力军，在推进素质教育和培育“四有”新人方面扮演着重要的角色。大学生自我发展中心以自身的特点吸引了一大批有特长和兴趣的大学生，并影响更多的大学生，丰富了大学生的课余生活，使他们拓展了知识结构、陶冶了思想情操、增强了成才意识和竞争意识、密切了人际关系、增进了身心健康、培养和锻炼了多种能力。

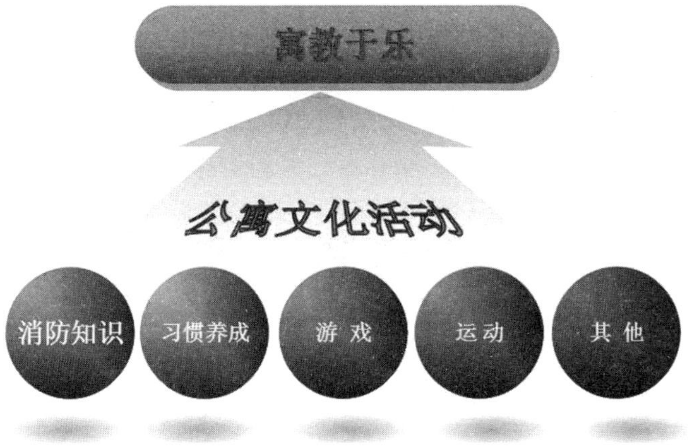

图 9-3 公寓文化节活动形式

2. 公寓文化活动与消防知识相结合

为增强我校师生的消防安全意识，提高火灾扑救工作的组织和处理能力，

掌握消防器材的基本性能和使用方法，学校举办了趣味消防安全运动会。活动由比赛同学接力完成，包括四个比赛流程。一是穿越火线，一名同学拿毛巾捂住嘴巴屈伸跑；二是手部包扎，模拟受伤场景，一名同学给组员包扎伤口，协同组员跑到安全区；三是穿消防服，按照标准穿消防服；四是消防水带连接，包含甩水带、连接枪头、连接分水器等三个步骤；五是现场灭火，同学拿着灭火器快速到达灭火点灭火。

3. 公寓文化活动与习惯养成相结合

为了进一步推动文明寝室创建工作，促进同学们养成良好的整理习惯，开展“收纳箱大作战”比赛。比赛同学要以最快的速度整理衣物，铺开、抚平、折叠、压平……将规定的15件衣物、杯子、娃娃等物品放入收纳箱。不仅比拼速度，还比拼收纳技巧。各式各样的收纳技巧被参赛选手一一展现出来，给了同学们一个交流学习收纳技巧的机会。

4. 公寓文化活动与游戏相结合

通过有趣好玩的游戏促进寝室间交流，加强人际互动，提高公寓凝聚力。开展公寓安全卫生倡议运动，吸引学生们积极参与。活动设置两人三足、投掷飞镖两项运动。两人三足穿过写着“坚持并不容易”“早整理、周打扫、日督查”“齐心协力共建文明卫生家园”的横幅，表示师生一起努力创建文明寝室。向“拒绝大功率”“拒绝脏乱差”“拒绝攀爬阳台”“拒绝吸烟”等内容的靶盘扔飞镖，表示师生坚决抵制公寓不文明行为的决心。

5. 公寓文化活动与运动相结合

开展户外公寓安全知识竞赛。活动设置“竞速抢答”“神笔马良”“跳绳答题”“你做我猜”“撕名牌”五个环节，寓教于乐，将丰富有趣的竞赛运动与公寓安全知识相结合，既考验选手们的安全知识储备，又考验他们的随机应变和团队协作能力。“竞速抢答”“跳绳答题”考验团队的户外运动能力，将跑步、跳绳等运动与安全知识相结合。“神笔马良”考验团队的协作能力，要求各队队员在不接触毛笔的情况下，拉绳在画布上写下“安全、卫生”。“你做我猜”考验团队的默契，两名队员用动作解释词组，其他队员负责猜词。“撕名牌”表达各队维护公寓安全的决心，以撕下“大功率”“私拉乱接”“脏乱差”的名牌数量多少计分。

二、活动方案、工作计划

2019年是中华人民共和国成立70周年，是深入贯彻落实全国教育大会精神的开局之年，是教育系统深入实施“奋进之笔”，攻坚克难、狠抓落实的重要一年。为深入贯彻党的十九大和十九届二中、三中全会精神，深入学习贯彻全国教育大会精神，以习近平新时代中国特色社会主义思想为指导，我校特举办以“‘宿’说平安和谐，‘寓’你共创文明”为主题的第九届大学生公寓文化节活动，以推动公寓文化活动的发展与繁荣，丰富校园文化生活，促进校园精神文明建设，营造有利于广大学生健康成长的校园文化氛围。

1. 活动宗旨

着力打造寝室“家文化”，把对大学生的思想政治教育、道德与爱的教育、素质拓展等与公寓文化建设有机结合，发挥公寓文化的导向、约束、凝聚和激励功能，积极拓展大学生教育的新渠道，探索以学生公寓为基础的校园文化活动新模式，促进广大学生健康成长、全面成才。同时，进一步丰富校园文化生活，凸显当代大学生的精神风貌，营造学风优良、团结和谐的公寓文化氛围，增加广大同学自我教育、自我管理、自我服务的能力，增强公寓的凝聚力、向心力，提高公寓管理整体水平及质量。

2. 活动主题：“宿”说平安和谐，“寓”你共创文明

3. 活动时间：4 月 22 日至 5 月 22 日

4. 活动内容

（1）开幕式：趣味消防安全运动会

比赛包括穿越火线、消防水带连接、穿消防服、灭火器现场灭火、手部包扎等五个项目，依次接力进行。

（2）收纳箱大作战

比赛同学将 15 件衣物整齐地放进收纳箱，还可以留特殊物品塞入收纳箱，就可获得加分。计时 5 分钟，时间到未完成将被扣分。

（3）公寓安全卫生倡议运动

活动分两个项目。一是“两人三足”往返跑：两人并排站立，一人左腿与另一人右腿的膝盖以下、脚踝以上部分用绳子绑上，比赛从起点处出发，沿着横幅往返跑一个半来回。以横幅为分界线，“坚持并不容易，大家一起努力”“早整理、周打扫、日督查”“齐心协力共建和谐文明家园”。二是投掷飞镖：将标靶固定，参与者站在投掷线外投掷飞镖。每人每次五镖。制作喷绘横幅，上面写“拒绝大功率”“拒绝脏乱差”“拒绝攀爬阳台”“拒绝吸烟”等内容，靶盘粘贴在相应内容下方。

（4）学生公寓“优秀层长”“优秀值班员”评选大赛

以楼层管理制度为基础，以楼层干部、公寓值班员的工作态度和能力为衡量标杆，对公寓管理人员的工作进行考核，了解同学们对他们工作的满意度。

(5) DIY 环保袋——DIY 出你的低碳公寓生活

比赛同学领取一个全白的环保袋，自行在环保袋上画上（贴上）自己喜欢的图案（人物）。图案可为风景、卡通、素描、人物、个性签名、图案、插画、绘本、涂鸦、漫画、创意小文案等形式。

(6)“寓”人为善——学生志愿服务队

学生自主报名参与学生志愿服务队，在学生公寓内开展志愿服务，包括清洁电风扇、清洗电脑键盘、协助公寓值班员值班、参与寝室卫生检查、打扫毕业生返校寝室等志愿活动。

(7)“温馨小家”寝室设计大赛

寝室室内设计布置是展现寝室特色、发挥寝室成员智慧的一个比赛，在这个设计过程中，寝室成员可以根据自己寝室的特点，从专业、友谊、文化、创意等各个方面设计装扮特色寝室。本次“温馨小家”寝室设计大赛主要围绕 3 个主题设计，分别是最具书香寝室、最具颜值寝室和最有活力寝室。

(8)“寝室文明公约”征集大赛

为进一步践行社会主义核心价值观，推进文明寝室创建，引导学生树立文明观念、展示文明形象，增强学生公寓的文化氛围，征集寝室文明公约修改意见，内容须结合学生公寓管理要求，反映寝室文明行为，体现学生住宿规范。寝室文明公约（征集意见稿）见附件。

(9) 闭幕晚会

围绕公寓文化节主题，表演歌舞、小品、相声等节目。同时，表彰本届公寓文化节各项活动的获奖人员。

5. 活动对象

衢州职业技术学院全体师生

6. 活动要求

(1) 高度重视，精心组织。公寓文化节作为我校文明寝室建设的重要品牌活动，各二级学院要高度重视，激发学生参与热情，鼓励学生参与各项文化节活动，将公寓文化活动作为学生素质能力提升的重要抓手。

(2) 突出主题，务求实效。紧密围绕本届公寓文化节“‘宿’说平安和谐，‘寓’你共创文明”主题，加大宣传力度，共建美丽家园，倡导健康生活理念。

(3) 加强引导，以生为本。公寓辅导员要加强对本幢公寓学生活动的指导，发挥学生在公寓中的主人翁作用。

三、活动成果

公寓文化节充分体现了我校学生的创意，吸引了大量学生参与，为我校公寓文化建设作出了贡献。活动为同学们展示自我、挑战自我、丰富自我、充实自我、锻炼自我提供了舞台，促进了寝室的团结协作，充分发挥了公寓育人的作用。在提升同学们的公寓文化品位、陶冶情操、优化育人环境的同时，营造出了一个“团结、友爱、文明、健康”的温馨家园，该活动受到了广大师生的重视及好评。

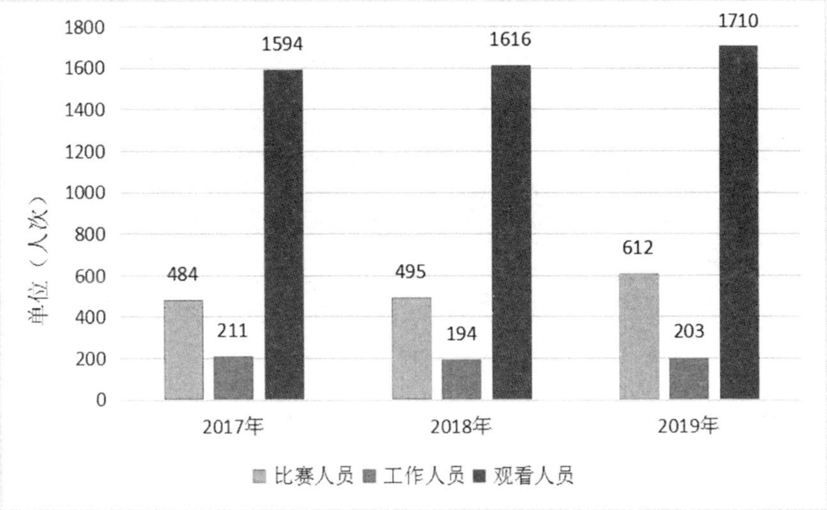

图 9-4　公寓文化节参与人数情况

四、活动照片

第九届公寓文化节开幕式

趣味消防运动会

学生公寓安全卫生倡议运动之“两人三足”

学生公寓安全卫生倡议运动之投掷飞镖

志愿服务队打扫实习生返校住寝室

志愿服务队清洗电脑键盘

寝室设计大赛中获奖寝室

公寓文化节闭幕晚会

五、师生心得

（一）学生心得

医学院杨同学说：

公寓文化节是进入大学后才接触到的一个以寝室活动为主的大型

节日。我们可以按个人喜好选择报名，对我们寝室来讲，吸引力非常大。我们寝室一起参与了公寓文化节中的志愿服务，去帮助他人，觉得非常有意义。我们也参与了其他的活动，包括寝室设计大赛、收纳比赛等，能够让我们一起走出寝室，通过参与活动找到乐趣，不至于每天对着手机打游戏、看电视等。一起参与活动，也增强了我们室友之间的友谊，提高了我们的艺术涵养，培养了我们的创新能力，让我们彼此之间的距离又一次拉近。

经济管理学院陈同学说：

我们寝室参加了寝室装扮活动，我们从中学到了很多。比如按特长分工，在有限的时间里，我们要让善于做手工的人做手工，做设计的做设计，充分发挥我们的特长。还有就是，我们再次感受到了集体力量的伟大。团队合作的确是至关重要的，个人英雄主义是很难做出大的成就的。虽然是为了参加比赛，但也不能单纯地为了应付寝室设计大赛而装点寝室，而是真正把寝室当作自己的家一样去爱护去建设，注入了自己的热情与激情，将自己的爱家情怀充分融入了其中。通过这次比赛，我们对寝室的感情更深了。

大学生自我发展中心干事高同学说：

公寓文化节是由我们大学生自我发展中心成功举办的一次大型活动，该活动已经持续了八届，我参加过两届，两届的活动内容都非常丰富。今年有消防运动会、DIY 环保袋、“寓”人为善、收纳箱等活动。就拿 DIY 的环保袋活动来讲，这个活动让同学们发挥自己的想象力和创造力，去设计属于自己的环保袋，然后进行评选。作为工作人员，我们要在活动开展之前做很多的准备工作，包括选择活动时间、确定活动内容和形式、准备活动物品、分配工作人员等。就拿活动的宣传来说，我们首先要对活动进行了解分析，然后进行活动的摆摊宣传，晚自习结束后又进寝室宣传，跟随楼层长进入每间寝室，让所有人都知道活动内容，并邀请他们积极参与。活动需要发展中心各部门之间相互配合和及时沟通，极大地促进了各部门的团结，也提升了我们的工作能力。

我觉得我们发展中心是一个温馨的大家庭、一个极具凝聚力的战斗团队。通过组织开展公寓文化节活动，我们能够向学姐学长学习很多工作方法，也吸取了很多的活动经验，得到了成长。我相信许多干事有跟我一样的看法。

（二）教师心得

学生处吴老师说：

公寓文化节是我校的传统特色活动，每一届公寓文化节都受到学校领导和老师们的高度重视。本届公寓文化节历时一个月，以“‘宿’说平安和谐，‘寓’你共创文明”为主题，让同学们切实体会到寝室有家般的温暖，体会到同学、朋友间的情谊，体会到学校、老师的关怀。活动旨在增强寝室同学之间的凝聚力，锻炼同学们的独立自理能力，加强同学们与学校领导、老师之间的沟通，切实解决同学们在生活中遇到的各种问题。在展现大学生积极健康风貌的同时，完善公寓文化建设，从而使同学们以更加饱满的热情和信心投入学习当中。

（三）家长心得

一名学生家长李先生说：

虽然没有参加过学校组织的公寓文化节，但从小孩的口中切实感受到他对这个活动的热爱。以前一直认为参加活动会影响学习，但通过与小孩的沟通了解，改变了个人的看法。觉得多参与类似这种有意义的活动，可以让小孩学到很多。也鼓励他们试着去参与，不要当一个只会读书的学生，多利用学习之余的时间参加一些活动，提高自己的综合能力，还能结交很多朋友，让大学三年的时间不会那么枯燥乏味。从孩子的口中我可以知道这次活动氛围相当浓郁，学生们踊跃参与，大家积极性很高，活动形式也很多。无论是否获奖，有个舞台可以让小孩去展示，可以锻炼他们，这就让我们作为家长十分满意。

六、经验分享

（一）活动要坚持大学生的主体性

公寓文化活动的主体是学生，他们既受高校公寓文化的影响，又是高校公寓文化建设的主人。公寓文化活动的开展要按照以人为本的原则，尊重学生个体差异，按照他们不同的性格特点，开展丰富多样的活动形式，具有针对性。大学生在公寓中较为自由，有很大的自主权，根据自己的选择，与他人进行交流沟通，从而达到宣泄情绪、学习知识等目的，促进自我提升。

（二）活动要有吸引力

学生主动参与才能在不知不觉中感染学生，寓思想政治教育于无形之中。强扭的瓜不甜，硬性灌输的道德理念不能提升学生的品德修养，只有引起大学生的兴趣，让他们主动参与，才能让思想政治教育的效果持久，渗透力和影响力增强。

（三）活动要特色鲜明

公寓文化活动要特色鲜明，富有公寓的特点，与学生在公寓内的学习、生活等息息相关，要让学生有参与感。光有花哨的形式，没有学生的互动和参与，就像只有炫技却没有感情的歌声，好听，但不动人。

（四）活动要有方向性

大学生是祖国的未来，公寓文化作为引导大学生世界观、人生观和价值观成熟的重要因素，应立足于中华优秀传统文化，大力弘扬社会主义核心价值观，以邓小平理论、“三个代表”重要思想、科学发展观、习近平新时代中国特色社会主义思想为指导，通过开展理想信念教育、爱国主义教育、公民道德教育和素质教育等相关的公寓文化活动，发挥公寓文化活动在思想政治教育方面的育人作用。以促进大学生的全面发展为目标，为社会主义现代化事业培养合格的建设者和可靠的接班人。公寓文化活动不能简单地追求“乐一乐”，甚至为了吸引眼球，开展低俗的活动，要坚持主流文化，引导大学生接收先进思想，保持健康发展的主流方向，抵制不良文化对大学生的侵蚀。

（五）活动要有时代性

公寓文化节等活动要跟随时代发展的脚步，培养全方面高素质发展的人才。公寓文化建设要适应时代发展的要求，满足学生精神、物质、能力等方面发展的需求。随着科技的进步、网络的发展，公寓文化活动的开展也要与时俱进，符合大学生的个性特征。只有内涵丰富、紧接潮流的公寓文化才能吸引大学生的眼球，提升他们在公寓文化建设中的参与积极性。公寓文化建设要适应现代社会对人才发展的能力要求，搭建学生发展的舞台，培养他们成长成才。

立德树人是高校育人的根本任务，公寓作为培养人才的重要阵地，理应成为培育和践行社会主义核心价值观的重要基地。如何把立德树人根本任务落实到公寓文化建设的具体行动中，把握住公寓文化节这个活动舞台，让立德树人教育思想成为可操作的公寓文化建设行为是高校教育体制改革研究的重要课题。

附件：

寝室文明公约（征集意见稿）

1. 尚德弘毅，知行合一
2. 尊重他人，谦逊有礼
3. 仪表端庄，举止得体
4. 遵规守纪，严于律己
5. 团结友爱，互帮互助
6. 专注学习，自立自强
7. 勤于内务，整洁美观
8. 常开门窗，注意通风
9. 少吃外卖，垃圾入桶
10. 爱护公物，节水节电
11. 消防通道，保持通畅
12. 按时回寝，规律作息
13. 男女有别，谢绝串门
14. 禁黄赌毒，防盗防骗
15. 规范用电，牢记心中
16. 切勿攀爬，严禁抛物
17. 刀具火种，绝不带入
18. 不带宠物，不留外人
19. 不信推销，不做营销
20. 比学赶帮，争创文明

缤纷校园：社彩飞扬

一、活动设计理念

（一）理念

2012 年，教育部等部委联合颁发《关于进一步加强高校实践育人工作的若干意见》，意见指出要“加强实践育人工作总体规划”“强化实践教学环节”等，可见高校实践育人对大学生思想政治教育、人才培养的重要性。2018 年，共青团中央、教育部联合印发《关于在高校实施共青团“第二课堂成绩单”制度的意见》，是理论教育与实践育人深度融合、培养大学生综合素质的一项重要举措。2019 年，习近平总书记在学校思想政治理论课教师座谈会上指出，要坚持理论性和实践性相统一，用科学理论培养人，重视思政课的实践性，把思政小课堂同社会大课堂结合起来，教育引导学生立鸿鹄志、做奋斗者。总书记的话对实践育人提出了更高的要求，指出了明确方向。

高校学生社团是学生自发组成、按照章程自主开展活动的非营利性学生组织，它是校园文化建设的重要组成部分，是第二课堂社会实践的广阔平台，更是“实践育人”的重要载体。衢州职业技术学院为提高学生精神文明素养、培养学生健康人格、提升学生的实践能力，以培养“身心健康、爱与关怀和尚德弘毅的匠心型人才”为教育目标，开展“缤纷校园 社彩飞扬”活动课程。这是一个全员、全方位、全过程实践育人的活动载体，通过社团嘉年华招募社团成员、培养社员、社团之星评选等，旨在让更多的学生参与到社团活动中来，达到覆盖面广、影响力大、人人出彩的效果，培养自信、阳光、积极、向上的青年学生。

（二）特点

本活动课程的主要特点包括以下两个方面。

1.“三全育人”实践育人模式，打造缤纷实践课堂

“缤纷校园 社彩飞扬”活动课程以全员、全方位、全过程为实践育人模式，

始终坚持“以生为本，以文育人”的理念，积极构建学生成长、成才的服务体系，努力营造校园文化氛围，陶冶学生情操，按照“高素质技能型人才”培养目标的要求，在全校大力实施大学生素质拓展计划，积极培育和扶持各类学生社团，发挥社团文化对学生人格、气质、修养等内在品质的影响作用。在新生入学伊始，“缤纷校园 社彩飞扬”活动课程通过社团嘉年华招募社团成员，全面覆盖每位新生。我校共36个校级社团，每个社团各配备了一位指导老师和一位联系领导，以达到全员育人的目的。同时对每位成员建立阶梯式培育机制，针对社团成员，大一以课程形式培养基本技能，大二以集训形式提升竞赛能力并选拔表现优异者参加校内外各类竞赛，寒暑假以及大三实践环节通过投身社会实践服务社会。

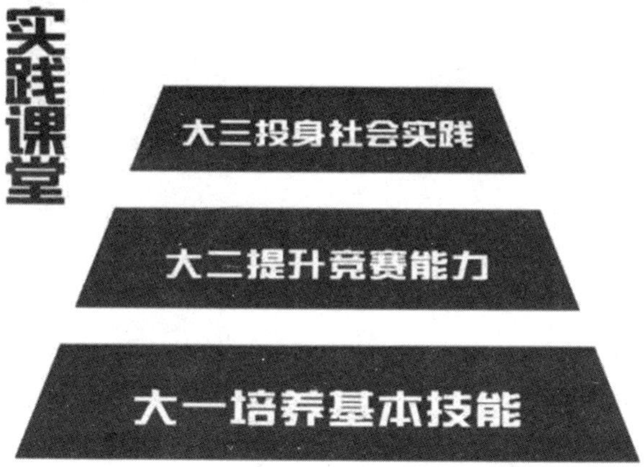

图 10-1　实践课堂全方位育人示意图

2.“四位一体”社团培养模式，打造多彩校园活动

我校现有新青年创业者协会、汉文化传承协会、兰亭书协、健美操社、攀岩社、艺术团、武术协会、青年志愿者协会等36个校级社团，涵盖思想政治类社团、文体艺术类社团、科技创新类社团、公益实践类社团四种类型。“四位一体”的社团培养模式，通过打造各类品牌活动，例如“社团文化节”“体育竞技大赛”“校园辩论赛”“英语配音大赛”等。针对“95后”高职学生兴趣广泛、好奇心强、易于接受新事物的特点，开展精彩纷呈的社团活动，发挥校园文化对学生人格、气质、修养等内在品质的影响作用，陶冶学生情操，拓展人文素质，促进“95后”高职学生的个性化发展，让同学们在活动中学知识、长才干，树立自信心，增强团队意识，从而实现综合素质的全面提升。

图 10-2 “四位一体”培养模式示意图

图 10-3 多彩校园社团活动示意图

二、活动方案、工作计划

“缤纷校园 社彩飞扬”为进一步加强学生社团管理，促进学生社团发展，找准社团工作中存在的问题，探究社团建设的新模式、新途径，充分发挥学生社团在校园文化建设和大学生思想政治教育中的作用，培养学生健康人格，积极推进社团活动建设，制订以下工作方案，该方案包括以下三个方面的内容。

（一）立足品质，拓宽阵地，打造精品

近年来，我校按照“高素质技能型人才”培养目标的要求，实施大学生素质拓展计划，立足学生社团，打造社团活动阵地，通过“社团文化节”“十佳歌手大赛”“大学生辩论赛”等精品活动，充分发挥社团文化对学生人格、气质、修养等内在品质的影响作用，全面提升青年学生综合素质。

（二）分类引导，争创特色，提升内涵

目前，我校36个校级社团主要包括思想政治类社团、文体艺术类社团、科技创新类社团、公益实践类社团四种类型。学校注重对不同类型社团的分类引导，并与我校办学特色及专业特色相结合，以增强活动的针对性、专业性、时效性。在积极打造多彩校园文化的大环境下，我校社团文化的内涵得到了较大提升，涌现出一批具有时代创新意识、浓厚文化底蕴、良好理论修养的学生社团。

（三）整合资源，深化共建，提高实效

近年来，学校积极关注学生社团的发展，实施“走出去、请进来”的战略，努力寻求与社会相关部门建立长效的合作机制，加强与市团委、县（区、市）团委合作，整合社会资源，深化区校共建，提高育人实效，积极推动社团活动的项目化、基地化、规范化、社会化进程。如，在校团委的指导下，我校青年志愿者协会、爱心协会、红十字会等社会公益型社团先后与市红十字会、市中心血站、市残联、市卫计委、疾控中心、博物馆、福利院结对共建，提升服务地方能力。（活动纪实详见附件）

三、活动成果

（一）参与人员逐年增加

从2017年到2019年，我校社团参与人数逐年增加，2017年社团参与人数为2983人，2019年社团参与人数为4157人。

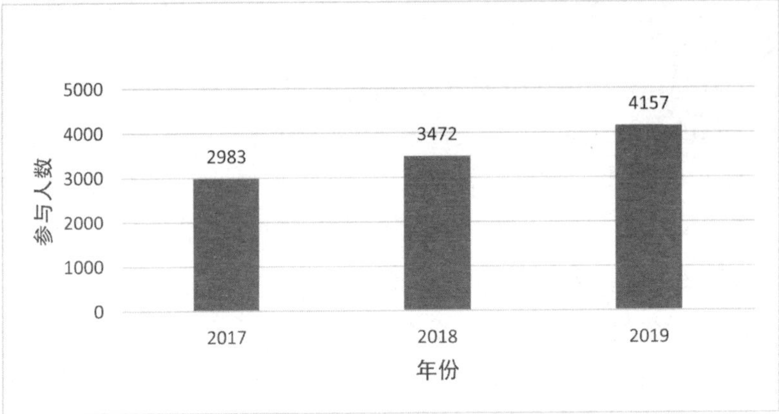

图 10-4　2017—2019 年学生参与社团人数统计图

（二）社团成绩丰硕

1. 思想政治类社团尚德弘毅

近年来，我校充分发挥思政类社团的育人作用，开展“十九大精神宣讲”“激扬文字 思辨青春”大学生辩论赛、“奋斗新时代 出彩职教人”职业文化快闪等核心价值观活动百余场，被学习强国、腾讯网、浙江在线、掌上衢州等媒体报道 60 余次，点击量超过 1000 万。

2. 科技创新类社团捷报频传

近年来，我校科创类社团获得全国“挑战杯”大赛二等奖 1 项、三等奖 2 项；浙江省“挑战杯”大赛特等奖 1 项、一等奖 2 项、二等奖 9 项、三等奖 12 项、“最佳进步奖”2 次；2018 年闯入全国“挑战杯”大赛决赛。

3. 文体艺术类社团星光熠熠

近几年我校文化体育类社团荣获多项国家级奖项：攀岩共获 26 金 15 银 12 铜，健美操共获 15 金 12 银 2 铜，地掷球共获 6 金 11 银 12 铜。

4. 公益实践类社团绽放青春

近年来，我校大学生志愿者积极参与创文、无偿献血、阳光助残、社区服务等公益实践活动，被《人民日报》《中国人口报》《中国青年网》《浙江教育报》《浙江新闻》等媒体报道 120 余次，学校获得 2018 年“中国青年志愿服务”项目大赛银奖，是浙江省高职高专院校历年来取得的最好成绩。

（三）媒体报道

人民日报
RENMIN RIBAO
人民网 网址:http://www.people.com.cn
手机:http://wap.people.com.cn
2012年3月
21
星期三
人民日报社出版
今日24版

衢州 雨中义卖助橘农

顾 春 陶佳苹

3月19日11点半，细雨纷飞中，浙江衢州职业技术学院40多位学生志愿者正在热火朝天地卖橘子，有的负责从卡车上卸下橘子，有的则冒雨把橘子送到学生寝室。在食堂门口的橘子义卖点，志愿者们一边给同学递上橘子收好钱，一边诚恳地说着一声声“谢谢你！”

这些橘子是橘农吴水根的。几天来，他照顾患病继女的故事经报道后感动了衢州各界。大家以实际行动，帮他卖橘渡难关。义卖活动的负责人、学院团委书记徐天曾担心下雨会影响义卖，但同学们都毫无怨言地在雨中奔走。不到两个小时，2600斤橘子就被抢购一空。

58岁的吴水根是衢州柯城区华墅乡三官岭村的农民，家里患尿毒症的继女秦霞仙每周要进行两三次透析治疗。橘子是他和继女的全部希望。但由于天气的原因，至今鲜有人来收购橘子。正在吴水根一筹莫展的时候，社会各界的爱心接力让一切有了转机。《衢州日报》呼吁大家帮助吴水根的报道发出的当天，吴水根所在的乡政府帮他联系运橘子进城的汽车，帮助父女俩装袋。此外，柯城区人民医院、就业局、社保局都已联系秦霞仙，提出救助意愿。

20日下午，记者打电话联系秦霞仙时，电话那头的她正在医院做体检，医院已经提出根据她的体检情况进行救助安排。“那么多人帮助我们，我真的很感动也很感激。等我身体好了，我一定会努力回报这些好心人，将这份爱传递下去。”

图10-5 《人民日报》报道我校公益实践类社团义卖柑橘

处处留心皆思政　春风化雨育人才

——衢州职业技术学院思想政治教育实践拾珍

“人为德之资，德为才之帅”，“德”与“才”的养成需要每一所学校通过思想政治教育加以引导、促动。

近年来，衢州职业技术学院坚持以全国高校思想政治工作会议精神为遵循，深刻把握思想政治工作规律、学生成长规律，科学地将“处处留心皆思政　春风化雨育人才”的思想政治育人理念贯穿于每一个角落、每一次活动，深植于每一个学生心中，人才培养迸发出蓬勃的活力。

走进学校，我们感受到的思政教育，不再是枯燥的理论灌输，而是一个个鲜活生动的实践体验、润物无声的文化滋养，在我看来，这样的思政教育有筋骨、有温度、有活性。

爱在寝室　全员育人

爱在衢职　资助育人

爱在课堂　同伴育人

2019年10月28日　星期一　中国教育报　读书周刊-教师书房07

图 10-6　《中国教育报》报道我校公益实践类社团

四、活动照片

社团嘉年华

校园辩论赛

橙色同伴课堂

机器人课堂

传承非遗文化

“艺”纸芳华

五、师生心得

（一）学生心得

校社团负责人陈超男同学说：

“缤纷校园 社彩飞扬”活动以提升能力为目标、实践育人为途径，深化社团文化建设，打造精品社团活动。为学生提升素养、丰富课余生活提供平台。校社团联合会进一步完善社团管理机制，不断丰富社团活动内容，使社团成为校园文化和第二课堂的引领者，成为学生主动学习、自我发展的重要阵地。

17 连锁四班蒋英杰同学说：

“缤纷校园 社彩飞扬”连续举办了九年了，社团使广大志同道合的朋友们走到了一起，给大家提供了一个相互交流、相互学习的平台，更是给广大同学提供了一个成长和锻炼的平台。通过参与“缤纷校园社彩飞扬”活动，我们变得阳光、自信、积极、向上，对于我们健康人格的塑造具有重要作用。

（二）教师心得

校团委副书记徐天老师说：

高校学生社团是大学生基于共同的兴趣、爱好、志向等因素自发组成的学生团体，是大学生素质教育的重要载体和平台，对于提升大学生综合素质起着至关重要的作用。“缤纷校园 社彩飞扬”活动可以提升学生的思想政治素养、强化专业能力、陶冶文化内涵、培养创新创业能力、促进学生身心健康，对于推进学校健康文化、深化落实立德树人根本任务具有重要作用。

社团指导老师王培辉说：

高校学生社团活动是开展高校思想政治教育工作的重要载体和渠道，不仅能保证思想政治教育工作取得成效，还是学生社团可持续稳定发展的有力保证。“缤纷校园 社彩飞扬”对促进大学生自由全面发展，提高自身素质具有重要作用，能极大丰富学生生活，锻炼自身能力，塑造健康人格型大学生。

六、经验分享

（一）团聚青春——打造思想政治类社团给青年信仰

思想政治类社团包括习近平新时代中国特色社会主义思想学习会、辩论社、心理协会等。学校围绕“立德树人”的根本目标，以广大社团成员为对象，组织开展“党的十九大精神宣讲会”“团的十八大精神宣讲会”“传承红色基因 争做有为青年”红色主题宣讲等专题学习，开展《习近平关于青少年和共青团工作论述摘编》青年朗读、“书香四溢 衢职有礼”主题征文比赛、“奋斗的青春最美丽”青春故事会等培育和践行核心价值观的活动，引导广大青年学生学习精神、领会精神、分享感悟，加强对青年学生的思想引领，引导广大青年学生树立正确的世界观、人生观、价值观，培养积极向上的健康人格。

（二）科创青春——优化科技创新类社团给青年梦想

科技创新类社团包括机器人协会、数学建模协会、新青年创业者协会等。近年来，学校逐步优化科技创新类社团，推动搭建“1+2+3”科创体系，即组建1支专业教师指导团队，搭建2个青年科创平台（挑战杯大赛、新苗计划项目），助推3级青年科创项目联动（校级、省级、国家级），以学促赛、以赛促创，培育孵化优秀的青年科创项目。学校积极组织科技创新类社团参加“挑战杯”“新苗项目”的申报和评比，近年来，科技创新类社团成绩丰硕。我校科创类社团获得全国“挑战杯”大赛二等奖1项、三等奖2项；浙江省“挑战杯”大赛特等奖1项、一等奖2项、二等奖9项、三等奖12项、“最佳进步奖”2次；2018年闯入全国“挑战杯”大赛决赛。

（三）活力青春——推进文体艺术类社团给青年色彩

文体艺术类社团包括健美操社、攀岩社、地掷球社、合唱社、吉他社、音悦社等等。文体艺术类社团是广大学生培养兴趣爱好、提升综合素养的重要平台，也是学校丰富校园文化的重要载体。一方面，学校聘请校内外资深专家作为文体艺术类社团的指导老师，给各社团成员进行专业指导，制订培养计划，大一培养基础技能，大二培养实战技能。近年来我校文体类社团获得国家级、省级荣誉多项。另一方面，学校以“两馆一室”文化为载体的健康文化为统揽，开展青春成人礼、校园形象大使、社团嘉年华、非遗文化进校园等品牌活动30余场，打造精品社团活动，给广大学生提供锻炼和展示的平台，提升广大学生的综合素养。

（四）实践青春——做实公益实践类社团给青年力量

公益实践类社团包括校青年志愿者协会、校爱心协会、医学院“天使之爱”志愿服务团队、艺术设计学院“艺能量”志愿服务队、经济管理学院“一缕阳光”志愿服务队等。近年来，学校逐步加强对公益实践类社团的引导，主要包括以下几个方面：第一，促进大学生志愿服务基地化建设。目前，我校共有11支青年志愿服务组织，与衢州市红十字会、中心血站、残联、计生协、疾控中心、博物馆等多家单位及社区结对共建，开展无偿献血、反邪教宣讲、文博宣传、社区服务、公益捐献、扶老助残等公益活动，形成良好的影响力。第二，促进大学生志愿服务社会化建设。近年来，我校积极贯彻落实市委、市政府中心工作，组织大学生志愿者走出校园、服务社会。2019年，我校志愿者积极参与创建全国文明城市、衢州马拉松等市级大型志愿工作10余场，并与衢江区达成校地共建大花园协议合作。第三，推动大学生志愿服务项目化建设。如我校“橙色同伴课堂”，被评为2018年中国青年志愿服务项目大赛银奖、浙江省志愿服务项目大赛银奖。第四，推动大学生志愿服务品牌化建设。校团委鼓励和引导各二级学院团委结合自身特色打造具有个性魅力的志愿服务项目。经过实践与提炼，医学院“天使之爱志愿服务项目”、艺术设计学院“为百位老人拍照项目”、经济管理学院“憨豆儿志愿服务项目”、信息工程学院“向日葵爱心项目”、机电工程学院“助力创文垃圾分类项目”均形成了一定的特色品牌。

附件 1：

校地共建大花园 青春建功新时代

2019 年 7 月 4 日，由衢州职业技术学院、中共衢州市衢江区委共同举办的“2019 大学生暑期社会实践”出征仪式暨“校地共建大花园”座谈会在衢江区莲花镇举行。衢州职业技术学院党委副书记王东升、中共衢江区委副书记徐惠文、共青团衢州市委副书记倪慧进出席活动，衢江区、衢州职业技术学院相关部门负责人与衢州职业技术学院“青马工程”大学生志愿者参加了活动。

暑期社会实践出征仪式

上午 9：00，在庄严的国歌声中，出征仪式拉开帷幕。中共衢江区委副书记徐惠文为活动致辞。

徐惠文指出，本次活动既是一次理论联系实际、产学研用的具体行动，也是一项校地互利互助的具体举措，更是践行市委七届六次全会的具体实践。他还表示，根据全省“双百双进”工作安排，衢江与衢州职业技术学院“结对联姻”。联姻就要联心、联姻就要联实、联姻就要联手，希望以此次活动为新的起点，用好校地结对机制，推动校地共建，为“活力新衢州 美丽大花园”建设添砖加瓦。

衢州职业技术学院“青马工程”学生代表郑欣茹带领全体志愿者做青春宣誓

领导嘉宾为志愿者代表授旗

衢州职业技术学院党委副书记王东升做出征仪式讲话

王东升指出，当前衢江区正奋力奔跑在“两山”实践的高速路上，而衢州职业技术学院也正迎来现代职业教育发展的强劲风口。在建设“活力新衢州 美丽大花园”的征程中，如何进一步发挥高校优势、整合地方资源，通过校地共建服务区域经济社会发展，推动市委“1433”战略体系重重落地，是高校和地方共同面对的重要课题。同时，王东升向大学生志愿者提出三点希望：一是坚定理想信念，争做大花园建设的生力军；二是学好专业本领，争做勇立潮头的实干家；三是锤炼品德修为，争做衢州有礼的践行者。

校地共建大花园座谈会

上午 9：30，“校地共建大花园座谈会”在莲花镇现代农业园区管委会三楼会议室召开，会议由衢州职业技术学院党委副书记王东升主持

衢州职业技术学院团委、社科部、创业学院、合作发展处、图书馆、继续教育学院、二级学院负责人依次介绍部门特色、优势专业和合作意向

衢江区农业农村局、区经信局、区卫健局、区农投公司、团区委、莲花镇等部门负责人分别围绕校地合作的方向和需求进行发言交流

接下来，校地双方将按照“目标精细化、工作系统化、实施项目化、传播立体化”和“按需设项、据项组团、双向受益”的工作原则，梳理合作意向，建立联络机制，细化联动方案，持续推动双方战略性、深层次的发展融合。

师生志愿者走进美丽乡村

衢州职业技术学院组织村成员、暑期社会实践师生志愿者走进太真乡竹埂底村和莲花镇涧峰村，走访党员农户、体验农耕文化、了解社情民意、感知乡村蝶变。

同时，师生们充分发挥专业特长，开展了应急救护技能培训、机器人体验、为老人拍照、礼仪课堂、文艺表演等以“科技、文化、卫生”为主题的下乡活动，为乡村振兴和大花园建设奉献青春力量！

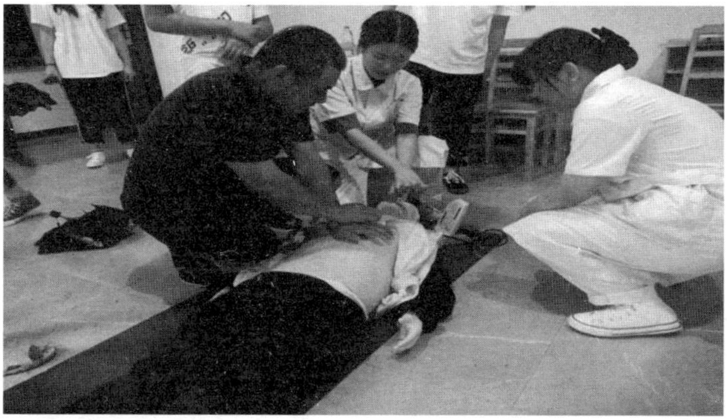

附件 2：

校团委举办“有礼青年心向党 青春建功新时代”主题团日活动展示暨团市委结对高校团支部仪式

为深入贯彻落实团中央十八届二中全会精神和《高校共青团改革实施方案》文件精神，贯彻落实《关于高质量推进新时代团的基层建设 深化实施浙江共青团组织力提升“潮头工程”的意见》，结合《团省委机关深化密切联系青年机制 加强高校学生思想政治引领专项工作方案》有关部署，6 月 5 日，校团委在多功能厅举办“有礼青年心向党 青春建功新时代”主题团日活动展示暨衢州团市委结对高校团支部仪式。

团衢州市委书记徐元玮、校党委副书记王东升、校国旗护卫队指导老师罗烨以及团员团干代表出席了活动。仪式由衢州职业技术学院团委副书记徐天主持。

校党委副书记王东升致辞。王东升指出，本次结对活动既是深化实施浙江共青团组织力提升“潮头工程”的重要举措，也是加强推动高校学生思想政治引领工作的重要载体。希望结对的团支部能够在团市委的直接指导下，切实按照“凝聚青年、服务大局、当好桥梁、从严治团”的工作要求，积极做好基层团支部规范化建设和学生思想政治引领工作，在入党推优、青马工程、创新创业、实践服务、团组织活力提升等方面创经验作模范，为学校共青团工作再上新台阶、当先锋作贡献。同时，王书记希望青年学子们以习近平新时代中国特色社会主义思想为指引，厚植“家国情怀”，传承“工匠精神”，用青春之我创造青春之中国、青春之民族。

校团委副书记徐天宣读团市委结对学校团支部名单

团市委书记徐元玮结对联系的校国旗护卫队团支部为现场观众呈现了一堂精彩的主题团日活动示范课

1. 出旗仪式

2. 唱国歌

3. 通过“学习强国”聆听习总书记讲话
（习总书记在纪念五四运动 100 周年大会上的讲话）

纪念五四运动100周年大会在京隆重举行 习近平发表重要讲话

4. 励志演讲《我为祖国守海防 祖国圆我大学梦》

5. 视频观摩《橙色公益 衢职有礼》

6. 微课分享《青年者，美丽在于奉献》

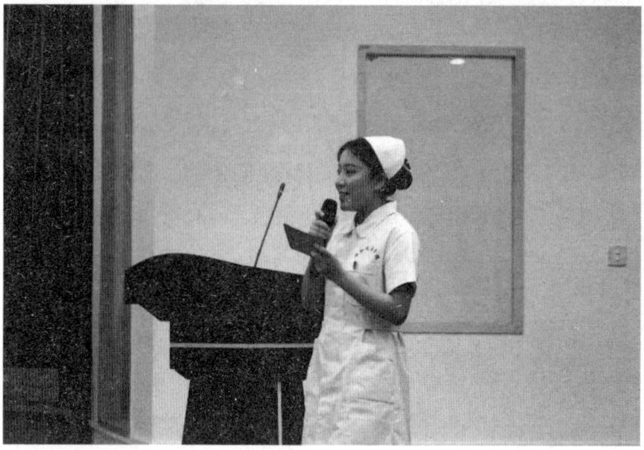

7. 重温入团誓词

8. 国旗护卫队指导老师罗烨寄语团员

9. 团市委书记徐元玮为团员青年上团课

团衢州市委书记徐元玮为在场团员青年讲授了一堂《青春心向党，建功新时代》主题团课，传达习总书记在五四运动 100 周年纪念大会上的讲话和市委徐文光书记在市第七次团代会开幕式上的讲话精神。

激励团员青年为不悔的青春奋斗，为衢州的明天奋斗：

要用心用情，感受时代的召唤；

要奋发有为，勇挑时代的重担；

要拉高标杆，彰显团的先进性。

10. 唱团歌（全体人员）

奋斗创造历史，实干成就未来。让我们发扬“五四”精神，以习近平新时代中国特色社会主义思想为指引，投身实现中华民族伟大复兴的宏伟事业，不辜负党的期望、人民的期待、民族的重托，为祖国的建设和家乡的发展努力奔跑，勇敢追梦！

“忆”味深长：打造美味衢职

一、活动设计理念

（一）理念

民以食为天。食是中国古代治国“八政”之首，是人们安身立命之源。饮食健康，是人们不懈努力和不断追求的目标。2017 年，习近平总书记在十九大报告中提出了“实施健康中国战略”的号召，强调要“实施食品安全战略，让人民吃得放心”。2018 年 12 月，新《食品安全法》修订实施，充分说明了党和国家对饮食健康安全这一“民心工程”的关注和重视。“健康是促进人的全面发展的必然要求”“青年兴则国家兴，青年强则国家强。”大学生作为优秀的青年群体，其健康素质水平直接影响到国家未来的发展。2016 年 10 月，国务院印发《“健康中国 2030”规划纲要》明确提出“加大学校健康教育力度。将健康教育纳入国民教育体系，把健康教育作为所有教育阶段素质教育的重要内容”。2017 年 4 月，教育部印发《普通高等学校健康教育指导纲要》，要求“不断更新观念、创新形式、落实载体、完善制度，全方位、多途径、多形式开展高校健康教育和健康促进，充分发挥健康教育在培育和践行社会主义核心价值观、推进素质教育中的综合作用，帮助学生树立健康意识，掌握、维护健康的知识和技能，形成文明、健康生活方式，提高自身健康管理能力，增强维护全民健康的社会责任感，促进学生身心健康和全面发展”。

饮食健康教育是学校健康教育的重要内容之一，在大学生端正饮食观念、养成文明健康的饮食习惯方面发挥着重要作用。饮食健康营养是大学生成才的物质基础，拥有健康的饮食习惯和良好的营养状况是大学生适应未来社会竞争的必要前提和基础。但是，当代大学生在饮食行为上存在很多不良倾向，《2018 全国大学生食品安全素养报告》显示当前大学生对于食品安全意识仍较为薄弱。当代大学生饮食偏嗜严重，好食辛辣、油腻之物；就餐时间不规律，过度依赖外卖；节约意识淡薄，浪费现象严重；饮食无节制，营养不均衡；饮食礼仪不规范，就餐习惯差等。不合理、不科学、不健康的饮食方式给大学生的学习、生活造成了一定的影响，营养不良、肥胖、慢性胃炎等在大学生人群中非常常见。2018 年 5 月，浙江省人民政府办公厅印发《浙江省国民营养计划（2018—2030 年）》，要求学校加强学生健康教育，将营养健康知识纳入学校健康教育内容。2019 年 4 月，教育部联合国家市场监督管理总局出台《学校食品安全与营养健康管理规定》，对学校饮食健康管理做出了更加详细的规定。因此，加强大学生饮食安全教育，提升大学生健康素养，刻不容缓。

衢州职业技术学院一直致力于学生的饮食健康文化教育，坚持"以人为本、健康饮食"的原则，积极打造"美味衢职"饮食健康文化品牌，加强学生饮食健康教育，普及饮食健康知识，引导学生合理膳食，帮助学生养成文明健康的生活方式，宣扬传统饮食文化内涵，提升学生的健康素养，促进学生的全面发展。"美味衢职"饮食健康文化品牌建设主要包括"食有膳、食有礼、食有爱、食有节、食有约、食有美"六个方面，即食有膳——"合理配膳""中药入膳""捍胃者"行动；食有礼——打卡"光盘行动"；食有爱——"爱心生日面"、贫困生"两元盖浇饭""月末关怀套餐"活动；食有节——"传统美食过佳节"活动；食有约——"走进食堂"活动；食有美——私人定制"低脂健身餐"。该活动作为大学生健康教育的重要内容之一，是践行习近平新时代中国特色社会主义思想的具体德育实践。活动主题鲜明、内容丰富，对提升大学生的饮食健康素养、促进大学生的身心健康和全面发展有着重要影响。

（二）特点

主要有以下六个特点。

1. 食有膳——将饮食健康与中医药养生文化相结合

中医药养生文化是我国的传统文化瑰宝，历来就有"药食同源"一说，中药药膳"寓药于食"，不仅具有较高的营养价值，而且有防病治病、保健强身、延年益寿的作用。将中药养生药膳加入学生日常饮食中，在不同季节推出不同功效的养生药膳，发放体质测试表、科普养生保健小知识，让学生可以根据自身体质情况有针对性地进行选择，通过日常饮食达到防病治病、养生保健的目的，同时也能培养学生的养生保健意识，改变不良的饮食习惯，做中医药养生文化的实践者、传播者。

2. 食有礼——将饮食健康教育与礼仪规范相结合

我国古代饮食文化中蕴含着丰富的礼仪规范，餐桌礼仪、就餐礼仪、饮食礼仪。打卡“光盘行动”，培养学生勤俭节约的传统美德，规范学生就餐礼仪，提升学生的文明礼仪素养，对大学生优良品德的塑造、高尚情操的陶冶、道德境界的提升、完善人格的形成，有着不可忽视的重大价值。

3. 食有爱——将饮食健康教育与贫困生资助活动相结合

保障贫困学生的学习、生活一直是学校学生工作的重点，食堂每学期提供多个勤工助学岗位，让贫困学生通过自己的劳动，自力更生缓解生活压力。“一元晚餐”活动针对家庭经济特别困难的学生，让学生在每周一享受“一元晚餐”服务，争取让每一位学生都能吃饱、吃好，既帮助学生减轻了一部分生活压力，也让学生感受到学校的关爱与温暖。

4. 食有节——将饮食健康活动与传统节日相结合

中华饮食文化博大精深、源远流长。在端午节、中秋节等传统佳节，带领学生学习传统文化，制作传统美食，感受传统节日的魅力，激发学生学习、传承优秀饮食文化的动力和热情，不断提升学生的文化素养。

5. 食有约——将饮食健康宣传与食堂监管相结合

学校食品安全监管历来是学校后勤部门的工作，衢州职业技术学院以人为本，充分发挥民主监督作用，定期邀请学生代表参与学校食堂各项管理活动，亲自参与蔬菜农药残留检测、餐具检测、环境卫生检查等，使学生“走进食堂了解食堂”，普及食品安全知识，提升学生的食品安全素养。

图 11-1 “美味衢职”饮食健康活动特点

6. 食有美——将饮食健康与运动锻炼相结合

近年来在大学生体质健康测试中发现，部分学生存在体重超标的困扰，长期缺乏体育锻炼，饮食无节制，长期摄入高糖、高脂、高盐食物，导致体质不达标。为此，衢州职业技术学院专门开设“减脂健身餐”窗口，为学生提供减脂健身餐，倡导低糖低脂饮食，帮助学生树立健康饮食的观念，养成良好的饮食习惯。

二、活动方案、工作计划

弘扬传统饮食文化，普及饮食健康知识，引导学生合理膳食，帮助学生养成文明健康的生活方式，提高学生的健康素养，促进大学生健康教育和全面发展。

图 11-2 “美味衢职”饮食健康教育活动

（一）食有膳——“合理配膳”“中药入膳”“捍胃者”行动，倡导合理膳食

通过“中药入膳”活动，将优秀中医药文化融入学生饮食中，在日常饮食服务中提供养生保健药膳，提高学生养生保健意识；通过“合理配膳——我为食堂写菜单”“捍胃者”行动，引导学生改善不良膳食习惯，培养学生合理饮食、健康饮食的观念，合理安排膳食，保证均衡营养，提高自身身体素质。

（二）食有礼——打卡“光盘行动”，引导文明就餐

餐桌文明承载的是取之有度、饮食调理的中国饮食文化和中华民族爱物知恩、尊重劳动、珍惜幸福的传统美德。习近平总书记曾在新华社一份《网民呼吁遏制餐饮环节“舌尖上的浪费”》的材料上做出批示。“浪费之风务必狠刹！要加大宣传引导力度，大力弘扬中华民族勤俭节约的优秀传统，大力宣传节约光荣、浪费可耻的思想观念，努力使厉行节约、反对浪费在全社会蔚然成风。”衢州职业技术学院通过开展“礼在餐桌——光盘行动”活动，培养学生树立浪费可耻、节约光荣的理念，发扬珍惜粮食、勤俭节约的传统美德，养成厉行节约、拒绝浪费的习惯，做节俭风尚的传播者、实践者、示范者。

（三）食有爱——“爱心生日面”、贫困生“两元盖浇饭”“月末关怀套餐”活动，体现人文关怀

通过“爱心生日面”、贫困生“两元盖浇饭”“月末关怀套餐”等活动，提

供勤工助学岗位，发挥学校的人文关怀作用，使在外求学的莘莘学子感受到学校的关爱和温暖，使学生在潜移默化中受到熏陶和感染。

（四）食有节——“传统美食过佳节”活动，宣扬传统文化

通过开展“传统美食过佳节”活动，组织学生在端午节包粽子、中秋节做月饼、冬至日包饺子等活动，激发学生热爱传统文化、了解传统文化的热情，指导学生了解中华民族的优秀传统饮食文化，弘扬继承优良的传统文化，同时通过实践活动提升学生的动手能力。

（五）食有约——“走进食堂”活动，参与食堂监管

成立学生膳食委员会，让学生参与食堂的日常监管。膳食委员会是学生与食堂沟通联系的桥梁，从蔬菜农药残留检测到食品清洗切配加工，从餐具清洗消毒到食堂环境卫生检查，每个关键环节都有学生代表亲自参与监督检查，既发挥了民主监督的作用，让学生真正做到“放心饮食”，又让学生走进食堂、了解食堂、理解食堂，加强学生与食堂的沟通交流，不断提升服务水平。

（六）食有美——私人定制“低脂健身餐”，满足学生需求

专门开设“低脂健身餐”窗口，提倡“低糖、低脂”健康饮食，针对不同学生的身体状况和营养需求，私人定制“低脂健身餐”，宣扬正确的饮食知识，提供低脂、低糖、低油的健康食物，使学生在减脂塑形的同时树立良好的饮食观念，养成健康的饮食习惯。

近年来，衢州职业技术学院将饮食健康教育融入日常服务中，在提供优质餐饮服务的同时，担负起大学生饮食健康教育的重任，为学生提供物质和精神的双重食粮，通过举办“美味衢职”系列健康教育活动，吸引了广大学生积极参与，初步形成了“美味衢职”饮食文化品牌。为学生普及饮食健康知识，激发学生对饮食文化的热爱与兴趣，引导学生养成文明健康的生活方式，提升学生的健康素养和动手能力，促进了学生的全面发展。

活动方案详见附件 1《“美味衢职”饮食健康活动方案》。

三、活动成果

（一）参与人数逐年上升

“美味衢职”饮食健康活动参与人数 2016 年为 752 人，2017 年为 1480 人，2018 年为 2043 人，呈逐年递增趋势。

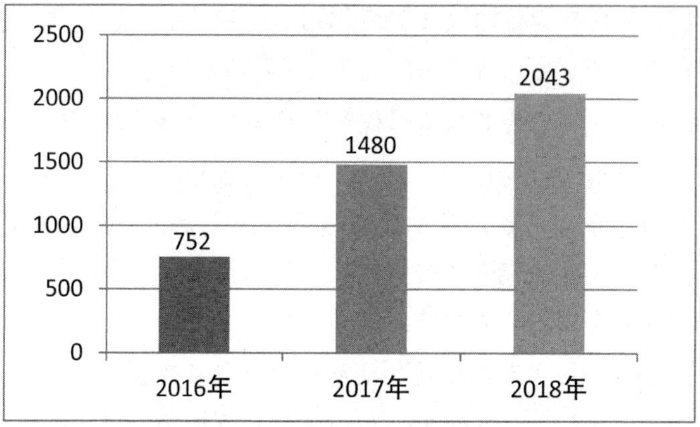

图 11-3 “美味衢职”活动参与人数

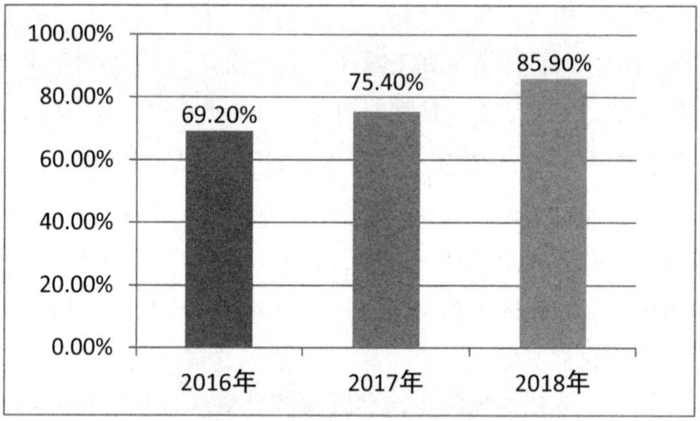

图 11-4 学生饮食健康知识知晓率

（二）饮食健康知识知晓率逐年提升

“美味衢职”饮食健康活动开展后，学生饮食健康知晓率 2016 年为 69.2%，2017 年为 75.4%，2018 年为 85.9%，呈逐年递增趋势。

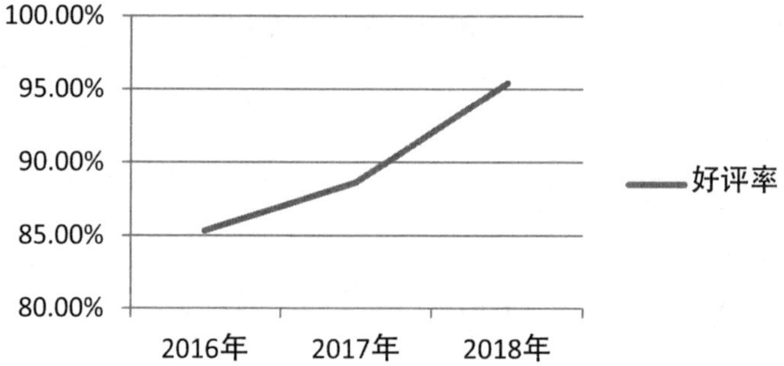

图 11-5 学生活动好评率

（三）活动好评率逐年上升

“美味衢职”饮食健康活动连续开展多年，每年参与人数不断增加，活动形式、活动内容不断丰富，学生好评呈逐年递增趋势。

“美味衢职”饮食健康系列活动吸引着越来越多学生的参与，既有效提升了学生的健康素养，形成了浓厚的健康饮食氛围，也构建了和谐的饮食服务关系，极大丰富了校园文化建设的内涵，进一步促进了校园文化的和谐发展。

四、活动照片

冬季养生药膳

冬至夜包饺子活动

打卡“光盘行动”

参与“有礼食堂”检查

“最美员工”评选

端午节包粽子活动

五、师生心得

（一）学生心得

经济管理学院王同学：

作为在外地读书的学生能吃到自己亲手包的饺子真的是一件很有意义、很幸福的事情。和老师共同参与食堂组织的冬至夜“包饺子”活动，不仅增进了我们与老师、与食堂阿姨的关系，而且提高了我们的动手能力，学会了如何包饺子。活动气氛很好很融洽，仿佛回到了家中，尝到了“妈妈的味道”。

信息工程学院金同学：

“光盘打卡”活动让我意识到浪费是多么可耻，一粥一饭当思来之不易，让我们践行光盘，拒绝“剩宴”！

医学院毛同学：

作为一名中药学专业的学生，“美味衢职——中药入膳”活动是我学习的第二课堂，给我提供了非常好的实践平台，通过亲手制作药膳，将课堂所学知识真正运用到实际生活中，将中医药知识传播给身边的每一个人，让我真正做到了学有所成、学有所用。

（二）教师心得

后勤保卫处吴老师：

“美味衢职”系列活动作为学校饮食服务工作的缩影和展示平台，真正做到了内容丰富、形式多样、参与面广、互动性强等特点。通过各项举措，促进了沟通交流，丰富了同学们的课余生活，也为同学们锻炼实践动手能力提供了一个极佳平台，为营造和谐的校园创造了有利的条件。

学生处陈老师：

通过“美味衢职”系列活动的开展，拉近了我们与学生的距离，学生变得更加理解我们的工作，尊重我们的劳动成果，饭菜浪费也减少了，对待我们的态度也更友善了。学生就像我们的孩子一样，我们要让他们感受到家一样的温暖！

一位食堂员工心得：

之前对食堂的关注点都是“今天食堂会给我们提供什么菜式”“食堂就餐会不会拥挤”……但是通过参与“美味衢职”系列活动后，我真正懂得饮食也是教育的一种手段、一种资源、一种导向，它对学生的影响是潜移默化的，能让学生在“润物细无声”中得到教育与感染。

六、经验分享

“美味衢职”饮食健康活动课程不仅帮助学生养成文明健康的生活方式，提升了学生的健康素养，促进了学生综合素质的全面发展，而且构建了和谐的饮食服务关系，形成了良好的饮食教育氛围，极大丰富了校园文化的内涵，不断推进校园文化建设。

（一）饮食健康教育形式多样化

学生饮食健康教育不仅仅是健康知识的普及和传播，更是健康饮食观念的灌输和培养。通过形式多样的饮食健康教育活动，激发学生兴趣，让学生真正参与其中，达到“饮食育人”的目的。比如通过在端午节、中秋节等传统节日组织包饺子、包粽子等活动，普及传统文化知识，激发大学生对传统文化的热爱和向往，培养大学生的动手能力；通过“光盘打卡”行动，培养大学生勤俭节约的传统美德；通过饮食文化宣传教育，普及健康饮食知识，提高学生的健康意识和饮食素养，全面提升大学生的健康素养和人文修养，促进学生全面发展。

（二）饮食健康教育机制常态化

饮食健康教育是日常的持续性的教育，将饮食健康教育融入日常餐饮服务中，在保障优质服务的同时为学生提供物质和精神的双重食粮，使学生在润物细无声中得到教育和熏陶。

（三）饮食健康教育内涵特色化

将学校饮食健康教育与中国优秀传统文化相融合，丰富“美味衢职”饮食健康教育活动内涵。十九大以来，国家大力推崇中医药文化知识的普及与传播，“美味衢职”饮食健康教育活动紧跟时代脉搏、与时俱进，将饮食健康教育与中医药文化相结合，普及中医养生保健知识，激发学生对中医药传统文化的热爱和向往，促进大学生对传统文化的传承和发扬，不断提升学生的综合素质水平。

（四）改进建议

当然，在“美味衢职”饮食健康活动课程的推广中，也存在一些不足，可以从以下两方面加以改进。

1. 结合网络新媒体，搭建“美味衢职”饮食健康活动建设宣传新平台

大学生非常热衷于微博、微信等新媒体软件的使用，应该将饮食文化宣传教育与时俱进地融入学生的学习生活中，通过开设官方微博和官方微信公众平台发布饮食健康相关信息，定期更新介绍食堂菜品、发布饮食文化守则，倡导节约粮食、杜绝浪费的饮食观念，以及文明健康的饮食习惯，创建讨论交流群收集学生的意见和建议，积极推进“美味衢职”活动的建设。

2. 加强课程建设，开启“美味衢职”饮食健康活动建设新篇章

教育部《普通高等学校健康教育指导纲要》中曾指出“设有医学院的高校，要充分发挥其专业优势，加强对学校健康教育的技术支撑和专业指导”。可以借助医学院师资力量，开展饮食健康指导，开发校本教材，开设饮食文化选修课程，向学生介绍中国传统饮食文化、膳食营养、餐桌礼仪等知识，结合理论与实际操作，激发学生对饮食文化的热爱与兴趣，使大学生在学习饮食健康知识的同时掌握基本的生活技能，提高审美和人文修养，促进学生全面发展。

附件：

“美味衢职”饮食健康活动方案

一、活动宗旨

围绕高校“立德树人”的根本标准，响应“衢州有礼”的城市品牌，坚持“以人为本 健康饮食”的原则，普及健康饮食知识，宣扬校园饮食风尚，倡导绿色、健康的饮食理念，提升学生健康素养，营造良好的饮食文化氛围，打造“美味衢职”饮食文化。

二、活动主题

健康饮食　快乐生活

三、办理单位

1. 主办单位：后勤保卫处
2. 协办单位：膳食管理委员会、校美食社

四、时间安排

全年，视活动特点灵活安排

五、服务对象

全体学生

六、内容及执行方式

（一）食有膳——“合理配膳”“中药入膳”“捍胃者”行动

1. 合理配膳

为帮助学生均衡膳食，邀请市场监管局食品监管处专家传授食品安全、膳

食营养知识，提高大学生的饮食健康意识和健康知识水平。同时邀请市场监管局、学校营养专家、学生代表为食堂写菜单，引导学生改善不良膳食习惯，合理安排膳食，保证均衡营养。

2. 中药入膳

在食堂开设中药养生保健药膳窗口，常年提供当归生姜羊肉汤、百合知母粥、红豆薏仁汤、天麻鱼头汤等养生药膳。春夏养阳，秋冬滋阴，不同季节推出不同功效的滋补药膳，安排中药学专业学生现场“坐诊”，学生可根据自身体质选择适宜的药膳，既丰富了食堂的菜色品种，又宣传了中医药养生保健知识，给中药学专业的学生提供了实践的机会，全面提升学生的饮食健康素养。

3. “捍胃者”行动

针对部分学生不吃早饭的不良习惯，鼓励学生积极参与“捍胃者”行动，在食堂门口派发爱心早餐，实行一周早餐签到比赛，对每天坚持吃早餐的同学予以一定的奖励，帮助学生养成良好的饮食习惯。

（二）食有礼——打卡“光盘行动”

每学期开展“光盘打卡行动”，倡导厉行节约、拒绝浪费的良好习惯。培养大学生珍惜粮食、勤俭节约的传统美德，养成良好的饮食习惯。

（三）食有爱——“爱心生日面”、贫困生“两元盖浇饭”“月末关怀套餐”

1. 爱心生日面

在学生生日当天，可至食堂免费领取一碗爱心生日面条，使在外求学的游子在校也能感受到家一般的温暖。

2. 贫困生“两元盖浇饭”

在全校范围内挑选出家庭经济特别困难、品学兼优的学生，提供勤工助学岗位，每天可享受“两元盖浇饭”服务，直至学生毕业为止。不仅可以帮助学生减轻生活压力，还能把更多的时间、精力放在学习上，体现了学校“以人为本 爱心至上”的精神，同时为贫困学生提供在食堂勤工助学的机会，培养学生自力更生的能力。

3. 月末关怀套餐

多数大学生消费习惯不良，月初口袋满满，随意挥霍；月末口袋空空，泡面馒头。在每月月末（每月 28-30 日）推出月末关怀套餐 50 份，“一荤一素三元，一荤两素五元”，让一到月末就经济拮据的同学也能吃得饱、吃得好，帮助大学生养成合理消费的习惯。

（四）食有节——“传统美食过佳节”活动

在端午节、中秋节、冬至日、腊八节等传统节日组织“粽叶飘香 情暖衢职”——端午节包粽子、中秋团圆送月饼、冬至包饺子、“粥香暖心 腊八浓情”——腊八节送腊八粥等活动，使学生了解传统节日的饮食习俗，感受传统文化的魅力，同时培养学生的动手能力，掌握一定的生活技能。

（五）食有约——“走进食堂”活动

组织食堂开放日活动，邀请师生代表参观检查食堂，参与食堂蔬菜农药残留检测、餐具大肠菌群检测、食堂卫生督查，让学生参与到食品加工制作的全过程监管，体现民主监管的目的。

（六）食有美——私人定制“减脂健身餐”

在食堂专设“减脂健身餐”窗口，每日提供鸡胸肉、西蓝花、玉米、紫薯、蔬菜沙拉等低脂健康食物，详细标明每份食物的卡路里，学生可根据自身身体状况和营养需求，有针对性地选择低脂健身食物。

根据《衢州职业技术学院大学生素质拓展计划学分认定》评分细则，对活动组织者、参与者给予相应学分。

七、预期效益

（1）通过“中药入膳”活动，将优秀中医药文化融入学生日常饮食中，在日常饮食服务中提供养生保健药膳，提高学生养生保健意识和素养；通过“合理配膳”“捍胃者”行动等活动，引导学生改善不良膳食习惯，培养学生合理饮食、健康饮食的观念，合理安排膳食，保证均衡营养，提高自身身体素质。通过食品安全讲座，普及健康饮食知识，提高学生的健康意识和饮食健康知识知晓率，引导学生养成良好的饮食习惯。

（2）通过“礼在餐桌——光盘行动”活动，培养学生树立浪费可耻、节约光荣的理念，发扬珍惜粮食、勤俭节约的传统美德，养成厉行节约、拒绝浪费的习惯，做节俭风尚的传播者、实践者、示范者。

（3）通过“爱心生日面”、贫困生“两元盖浇饭”“月末关怀套餐”等活动，从细节入手，体现学校的人文关怀，使学生在潜移默化中感受到学校的关怀与温暖，将这份温暖一直延续下去。

（4）通过“传统美食过佳节”活动，激发学生热爱传统文化、了解传统文化的热情，指导学生了解中华民族的优秀传统饮食文化，弘扬继承优良的传统文化，同时通过实践活动提升学生的动手能力。

（5）通过“食堂有约”活动，让学生走进食堂、了解食堂、理解食堂，加强学生与食堂的沟通交流，发挥学生民主监督的作用，培养学生的自主性和责任感。

（6）通过私人定制“低脂健身餐”，在提供低脂健康饮食的同时帮助学生树立正确的饮食观念，养成良好的饮食习惯，不断提升学生的饮食健康素养。

精品荟萃：健康文化节

一、活动设计理念

（一）理念

世界卫生组织宪章指出："健康不仅是免于疾病和虚弱，而且是保持身体上、精神上和社会适应方面的完美状态"。健康是一项最重要的社会性目标，是社会进步的标志之一，也是社会发展的潜在动力。2016 年，国家正式出台了《"健康中国 2030"规划纲要》，提出"共建共享、全民健康"，是建设健康中国的战略主题，要求"将健康教育纳入国民教育体系，把健康教育作为所有教育阶段素质教育的重要内容。"党的十九大报告中提出"人民健康是民族昌盛和国家富强的重要标志"。浙江省在《"健康浙江 2030"行动纲要》中提出"到 2030 年，基本建成健康环境、健康人群、健康社会与健康发展和谐统一的健康促进型社会"。衢州市政府在《"健康衢州 2030"行动纲要》中提出要"建立政府主导、部门协同、社会动员、全民参与的大健康格局，显著提升人民健康水平、生活品质和健康公平"。

高等职业教育作为高等教育发展中的"一个类型"，肩负着培养面向生产、建设、服务和管理第一线需要的高技能人才的使命。尽管与普通高等教育相比，它更定向于实际工作、更体现职业特殊性、更注重职业技能的培养，但从本质上讲，高等职业教育首先是一项培养人的事业。教育的根本目的就是"人"的教育，就是要"以人为本"，全面关怀学生，努力使受教育者有健康的身心，从而实现其自身的可持续发展，这是教育事业的崇高法则。

（二）目标

作为高职院校，我校要培养的是"具备身心健康、爱与关怀和尚德弘毅的匠心型人才"，身心健康是学生成长成才的第一诉求。因此多年来，我校一直积极探索将健康教育全方位融入学校的人才培养工作之中，期望通过对学生身心健康的全面关怀，努力促进并帮助学生形成良好的职业素养，提高职业服务能力和竞争能力。基于上述理念及价值取向，学校提出了开展以“健康校园，让每个人的生命洋溢快乐”为主题的健康文化节系列活动，积极培育校园“健康文化”，并努力将其打造成为我校校园文化建设品牌，并逐步将“健康文化”内化成为我校一种独特的校园人文精神。

（三）特点

1. 十八年历史积淀

作为拥有医学类专业的衢州地方高校，从 2002 年建校之初，学校就开始了健康文化的实践和探索，从 2002 年举办第一届“健康周”活动到 2011 年正式更名为“健康文化节”，我校健康文化系列活动已经举办了十八届。目前，能不间断坚持开展健康文化活动的高校屈指可数，能坚持举办 18 年健康文化活动的高校更是凤毛麟角，很多高校的健康文化大多围绕心理健康这一层次开展，我校从心理、身体、生活等全方位打造健康文化活动可以说是独树一帜。

2. 精准“健康中国”

早在 2014 年 12 月 13 日，习近平总书记在江苏镇江考察时就提出了“没有全民健康，就没有全面小康”。2015 年 2 月“健康中国”首次出现在政府工作报告中。至此，“健康中国”这一概念被正式提出。十八届五中全会更进一步明确了“推进健康中国”的任务要求。2016 年，习近平总书记在全国卫生与健康大会上发表的重要讲话时指出“人们常把健康比作 1，事业、家庭、名誉、财富等就是 1 后面的 0，人生圆满全系于 1 的稳固。”可见“健康中国”不是一时一事的临时行为，而是已经成为我国恒久坚持的重大举措。可以说，我校提出打造健康文化是顺应时代所需，是顺应师生所求。

3.“三色”标识独特

作为学校品牌文化，为使健康文化节活动更具形象感，从 2011 年起，我校利用红、蓝、绿三种颜色来分别标识健康人格、健康体魄和健康生活，构建学校特有的“健康三原色”。希望用红色愉悦学生心情，增强其学习勇气；用蓝色激发学生激情，增强其体魄和活力；用绿色强化学生理念，培养其健康生活方式。

4. 平台设计多元

为推动学生健康素养的全面提升，学校设计开展了内容丰富、形式多样、师生共同参与的健康文化活动，多角度、多层次、多形式地让学生感受健康校园氛围，以“润物无声”的方式，把学校的文化精神和教育理想内化为学生们的自觉行为，促进学生身心的全面发展。

5. 师生覆盖全面

我校健康文化活动最开始只有医学院师生参与，现如今在校师生参与率已达到100%。经过18年的探索实践，我校“健康文化”理念已深入人心，“健康文化”在强健学生体魄、启迪学生心智、促进学生全面发展方面发挥了重要作用。

二、活动方案、工作计划

校园活动是大学生校园生活多样化的一种表现形式，健康有益的学生活动是学生交流情感、打造团队精神、拓展文化专业知识、培养实践与创新能力、展示自我才华并积极服务社会的重要平台。为使健康文化进一步融入校园，培养具备身心健康、爱与关怀和尚德弘毅的匠心型人才，我校以健康文化节为载体，全面倡导“三个健康”，即“健康人格、健康体魄、健康生活”，努力打造有利于学生健康成长、师生可持续发展的校园健康文化生态环境，使健康文化成为学校精神文化的重要组成部分，让师生在健康的校园里收获快乐，在潜移默化中强化健康意识，自觉主动地采取健康的行为和生活方式。

图12-1　健康文化节系列活动展示图

健康文化节每年固定在5月举办，活动对象为全体在校师生。作为全校性的品牌活动，健康文化节是集中展示学校健康文化建设成果的平台，活动以社会主义核心价值观为引领，宣传部牵头，学工部、公体部、工会、团委、各二级学院共同参与，通过举办教职工联系寝室趣味运动会、应急救护技能竞赛、健康周文化活动、低碳公寓生活比赛、心理成长训练营系列活动和健身操比赛等系列活动，把“三个健康”理念以具象化的形式展现出来，通过多角度、多层次、多形式的活动让学生感受健康校园氛围，营造校园健康环境氛围，让师生在活动中接受健康教育，从而进一步引导师生养成有益于身心健康的生活方式和行为习惯，树立正确的世界观、人生观和价值观，提升综合素质。

具体方案详见附件 12-1。

三、活动成果

（一）“从单到复”，活动外延不断扩展

学校健康文化节活动，从最开始的医学竞赛和展示到现在的“健康心理、健康身体、健康生活”全面融入，学校健康文化节在保留一些颇具特色的传统精品活动的同时，也在不断寻找新的突破点，把普及健康知识与学风、班风建设相结合，让文明、健康教育融入整个校风建设中。参与部门也从医学院扩展至全体部门。

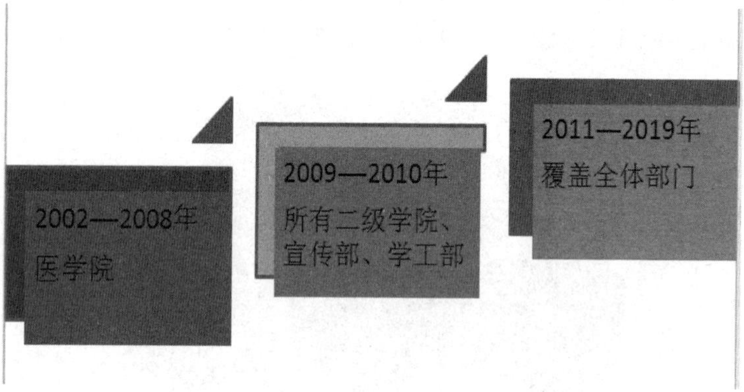

图 12-2 健康文化节参与部门变化示意图

（二）“由少及多”，参与人数逐年增加

随着校园健康文化理念的逐步加深，越来越多的师生加入健康文化活动中来。学校健康文化节自 2002 年举办以来，历时近 20 年，参与人数达 50000 多人。统计 2010 年以来的数据，参加人数从 2010 年占在校师生的 30% 上升到 2017 年的 90%，人数逐年增多。特别是从 2018 年开始，教职工联系寝室趣味运动会成为健康文化节开幕式固定活动后，全体在校师生共同参与了健康文化节活动，实现了在校师生参与 100%全覆盖。

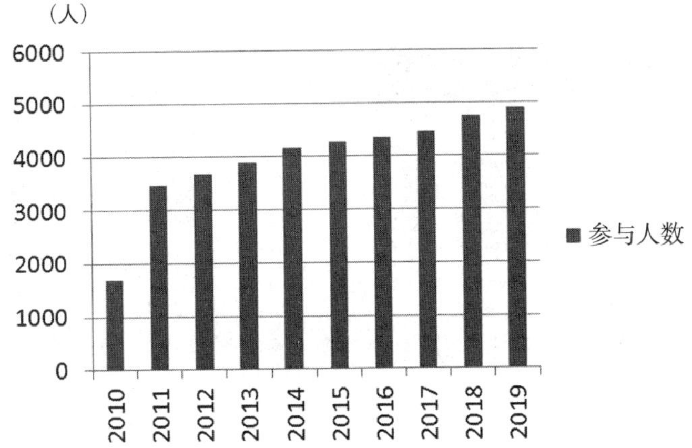

图 12-3　健康文化节参与人数图

四、活动照片

“健康文化”校园标识牌

“健康文化”标识

健康文化节开幕式

健康文化节闭幕式

《教育信息报》，衢州职业技术学院举行2011健康文化节暨护士加冕仪式

作者： 人气:1351 发布时间:2011-05-13

教育信息报 2011年5月12日讯 5月7日，衢州职业技术学院举行2011健康文化节开幕式暨护士加冕仪式，该院医学分院2009级护理和助产专业的学生们在南丁格尔的画像前庄严宣誓。图为护士宣誓现场。（本报通讯员 陈姮 摄）

《浙江教育报》报道我校健康文化节活动

《衢州晚报》：健康达人展示

作者： 人气:1186 发布时间:2013-06-04

《衢州晚报》2013年6月3日报道 记者 王飞 通讯员 陈姮 摄 5月30日晚上，衢州职业技术学院举行健康达人展示活动，16名经过各二级学院选拔出来的“健康好手”，登上舞台展示自己的健身特长，倡导健身新理念。图为选手正在展示街舞技能。 记者 王飞 通讯员 陈姮 摄

《衢州晚报》报道我校校园健康达人活动

五、师生心得

（一）学生心得

医学院18级王同学说：

以前觉得健康就是身体不生病，到学校以后才知道，“健康”有这么多的含义。希望在健康文化的引导下，我能有一个积极健康的心态，更加自信地去面对生活。

信息工程学院17级李同学说：

最难忘的是和同学们一起参加健身操大赛，我们协作配合、积极备战，两个月的时间，在增强体能的同时，让我知道了什么是团队精神、什么是团体合作的快乐。

机电工程学院18级王同学说：

刚进学校，看到校园里基本上都是“红、绿、蓝”三种色彩的搭配，后来才知道这是代表我们“健康文化”的“三原色”，文化有了具体的颜色标识，觉得很亲近，不知不觉就记住了。

（二）教师心得

衢州职业技术学院赵老师说：

希望通过健康文化节的持续举办，同学们能多走出寝室、走进体育场所，积极锻炼、健体强魄；多走进图书场所，吸收书本营养，丰富知识；积极参与文明创建，逐步养成健康的生活方式和文明的行为举止。

衢州职业技术学院蓝老师说：

学校想要培养出社会真正需要且有用的人才，就必须高度关注学生的可持续发展，将学生的身心健康作为人才培养工作的出发点和立足点。我校健康文化主题鲜明、内容丰富、吸引力强、参与面广，对学生的身心塑造有着积极的推动作用。

六、经验分享

（一）经验

1. 领导重视，系统设计，形成合力

校园文化建设是一项长期而复杂的系统工程。我校健康文化节从孕育、成长到成型，都离不开领导的大力支持和各部门的密切配合。校领导亲自参与制订健康文化建设方案，多次组织相关部门和人员讨论与完善发展方案。每年健康文化节的闭幕式，所有校领导都会参与。各部门形成合力、相互配合，为健康文化节各项活动能在校园中顺利开展提供人力、物力和财力的支持。

2. 诉求结合，需求相符，定位准确

健康文化作为我校校园文化的总熔炉，始终坚持把文化精神与学生的全面发展相结合，始终遵循学生的成长规律，把健康精神融入每项活动中，让这种精神力量内化为学生的自觉行为，推动学生不断完善人格、强健体魄、热爱生活，追求高尚品质。

3. 重在内培，强调涵养，收获未来

作为培养面向生产生活一线的高技能型人才的高职院校，我校在培养学生职业技能的同时，更注重学生的可持续发展，将学生的身心健康作为人才培养工作的出发点和立足点，坚持健康身心优先于知识与能力，摒弃实用主义和急功近利，重在关注学生的人格塑造和品格培养，让学生在系列健康文化活动的参与中不断得到收获，体验成长。

（二）改善建议

（1）活动内涵还不够深刻，要进一步打磨。虽然健康文化节活动经过了长时间的建设，活动的内容和形式也在进行不断探索和改良，参与师生也不断增多，但活动的内涵还不够深刻，活动的层次还没有质的突破。要对健康文化进行进一步的提炼和打磨，让健康文化的认同度更高。

（2）活动与社会贴合度还不够高，要融入地方社会。我校的健康文化活动更多的是在校园里开展，与当地社会文化的融合性还不强，应该在提炼精品文化活动的同时，让健康文化走出校园，服务当地社会，融入当地文化。

附件 1：

衢州职业技术学院第十八届健康文化节活动方案

一、活动主旨

以社会主义核心价值观为引领，通过开展形式多样的健康文化活动，引导师生逐步养成有益于身心健康的生活方式和行为习惯，树立正确的世界观、人生观和价值观，提升综合素质。

二、活动目标

崇尚健康生活 谱写出彩人生

三、责任单位

宣传部、学工部、公体部、后勤保卫处、团委、各二级学院

四、活动时间

5 月

五、参加对象

在校师生

六、活动安排

1. 健康文化节开幕式暨教职工联系寝室趣味运动会

时间：5 月 24 日 12：20

地点：运动场

参加对象：在校师生

责任单位：宣传部、工会、校体委

2. 应急救护技能竞赛

时间：5 月中下旬

地点：多功能厅

参加对象：在校学生

活动安排：每个二级学院各选拔推荐 2 支队伍，由校红十字会师生对参赛队伍进行培训，5 月下旬进行决赛。

责任单位：校红十字会、团委

3. 医学院健康周文化活动

时间：5 月

参加对象：在校学生

责任单位：医学院

4. DIY 环保袋——DIY 出你的低碳公寓生活

时间：5 月中上旬

地点：思齐广场

参加对象：在校学生

责任单位：学工部

5. 心理成长训练营活动

时间：5 月

参加对象：在校学生

责任单位：学工部

6. 健康文化节闭幕式暨健身操比赛

时间：5 月 31 日

地点：运动场

参加对象：在校师生

活动安排：以健身操比赛作为本届健康文化节闭幕式，健身操由公体部统一负责编排，各二级学院选送代表队参加比赛，每支参赛代表队不少于 100 人。

责任单位：宣传部、公共体育部

七、活动要求

（1）各责任单位要切实加强领导，高度重视本届健康文化节方案的落实，根据活动要求，对所负责项目进行仔细研究，制订具体可行的活动实施方案，并认真抓好活动项目的组织落实。

（2）各二级学院要积极组织学生参加相关活动，并根据“健康文化”品牌建设的需要，开展形式多样、各具特色的健康文化活动，不断丰富“健康文化”内涵，拓宽活动外延。

（3）本届健康文化节增设优秀组织奖，各活动的责任单位以及二级学院要加强活动的策划和落实，注重活动的总结和资料的收集整理。

（4）请各责任单位以及二级学院将活动实施方案于4月30日前、总结材料于6月10日前，报党委宣传部理论科。学校将根据活动的组织实施情况评选出本届健康文化节的优秀组织单位。

八、预期目标

多角度、多层次、多形式地让学生感受健康校园氛围，营造校园健康环境氛围，让师生在活动中接受健康教育。

附件2：

历届健康文化节活动列表

2002年：

1. 关注乙肝、毒品、艾滋病图片展
2. 皮肤护理保养讲座
3. 健康咨询、分发测定气质类型宣传单
4. 人体解剖学知识竞赛

2003年：

1. 健康周开幕式
2. 义诊活动
3. 图片展
4. 首届大中专辩论赛
5. 白衣战士风采大赛
6. 社交礼仪知识讲座

2004年：

1. 健康周开幕式
2. 健康形象大使show
3. 健康美学讲座
4. 健康知识竞赛
5. 组织参观医学实验楼
6. 义诊活动
7. 健康周闭幕式晚会

2005年：

1. 健康周开幕式
2. 现场模拟急救

3. 护理临床技能操作大赛
4. 义诊活动
5. 健康心理讲座
6. 健康知识竞赛
7. 无偿献血活动
8. 健康周闭幕式晚会

2006 年：

1. 健康周开幕式
2. 演讲赛
3. 现场模拟急救
4. 医学技能“串烧”
5. 护理技术大比拼
6. 义诊活动
7. 人体标本参观
8. 营造健康和谐之家星级寝室评比
9. 健康周闭幕式晚会

2007 年：

1. 健康周开幕式
2. 现场模拟急救
3. 护理临床技能操作大赛
4. 义诊活动
5. 健康知识竞赛
6. 无偿献血活动
7. 宣传环保迎创卫
8. 逢骨辩知竞赛
9. 健康咨询一条街
10. 全民健康迎奥运
11. 健康周闭幕式晚会

2008 年：

1. 健康周开幕式
2. 健康知识手抄报比赛
3. 现场急救技能讲座、演示
4. 护理技能操作大赛

5. 健康咨询一条街
6. 心理影片展
7. 心理健康团体辅导
8. 健康周闭幕式晚会

2009 年：

1. 健康周开幕式
2. 健康知识周周讲
3. 健康饮食知识讲座
4. 现场急救知识讲座、演示
5. “拒绝沉迷网络，倡导快乐学习” 主题班会
6. 环保一日行
7. 健康咨询一条街
8. “关爱生命，奉献爱心” 大学生无偿献血活动
9. 应急避险逃生演练
10. 健康周闭幕式晚会

2010 年：

1. 健康周开幕式
2. 心理健康讲座
3. 心理剧场
4. “节能环保，健康生活” 活动
5. 合理饮食知识讲座
6. 健康知识展
7. 现场急救演示
8. 护理技术大赛
9. 健康周闭幕式晚会

2011 年：

1. 健康文化节开幕式暨护士加冕仪式
2. 校园开放日
3. 护理技能操作比赛
4. 微笑墙征集
5. 学生团体心理活动
6. 学生急救技能培训及操作比赛
7. 心理影片展

8. 模范护士事迹报告会
9. 健康知识展
10. 健康咨询
11. 心理讲座
12. 健身操比赛

2012 年：

1. 健康生活调研
2. 心理知识宣传街暨“为自己的今天命名”活动
3. 公寓心理健康宣传活动
4. “你的情景 我的秀”校园生活情景剧表演
5. 文明上网签名倡议活动
6. “学会感恩，励志成才”主题读书活动
7. “服务市民 健康同行”医学院志愿者服务
8. 健康游园活动
9. “‘舞动健康 彩绘生命’五·一二”纪念晚会
10. “健康在身边”海报征集比赛
11. 心理健康讲座
12. “健康生活 和谐校园”摄影大赛
13. 医疗救护技能大赛
14. 健身操比赛
15. 大学生健康生活论坛

2013 年：

1. 健康文化节开幕式暨健身操比赛
2. 心理情景剧大赛
3. 大学生心理训练营成果展示
4. 医疗救护技能大赛
5. “健康生活 360”系列活动
6. 健康生活微电影大赛
7. 健康达人评比
8. 加强校园文明行为督导
9. 健康生活论坛
10. 健康文化节闭幕式暨艺术团成立仪式

2014 年：

1. 健康文化节开幕式暨放风筝比赛
2. 健康与生活讲座
3. 羽毛球大赛
4. 医疗救护技能大赛
5. 地掷球大赛
6. “三对三”篮球赛
7. 教职工联系寝室趣味健身活动
8. 健康文化节闭幕式暨健身操比赛

2015 年：

1. 健康文化节开幕式暨心理工作者成长沙龙
2. 大学生心理成长训练营
3. 心理健康主题班会评比
4. 心理健康讲座“人际沟通与自我成长”
5. 医疗救护技能大赛
6. 健康周系列活动
7. 健康文化节闭幕式暨健身操比赛

2016 年：

1. 健康文化节开幕式暨大学生心理成长训练营结业仪式
2. 大学生心理成长训练营
3. 医疗救护技能大赛
4. 健康周系列活动
5. 心理剧大赛
6. 健康文化节闭幕式暨健身操比赛、文明寝室创建表彰大会

2017 年：

1. 健康文化节开幕式暨应急救护技能竞赛
2. 大学生心理成长训练营
3. 健康周系列活动
4. 心理专题讲座
5. “向天使致敬”护士加冕礼
6. “我的团歌我传唱”大合唱比赛
7. 健康文化节闭幕式暨健身操比赛

2018年：

1. 健康文化节开幕式暨教职工联系寝室趣味运动会
2. 应急救护技能竞赛
3. 医学院健康周文化活动
4. 巧心“寓”见寝室装扮大赛
5. 心理游园会
6. 心理专题讲座
7. 健康文化节闭幕式暨健身操比赛

2019年：

1. 健康文化节开幕式暨教职工联系寝室趣味运动会
2. 应急救护技能竞赛
3. 医学院健康周文化活动
4. DIY环保袋——DIY出你的低碳公寓生活
5. 心理成长训练营活动
6. 健康文化节闭幕式暨健身操比赛

潜在课程篇

制教有礼：校园体育文化创建实施方案

一、活动设计理念

（一）理念

高校校园体育文化是校园文化建设的重要组成部分，也是贯彻全民健身计划、实施素质教育的重要途径。它主要包括体育精神、体育制度、体育活动、体育设施等多个方面。优秀的校园体育文化，对学生良好思想品质的培养、健康生活方式的形成、身心健康的全面发展有着重要作用。

1. 主题

“五美”体育，即美师、美生、美景、美课、美赛。

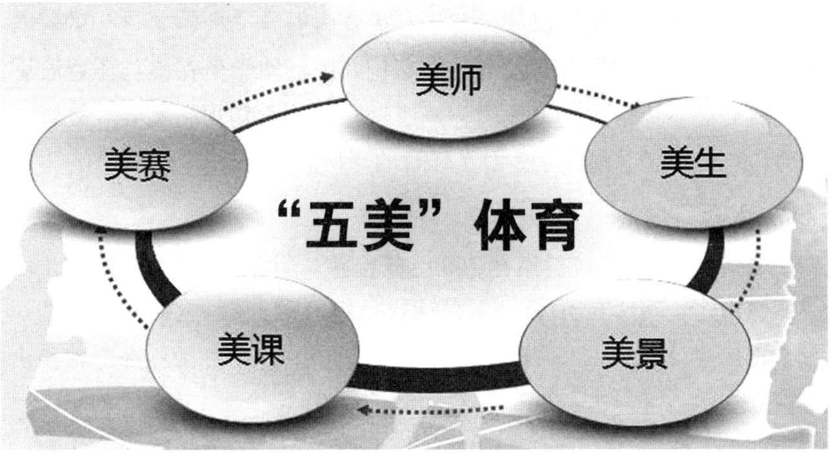

图 13-1　五美体育

2. 我校体育文化理念

立德尚体——以体养德、以体砺行、以体健身

高校体育工作必须以立德树人为指导思想，紧紧围绕增进学生身心健康、增强学生体质这一根本任务，不仅要关注学生的身体健康，还要注重综合素质

的养成。从而，让学校体育充满号召力、引领力和塑造力。

（二）目的

1. 树立正确的体育价值观念

2018年9月10日，第34个教师节，党中央召开全国教育大会，习近平总书记在大会上发表重要讲话。习近平指出，“要树立健康第一的教育理念，开齐开足体育课，帮助学生在体育锻炼中享受乐趣、增强体质、健全人格、锤炼意志”。校园体育文化建设是体育课潜在学习内容之一。校园体育文化建设首先要做的是树立正确的体育价值观念。体育价值观念和校园体育文化建设是一种相辅相成的关系，树立正确的体育价值观念可以推动校园体育文化建设，校园体育文化建设以正确的价值观念为前提。教育工作者应重视学生的全面发展，在体育教学过程中除了让学生掌握一定的体育技能外，还要注重培养学生的竞争意识和合作意识以及创新、创造能力，在体育学习过程中注重发展学生的身体、精神、情感和智力，实现全面发展，并通过丰富多彩的体育活动让学生积极参与到体育学习中，从而更好地缓解学生的学习压力，培养学生的终身体育意识。

2. 为学生营造良好的体育文化氛围

如今，学生的体育锻炼意识较差。体育代表了一种文化，体育教学应该充分发挥体育文化的力量，加强体育文化宣传力度，为学生营造良好的体育文化氛围。以我校“健康文化”品牌为背景，在全面倡导“两馆文化”的同时，着重培育并展示具有我校特色的校园体育文化品牌，使学生在参与体育锻炼的同时，能够收获健康快乐和强健体魄，并通过宣传体育知识拓宽学生视野，激发学生体育锻炼的欲望，培养学生对于体育的兴趣。

（三）特色

“五美体育”是在学校健康文化品牌背景下，全面推进落实两馆文化活动的同时，历经多年实践培育而成。“五美体育”以美师、美生、美景、美课、美赛为主要表现形式，对标校本体育工作实际，提炼出25个美的标准，构建出的一套集创新、实用与可行于一体的文化建设体系。

1. 美师五“能”——能引领、能设计、能沟通、能示范、能创新

习总书记说，“教师要有理想信念、有道德情操、有扎实知识、有仁爱之心”。因此，我校体育教师不仅要具备较强的专业技能，还应该在具体的实践教育教学环节中不断提升五种能力。

（1）能引领：能引领学生的价值观，做学生的良师益友。

（2）能设计：能围绕教育目标，设计科学有效符合学生发展需求的教育教

学方案。

（3）能沟通：能积极有效地与学生进行各种形式的沟通，关爱学生，突出思想教育的功能。

（4）能示范：能注重自身素养及专业提升，以身示范影响学生。

（5）能创新：能具备体育教育教学创新热情和能力。

美师代表：

严志仙老师：跑完 400 米的距离大概要多久？有人花了一分钟，你却跑了三十二年。你用不停的脚步，把自己变成了学校的道标；你用极致的重复，把平凡变成了不平凡。来时风华正茂，此刻霜林渐染。你已奔跑半生，归来仍是少年。

图 13-2　严志仙老师

李永刚老师：用生命诠释了师德，用精神引领我们继续前进。从教三十二载，您一直都是兢兢业业。1998 年洪水肆虐校园，您用身体做舟，护送学生上下课。时光虽然永远地定格在 2014 年 5 月 7 日，但在学生心中，李老师、李

“老爸”，一直在指引着他们继续奋斗。

图 13-3 李永刚老师

2. 美生五“品”——参与、挑战、责任、协作、顽强

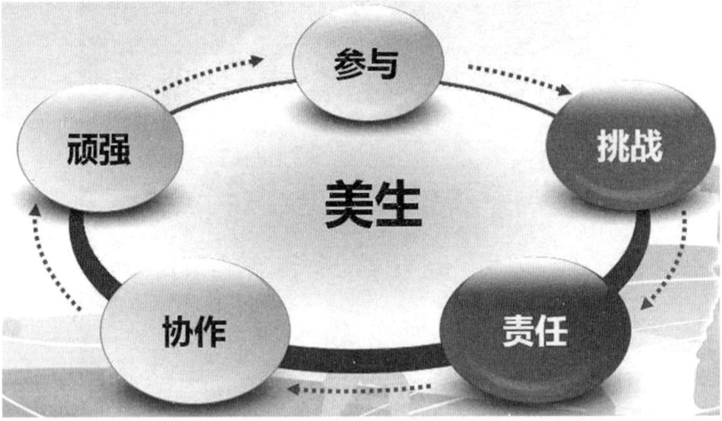

图 13-4 美生五“品”

学校体育教育教学活动，不仅要激发学生参与体育的热情和能力，更要通过各项体育教育教学活动的开展，不断提升学生的综合人文素养，使其具备五种品质。

（1）参与：学生应当具备积极参与体育活动的热情及能力。

（2）挑战：学生应当具备不断挑战自我、挑战困难的勇气和意志。

（3）责任：学生应当具备勇于承担责任的意识和能力。

（4）协作：学生应当具备主动协作、团队发展的意识和能力。

（5）顽强：学生应当具备吃苦耐劳、顽强拼搏的意志品质。

图 13-5　美生代表

3. 美课五“讲”——讲目标、讲精神、讲能力、讲态度、讲规则

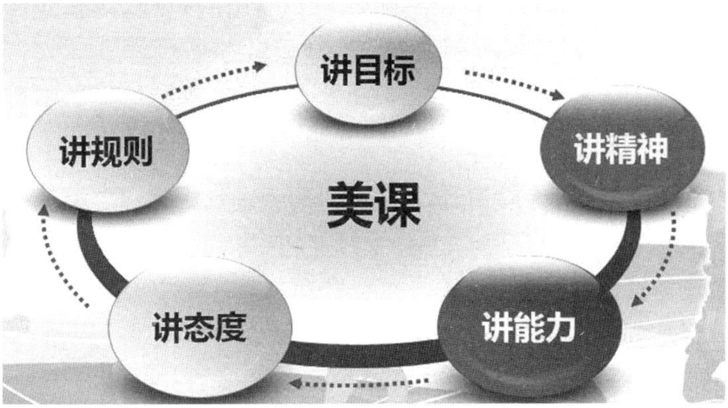

图 13-6　美课五“讲”

体育课作为第一课堂，肩负着培养兴趣、传授技能、育人健体的重要使命。学校体育课以“五讲”为准绳，客观评价体育课程，培育优秀体育课程。

（1）讲目标：目标设计在体现教育教学专项目标的同时，重点关注育人目标，即双目标。

（2）讲精神：课堂教学内容要充分体现对学生进行价值观的引领，积极传达正能量。

（3）讲能力：参与体育活动、体育健身的能力。

（4）讲态度：积极强化学生做人做事的态度。

（5）讲规则：强化规则意识，着重培养学生公平、公正的优良品质。

4. 美赛五“味”——酸、甜、苦、辣、鲜

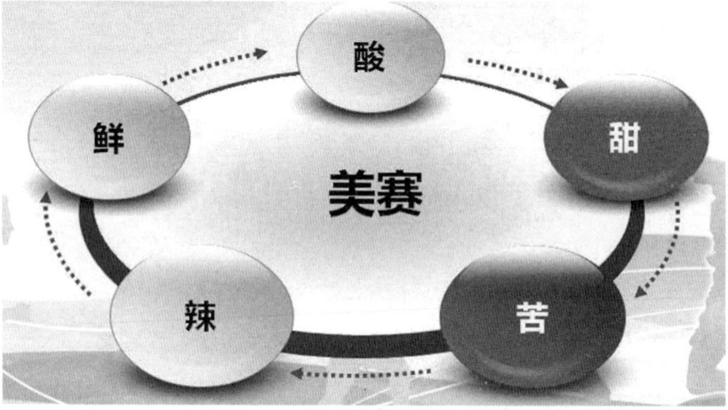

图 13-7　美赛五“味”

体育赛事活动是营造校园体育文化氛围的重要内容，是引领学生了解体育、重视体育、参与体育的重要载体。我校在贯穿全年的十余项学校体育赛事活动中，重点培育了具备五种味道的四项品牌赛事，让学生终身受益。

（1）酸：体育赛事活动的设计组织要强化挫折教育，培养学生勇于面对逆境、面对挫折的素质与能力。

（2）甜：体育赛事活动要使学生充分体验成功、体验收获，产生参与体育活动的身心愉悦。

（3）苦：体育赛事活动要注重培养学生不怕苦、不怕累、吃苦耐劳的精神。

（4）辣：体育赛事活动的设计组织要能够强烈激发学生的参与热情，充满挑战力和吸引力。

（5）鲜：体育赛事活动要与时俱进不断创新，适应学生身心发展的需求。

5. 美景五“显”——显理念、显思路、显精神、显保障、显成果

校园体育环境建设要紧紧围绕“俯身贴地，服务地方”的办学定位，合理利用场馆空间，以“五显”为标准制作显性文化宣传资料，积极宣传体育发展成果，激励广大学生自觉参与体育锻炼。

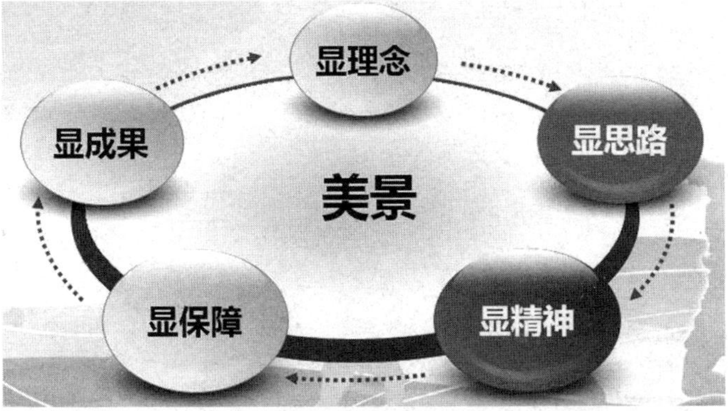

图 13-8 美景五“显”

（1）彰显学校立德树人的办学理念。

（2）彰显学校以“两馆文化”为载体的健康文化建设思路。

（3）彰显以人为本的人文关怀。

（4）彰显体育教育与人文素养教育的相互融合。

（5）彰显学校体育工作的阶段性发展成果。

二、活动方案、工作计划

（一）卓越计划：塑美师

根据学校“十三五”规划（2016—2020）任务要求，经部门商定，启动卓越计划。该计划以培养“卓越体育教师”为核心，探索体育师资团队建设规律与模式，通过三项扶持制度和三项重点活动，对照校本实际提出的“五种能力”，促使学校体育教师在工作、生活中相互交流、相互促进、共同进步。

三项扶持制度主要指：①《公共体育部体育科研工作资助办法》，引导体育教师积极参与科研工作，提升科研水平与能力。②《体育教师学历提升几点意见》，鼓励中青年骨干教师在学有余力的同时，注重个人学历提升。③《年度校外重点赛事奖励办法》，重点支持校外重要赛事，充分调动运动队的训练与参赛的积极性。

三项重点活动主要指：①体育教师教学技能竞赛。活动每年 12 月举办一次，以专项技能和教学技能为主要内容。②体育教师户外生存体验活动。活动每年 5 月举办一次，以登山、速降、露营、野炊等为主要内容。③体育教师人文素养提升培训活动。每年利用寒暑假期间，有计划地组织骨干教师参加省内外相关培训活动，要求学有所得、学有所用。

图 13-9 体育教师教学技能竞赛

三个目标：一是充分凸显体育教师在教学科研、专业技能等体育工作中的主体地位，并为此不断努力与提高。二是不断增强团队凝聚力，打造一支温暖、有活力的团队。三是到 2020 年评选出三至五名具有一定代表性的优秀体育教师。

（二）星火计划：育美生

星火计划是从特色体育项目着手，以星星之火可以燎原为精神动力，有计划、有目标地做好规划，促使体育工作全面发展，从而达到传播体育精神、传授体育技能、增进健康体魄的目的。目前，学校历经五年重点培育了地掷球、健美操、攀岩三个特色体育项目，这些项目已在学校深深扎根，且硕果累累，共获得国家级、省级体育赛事奖牌 100 余枚。

图 13-10 奖状、奖杯

在特色项目发展的短暂历程中，涌现出了众多的优秀学子。他们不畏艰辛、刻苦训练，不求回报、勇于奉献，团结协作、攻坚克难。取得了一次又一次的成功，获得了普通学生难以触及的成功与喜悦。

两个目标：一是打造特色体育项目培育升级版，建立课内外相结合、校内外相统一的项目发展体系。二是到2020年年底培养一批具有较高竞技水平、各项综合素养优秀的体育人才。

（三）课改计划：创美课

学校公共体育课程以育人为导向，以培养学生健康体魄为任务，于2015年提出“课改计划”。近年来，在教学团队人员的共同努力和积极探索下，已经构建形成了“基础体能+体育选项+实用体育”的课程体系结构。接下来，还将在课程资源建设以及实用体育课程开发方面加大投入。

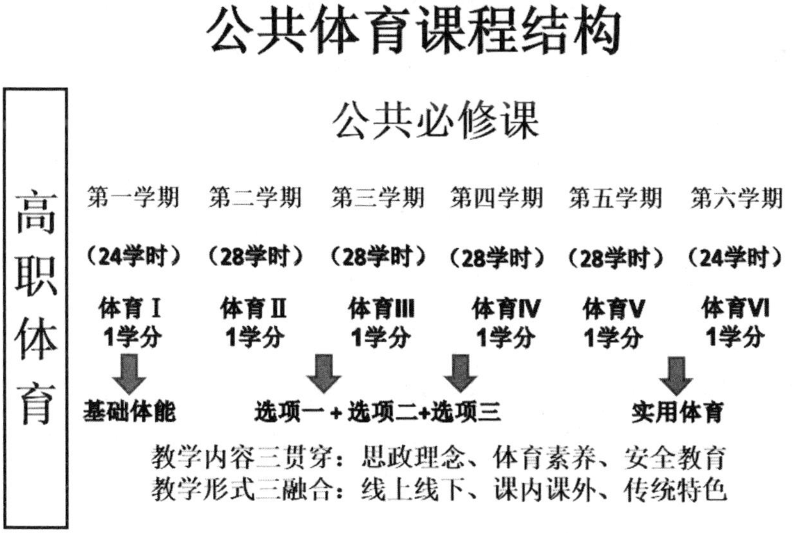

图13-11　公共体育课程结构

1. 特色体育项目课程开发与建设

攀岩以“勇攀高峰”“团结协作”“言出必行”等丰富的教育内涵，及当下时尚运动的标志深受学生喜爱。地掷球作为市级训练基地，肩负着项目推广与普及的责任与使命。健美操是力量与美的统一，也是韵律与健康的融合。三个特色体育项目，在竞技比赛上已经取得了较为优异的成绩，为使其能够惠及更多学生，课程建设势在必行。

2. 信息化课程开发与建设

网络时代信息化课程已经颠覆了传统课堂，体育课程也不例外。对此，学校将鼓励中青年骨干教师，对信息化课程（微课、慕课、在线开放课程、精品课程）进行开发与建设。

图 13-12 信息化课程开发（羽毛球）

3. 户外运动课程开发与建设

户外运动是一项在自然场地举行的集体项目群，包括攀岩、登山、露营、野炊、户外休闲运动等较为时尚的体育运动。目前，学校具备了该项课程开发与建设的基础条件，如：以攀岩运动为代表的户外教学能力基本具备；得天独厚的户外运动基地近在眼前（柯城区灵鹫山森林运动小镇）；实用体育课程建设的主要内容。

三个目标：一是力争在 2020 年年底前，一至两门课程获得省级及以上精品在线开发课程立项建设。二是力争 2020 年年底前，在省级各类微课、慕课等信息化教学比赛中获得二等奖及以上奖项一次。三是力争在 2022 年年底前，获得省级教学成果奖三等奖及以上奖项一次。

（四）阳光计划：办美赛

为切实推动阳光体育运动在学校广泛开展，吸引广大学生走出寝室、走向操场、走到阳光下，积极参与体育锻炼。学校启动阳光计划，出台《校内体育竞赛管理办法》《课外体育活动实施方案》，采用课内外一体化管理，重点培育四项品牌赛事。

1. 百人健身操大赛

百人健身操大赛在学校连续开展 9 年，是一项参与人数多、学生喜爱度高、师生评价好的校内品牌赛事。健身操《舞动衢职》由学校健美操教师自编自创，动作与音乐的合理搭配，充分展示了衢职学子阳光健康、积极向上的精神风貌。该项赛事每年三月启动、五月比赛，各支队伍刻苦训练、协作配合、积极备战，通过为期两个月的训练和比赛过程，很好地诠释了团队精神，品读了体育活动带来的五种味道。

2.“3221”师生趣味运动会

“3221”师生趣味运动会是学校“3221”教职工联系学生寝室活动的一个重要载体。该项赛事每年5月举行，项目设置主要以集体趣味项目为主，项目参与必须由师生共同参与完成。通过赛事活动，增进了师生之间的交流与联络，让大家所爱的校园更加充满活力与生机。

3. 师生排球联赛

排球联赛每年9月底启动，12月结束，以专业为单位采取双循环赛制。排球是学校重点培育的一项传统项目，近几年，校排球队在省内大学生比赛中取得了较为优异的成绩。该项赛事成功推行，一方面为排球队人才梯队建设提供了有力支撑，另一方面以其参与队伍较多得到了广大师生的普遍认可，营造了较为浓郁的校园排球氛围。

4. 校园健身跑

校园健身跑是学校课外体育锻炼的一项重要内容，学校出台校园健身跑实施方案，采取课内外相结合的管理模式，指导学生参与健身跑活动。每年12月底，学校举办校园健身跑年度总决赛，近千名学生参与其中，在比赛中通过跑步愉悦了身心，收获了健康。

两个目标：一是每年参加赛事活动人次达到在校生人数的50%。二是赛事活动在省内高校体育工作中具有一定知名度。

（五）系统规划：建美景

1. 确定识别色

蓝色，是我校健康三原色之一，意指健康体魄。蓝色是博大、永恒、力量、坚强、成长、健康的象征，是蓝天、大海的颜色，意味着宽广与博大。学校体育文化建设，将以蓝色为识别色。学校体育所涉及的相关内容如场馆标识、赛事活动、宣传媒介等都将以蓝色为主色调进行设计。

2. 改建体育环境

（1）体育雕塑是校园体育文化环境建设的主要内容，是弘扬体育精神、构建文化体系、宣传文化品牌的重要素材。设计一个抽象立体具有“五美”体育文化内涵的体育雕塑，来营造校园体育文化具有重要意义。

（2）在原体育文化长廊的基础上结合学校体育工作主要内容与成果，将宣传内容进行完善。计划将文化宣传分为三个专栏：①体质测试专栏。除保留原内容外，增加年度体质测试数据分析图，让师生能够更加直观了解我校学生体质健康数据整体情况。②特色体育项目专栏。将长廊内三个宣传栏分别指定三个特色项目，加大宣传力度。③学校体育活动专栏。以学校体育运动会为主，重点将品牌赛事活动进行宣传。

（3）2014 年学校成立了民俗体育文化研究中心，本着“传承保护、普及推广”的理念，积极对接地方民俗体育项目，将常山彤弓拳、輣辂拳等民间武术项目引入学校，通过学生社团传承发扬，并在学校运动会、社团活动等平台上进行了展示推广，取得较好成效。结合校园体育文化建设需要，计划在校内建设“民俗体育文化展示墙”，将衢州市民俗体育项目分类整理并以图片、文字的形式进行展示。从而，提升学校社会服务职能，完善校园体育文化创建亮点。

3. 专项体育场馆建设

随着学校体育场馆功能的逐步完善，如何做好场馆环境有效对接育人环境、场馆功能有效对接育人功能、场馆文化对接育人文化，成了我们急需考虑的问题。对此，我们计划将体育场馆根据专项分类进行文化环境规划。重点设计与建设的场馆有攀岩馆（场）、地掷球场、健美操房、健身房、球类馆、羽毛球馆、体育馆等七个场地。

两个目标：一是“五美体育”品牌环境建设要具有学校代表性，在全国高职院校体育工作评价中，具备一定影响力。二是体育场馆使用与管理逐步实现智能化。

三、活动成果

通过将美师、美生、美课、美赛、美景五个方面内容综合梳理，确定我校体育文化创建的核心内容即“五美体育”。

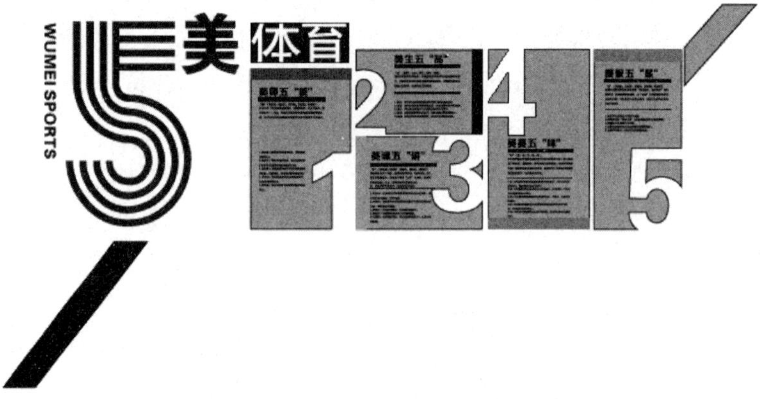

图 13-13　五美体育设计图

2013年以来，我校特色项目共参加各类比赛获奖206项，其中国家级荣誉92项，摘得国家级金牌40余枚。其中我校地掷球队舒蓉同学在2016年4月入选国家女子大金属球队，代表国家出征亚太大金属球青少年公开赛并取得了第三名的好成绩。我校攀岩队队员贵时光在2017年7月代表浙江省出征第十三届全运动攀岩项目决赛；攀岩队队员杨梦蝶在2018年6月代表国家出征世界大学生攀岩锦标赛。

攀岩			
时间	姓名	比赛	名次
2017年4月	杨梦蝶	2017全国大学生攀岩锦标赛（南区赛）女子速度	1
2017年4月	杨梦蝶 许香暖	2017全国大学生攀岩锦标赛（南区赛）女子团体	1
2017年11月	杨梦蝶	第十五届全国大学生攀岩锦标赛女子攀石	1
2018年7月	许香暖	第十六届中国大学生攀岩锦标赛甲A组速度（女）	1
2018年7月	宋瑜倩	第十六届中国大学生攀岩锦标赛甲B组速度（女）	1
2018年7月	侯宇梦 宋瑜倩	第十六届中国大学生攀岩锦标赛甲B组团体（女）	1
2018年9月	洪路生	2018全国大学生攀岩南区赛甲A组攀石（男）	1
2018年9月	袁祁	2018全国大学生攀岩南区赛甲A组速度（男）	1
2018年9月	宋瑜倩	2018全国大学生攀岩南区赛甲A组难度（女）	1
2018年9月	宋瑜倩	2018全国大学生攀岩南区赛甲A组速度（女）	1
2018年9月	宋瑜倩	2018全国大学生攀岩南区赛甲A组攀石（女）	1
2018年9月	滕倩雯	2018全国大学生攀岩南区赛甲B组速度（女）	1
2018年9月	侯宇梦 宋瑜倩	2018全国大学生攀岩南区赛甲A组团体（女）	1

续表

时间	姓名	比赛	名次
健美操			
2017 年 10 月	叶倩	第三届中国高等职业院校健美操锦标赛（自编女子单人操）	1
2017 年 10 月	祝聪	第三届中国高等职业院校健美操锦标赛（自编男子单人操）	2
2017 年 12 月	叶倩	浙江省大学生健美操比赛暨第四届大学生操舞比赛（自编女子单人操）	1
2017 年 12 月	祝聪	浙江省大学生健美操比赛暨第四届大学生操舞比赛（自编男子单人操）	1
2017 年 12 月	叶倩 祝聪	浙江省大学生健美操比赛暨第四届大学生操舞比赛（自编混合双人操）	1
2017 年 12 月	叶倩 祝聪 宋韩进	浙江省大学生健美操比赛暨第四届大学生操舞比赛（自编三人操）	1
2018 年 6 月	叶倩	浙江省第十五届大学生运动会健美操比赛（乙组）女子单人操	1
2018 年 6 月	祝聪	浙江省第十五届大学生运动会健美操比赛（乙组）男子单人操	1
2018 年 6 月	叶倩 祝聪	浙江省第十五届大学生运动会健美操比赛（乙组）混合双人操	1
地掷球			
2017 年 6 月	柳李健 余振辉	浙江省第七届青少年地掷球锦标赛塑质球双人赛	2
2017 年 7 月	余振辉 柳李健 王志斌	2017 年全国青少年及大学生地掷球锦标赛塑质球男子三人赛	2
2017 年 7 月	娄慧萍 言东琪 叶霄飞	2017 年全国青少年及大学生地掷球塑质球女子三人赛	3
2018 年 7 月	郑艳艳	2018 年浙江省地掷球锦标赛小金属球女子单人赛	2

四、活动照片

我校地掷球队队员舒蓉代表国家出征

法国地掷球队教练来我校指导

我校吕迎尚老师获得国家级奖牌

我校教师获得省科报会奖项

攀岩场

体育馆

五、师生心得

（一）学生心得

机电工程学院王同学说：

我们学校体育硬件设施非常好，给我们提供了较好的锻炼设备。看到学校“五美体育”文化，我们感觉到学校不仅重视体育设施建设，更注重内涵建设。每次路过体育场地，都有种想马上进行运动的感觉。其实以前我不是特别喜爱运动的，自从来到衢州职业技术学院后，我发现我爱上了运动，特别是羽毛球运动，学校的羽毛球场地不仅设施完善，而且球馆内的文化内涵也让我深深地感受到体育运动的魅力所在。

医学院朱同学说：

真正地爱上衢州职业技术学院是从健美操运动开始的。在高中阶段，我基本上是宅女，不运动，不爱说话，老师和同学都把我当作另类。但是来到这里之后，通过社团招新我来到了健美操队，通过系统的训练，我发现学校不仅场地设施完善，而且在校园文化内涵建设方面独具特色。我不仅掌握了基本的运动常识，更重要的是通过运动我认识到体育的内涵：敢于挑战、勇于拼搏。

（二）教师心得

校宣传部的欧阳老师说：

通过对比兄弟院校的体育设施，我们学校基本处于全省领先的状态。硬件设施的完善让我们的学生不仅拥有体育锻炼的良好环境，更重要的是我校还注重“两馆一室”文化的创建。以体育馆文化为例，“五美体育”文化的提炼，一方面是对我校体育工作的梳理，另一方面也是创建我校校园体育文化品牌不可或缺的重要一块。

（三）家长心得

一名学生家长说：

> 通过走访校园发现，学校虽然占地面积不大，但是体育设施非常完善，看得出学校领导非常重视学生的体魄培养。其实，送孩子来这里读书，我们做家长的不仅仅希望孩子可以掌握一门一技之长，更希望孩子能够在学校养成体育锻炼的习惯，这样走上社会后才能吃得开、玩得透，并且可以通过三年的在校学习强健体魄。

六、经验分享

（一）打造学校特色，注重整体性

高校校园体育文化创建工作是根据每个高校自身体育工作的实际特点进行系统、全面、整体创建的一项工作。它依托于高校自身文化特征，是校园文化渗透在体育工作中的具体表现形式之一。高校体育文化创建要注意文化创建的整体性，不同运动场区虽然开展不同的运动项目，但是在各个运动场区文化创建时要注重与核心文化的相互呼应，不能顾此失彼。

（二）注重与其他校园文化的联系

高校体育文化创建工作不能脱离校园文化特征，它是校园文化的一部分，在校园体育文化提炼过程中要注重与校园文化的相互联系，在深刻理解校园文化的基础上再去提炼校园体育文化，这样才能保障校园文化的完整性。高校校园体育文化可以将具有代表性的学生、教师等元素融入体育文化系统创建之间，挖掘具有自身特点的校园体育文化特征，注重以点带面。高校体育文化建设是一项长期性的工程。在创建过程中要注重体育文化素材的积累，阶段性更新校园体育文化内容，这样才能保证校园体育文化的活力。

境教于形：中药标本馆
——中医药文化的传播使者

一、活动设计理念

（一）理念

中医药学是中国古代科学的瑰宝，也是打开中华文明宝库的钥匙。2016 年 12 月《中华人民共和国中医药法》出台，为继承和弘扬中医药事业健康发展提供了有力的法律支撑，对于中国中医药的发展具有里程碑式的意义，也充分说明了党和国家对中医中药的重视。2017 年，党的十九大报告提出“实施健康中国战略，要坚持中西医并重，传承发展中医药产业”，这为中医药的发展指明了方向。当前，中医药振兴发展迎来天时、地利、人和的大好时机，根据习近平总书记的要求“增强民族自信，勇攀医学高峰，深入发掘中医药宝库中的精华，充分发挥中医药的独特优势，推进中医药现代化，推动中医药走向世界，切实把中医药这一祖先留给我们的宝贵财富继承好、发展好、利用好，在建设健康中国、实现中国梦的伟大征程中谱写新的篇章”。我校中药标本馆作为收集、陈列和展示各类中药标本的场所，就是连接传统与现代的纽带，是我校对外交流、传播中医药文化的窗口，也是学生学习中医药和健康知识的重要基地，更是实现“中医药文化”和“健康文化”境教于形、内化于心的重要载体。

2018 年 1 月，浙江省政府印发《关于加快推动中医药发展的实施意见》，从发展中医养生养老康复服务、发展中医药文化和健康旅游服务、推进中医药继承和创新等 9 个方面规划中医药事业发展蓝图。衢州的中医药文化源远流长，衢城宁绍巷中的神农殿，流淌着关于“岐黄之术，医者仁心”的悠悠遗韵。近年来，“杨继洲针灸”非物质文化遗产在衢州发扬光大，成为衢州中医药的又一张新名片。

我校在各专业的人才培养方案中均提出要塑造学生的“健康人格”和“健康体魄”，让学生健康快乐地成长，“中医药文化”正是一种健康快乐的“人”

的文化，“中医药文化”和“健康文化”的目的正是要让人们首先树立健康快乐的观念，然后形成健康快乐的生活方式，从而达到保健养生的境界，所以中药标本馆所凸显的“中医药文化”与我校所提倡的“健康文化”也不谋而合。中药标本馆的建成与使用，能更好地为中药学专业教学与科研服务，也为中医药文化在全校的传播与推广、推动区域中医药事业的发展发挥了积极作用。

衢州职业技术学院中药标本馆，是浙江省高校中颇具特色的中药标本馆，共设有中医药文化展区、神农尝百草展区、药食两用与养生文化展区、生药标本展区、饮片标本展区、浸制标本展区、固化标本展墙、腊叶标本展区、矿物标本展区、贵重药材展区、浙八味道地药材展区、中药真伪鉴别展区、学生作品展区等多个展区。馆藏标本有生药标本 618 种，饮片标本 618 种，浸制标本 150 余种，腊叶标本 220 余种，矿物药标本 40 余种，动物药标本 20 余种，真伪药材标本 100 余套，共计约 2000 种。馆内还设有古代中医药名家的著作，多媒体查询系统、全国中草药分布查询系统、常用中草药查询系统及常用动物药材查询系统。中药标本馆发挥着重要的教学、科普和推广等功能，突出知识性、互动性、观赏性和趣味性，在耳濡目染、身体力行中实现“中医药文化”“健康文化”境教于形、内化于心。

《中华人民共和国中医药法》中明确提出对中医药人才培养的定位，“中医药教育应当遵循中医药人才成长规律，以中医药内容为主，体现中医药文化特色，注重中医药经典理论和中医药临床实践、现代教育方式和传统教育方式相结合”。为更好地对接、培养中药技术技能型人才，我校是在《中华人民共和国中医药法》出台后第一个设立中药学专业的高职院校，我校中药标本馆是浙西南地区唯一的专业中药标本馆，不仅服务我校全体师生，同时也面向社会公众开放。自中药标本馆建成以来，一直发挥对外交流的作用，已接待各级领导、省内中医药行业企业专家学者、兄弟学校师生等逾 5000 人次。中药标本馆围绕我校“立德树人”的根本标准，积极响应“健康文化”的校园品牌，将“中医药文化”“健康文化”深植于医学院中药学专业的人才培养方案中，融入全校学生的健康教育实践活动中。鼓励和引导学生到中药标本馆参观学习，从而达到将“中医药文化”“健康文化”境教于形、内化于心的境教目的。

（二）特色

中药标本馆策划和组织“中医药健康文化”宣传的系列活动，主要突出以下五个方面的特点。

1. 健康境教场景化

中药标本馆中设有中医药文化展区、神农尝百草展区、药食两用与养生文

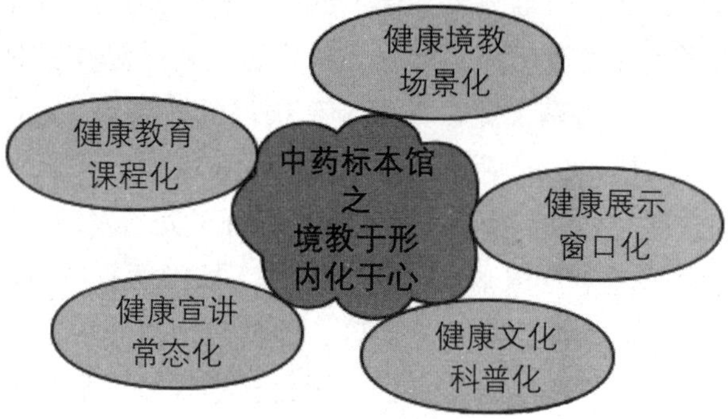

图 14-1　中医药健康文化特点

化展区等，给“中医药文化”和“健康文化”的宣传和教育提供了形象化的场景，使得健康文化能更好地入耳、入脑、入心。

2. 健康展示窗口化

中药标本馆定期开放，带领学生走进中医药文化的宝库，领略我国传统中医药文化的博大精深，展示和传承中医药文化，领悟中国健康与养生理念的精髓。通过学生在中药标本馆进行药膳搭配与展示大赛、中药标本制作大赛、中药鉴定技能大赛、中药炮制技能大赛、中药调剂技能大赛的训练、比赛与成果展示，更好地将“中医药文化”和“健康文化”境教于形、内化于心，成为健康展示的窗口。

3. 健康文化科普化

将中药标本馆作为科普宣教的基地，通过学生到中药标本馆进行中药标本归类、整理和维护等志愿者服务，加强学生对中医药文化的亲切感，通过开展对中药标本馆专业讲解的培训、引导和服务等工作提升学生对中医药文化的认同感，使学生成为传播“中医药文化”和“健康文化”的使者，在加深对“中医药文化”和“健康文化”的理解和认同的同时，促进健康文化的科普和推广。

4. 健康宣讲常态化

利用每年的新生入校的日子、健康活动月、学校开放日等时机，组织全校学生到中药标本馆参观学习，医学院中药学专业的学生作为讲解和服务人员向全校学生宣讲“中医药文化”和“健康文化”，并逐步将之作为常态化活动。

5. 健康教育课程化

基于中药标本馆，我校开设了“中药保健与养生”的全校公共选修课，制订了详细的课程标准，讲授“中医药文化”“健康文化”和中药在保健与养生中的应用等相关内容，学生的中医药健康文化认可度得到明显提升。

二、活动方案、工作计划

本项活动坚持把推进“中医药文化”“健康文化”与学校“立德树人”的根本标准相结合，为学生创造将“中医药文化”和“健康文化”进行“境教于形、内化于心”的载体，组织一门“保健与养生”选修课程、一轮“中药标本馆”志愿服务、一次“中医药健康”科普宣传、一场“药膳与健康”搭配展示、一组“中医药系列”技能大赛。

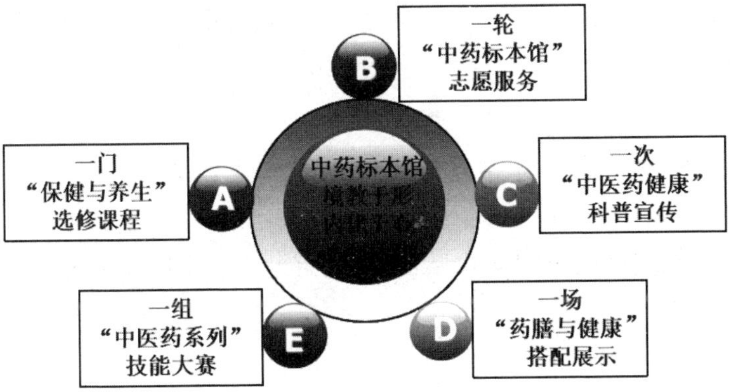

图 14-2　中药标本馆系列活动

（一）一门“保健与养生”选修课程

组织学生选修基于中药标本馆开设的“中药保健与养生”的全校公共选修课，紧紧围绕“选修中药、拥抱健康”的主题，课程组制订了详细的课程标准，讲授“中医药文化”“健康文化”和中药在保健与养生中的应用等相关内容，学生选修该课程的积极性很高。通过学习，学生的中医药健康文化认可度得到明显提升。

（二）一轮“中药标本馆”志愿服务

组织学生走进中药标本馆开展志愿服务，紧紧围绕“志愿服务、传播健康”的主题，根据不同学生的特点，开展如中药标本整理、中药标本馆讲解等志愿服务，使学生成为传播“中医药文化”和“健康文化”的使者，加深对“中医药文化”和“健康文化”的认同和理解，更好地为“中医药文化”和“健康文化”传承与发扬服务。

（三）一次“中医药健康”科普宣传

在新生入学时，组织学生走进中药标本馆聆听宣讲，紧紧围绕“传播中医药健康文化、提升学生健康素养”的主题，开展中医药健康文化宣讲活动，逐步推进中医药健康文化在学生中入耳、入脑、入心，学生的中医药健康文化认可度得到明显提升，并能为其他来标本馆参观的人员做“中医药文化”和“健康文化”的科普宣传。

（四）一场“药膳与健康”搭配展示

组织学生走进中药标本馆搭配展示，紧紧围绕“药食同源、药膳养生”的主题，开展药膳搭配与展示讲解大赛，使学生更好地认识药食同源有依据，药膳养生不盲目，加深对“生活中的中药、舌尖上的养生”的理解，更好地成为中药保健与养生的践行者。

（五）一组“中医药系列”技能大赛

组织学生走进中药标本馆技能大赛，紧紧围绕“匠心筑梦、弘扬传统”的主题，开展中药标本制作大赛、中药鉴定技能大赛、中药炮制技能大赛、中药调剂技能大赛的训练、比赛与成果展示，更好地将“中医药文化”和“健康文化”境教于形、内化于心。

三、活动成果

（一）活动参与人数逐年增加

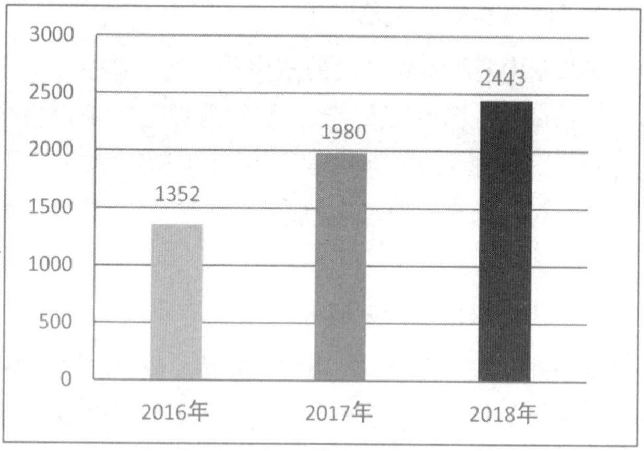

图 14-3　系列活动参与人次

系列活动参与人次包括学生学习、到访参观、志愿服务及技能大赛参与人次等，2016 年为 1352 人，2017 年为 1980 人，2018 年为 2443 人，呈逐年递增趋势。

（二）中医药标本逐年更新和增加

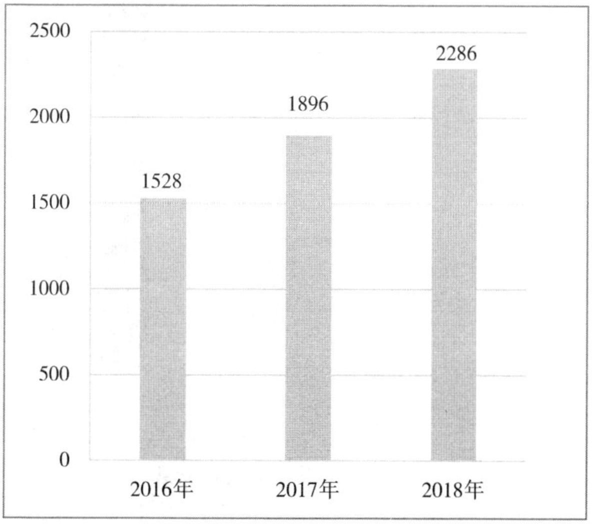

图 14-4　中医药标本的数量

在中药标本馆的维护和利用中，每年都将学生上山采药期间所采集的标本自行制作并保存至中药标本馆；每年都按照《中国药典》《浙江省中药炮制规范》等标准目录增加中药标本；并在中药材市场上收集伪品和混用品，逐年增添至中药标本馆。经统计分析，得出中医药标本数量 2016 年为 1528 件，2017 年为 1896 件，2018 年为 2286 件，呈逐年更新和增加趋势。

（三）中医药文化知晓率逐年提升

系列活动开展后，通过调查问卷，了解参与人员对中医药文化和养生保健知识的了解情况，经统计分析，得出知晓率 2016 年为 59.5%，2017 年为 65.9%，2018 年为 83.7%，呈逐年提升趋势。

通过系列活动吸引着越来越多学生和社会公众的参与，既提升了学生对中医药的认同和理解，也传播了“中医药文化”和“健康文化”，并将之境教于形、内化于心。

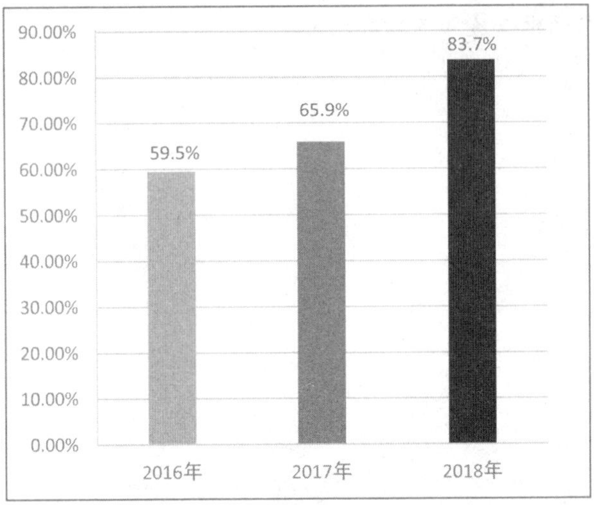

图 14-5　中医药文化知晓率

四、活动照片

“中医药文化”展示

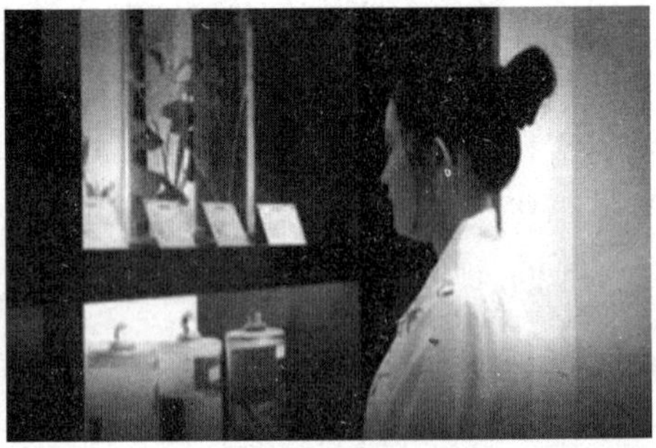

“中药标本馆”志愿服务

中药标本制作大赛

中药鉴定技能大赛

中医药健康文化传播 1

中医药健康文化传播 2

五、师生心得

（一）学生心得

医学院 18 级学生杨同学说：

我刚入学的专业是始业教育，对中药标本馆很感兴趣，一走进标本馆就好像来到了一个中医药王国，徜徉在中医药的海洋中，慢慢品味植物药、动物药和矿物药，辨真伪优劣，品酸甜苦辣。通过中药标本馆的系列活动，我深刻领会到“中医药文化”和“健康文化”的博大精深，更笃定了学习中药、传承中药的决心！

艺术设计学院 18 级学生赖同学说：

我是因为参加创业大赛，大赛中有与中药相关的知识，所以我就到中药标本馆寻找设计灵感，第一次看到这么多名贵的中药材，真是让我大开眼界。通过讲解，我学到了很多中药知识，了解到“中医药文化”和“健康文化”，拓宽了我的设计思路！

经济管理学院 17 级学生郦同学说：

由于受家人从事中药工作的影响，我从小就很喜欢中药，当时填报了中药专业，但很遗憾没能进入中药专业学习！中药标本馆开展活动，我都会去参加，趁开馆的时候一有空就跑到中药标本馆去看瓶瓶罐罐里的中药，思考中药的四气五味、升降沉浮，在这样的环境下能更快地学习中医药知识，更好地理解健康理念。

（二）教师心得

后勤保卫处胡老师说：

中药标本馆“境教于形、内化于心”系列活动很好地展示了“中医药文化”和“健康文化”，突出了知识性、互动性、观赏性和趣味性。通过各项举措，促进了沟通交流，丰富了同学们的课余生活，让同学们在耳濡目染和身体力行中认同和理解中医药，为营造“衢职健康”营造了很好的环境！

六、经验分享

（一）“境教于形”提认知

中药标本馆通过有形的实物标本结合讲解宣传了中医药理念、普及了中医药知识、弘扬了中医药文化，尤其是对中药学专业学生的教学发挥了独特的功能和作用。此外，我校中药标本馆开展了系列活动，更促进了学生对中医药的热爱，提升中药实践能力。

（二）“内化于心”促传承

中药标本馆通过有形的标本进行了无声的教育，并最终将“中医药文化”和“健康文化”内化于心。在开展“中医药文化”和“健康文化”教育时突出了预防和绿色的理念。首先，讲清中医药文化的事实，告诉学生“是什么”，通过对中医药文化的梳理，追溯中医药经络文化、诊疗文化、本草文化、养生文化等形成本源。其次，厘清中医的思想观点，引导学生思考“为什么”。要继承也要发展，取其精华，古为今用，要给受教育者以清晰的时代思考，要旗帜鲜明地传承中医药文化。最后，培养中医药思维，教会学生“怎么办”。在了解掌握并熟练运用中医药的基础上，提高中医药文化的影响力。

通识课程篇

人体的奥秘及健康保健

一、设计理念

2016 年 10 月 25 日，国务院印发《“健康中国 2030”规划纲要》，表明“健康中国”已正式上升为国家发展战略；党的十九大报告指出，“促进生育政策和相关经济社会政策配套衔接，加强人口发展战略研究”。加强人口发展战略研究的一个重要方面是立足我国人口和经济发展新阶段新任务，深入研究全面提升人口素质的相关战略问题，其中人口素质包括体能健康素质、智能科教素质、精神文明素质三个组成部分。

当今社会人们生活节奏较快，饮食结构不太合理，有的人没有时间吃早饭，有的人偏食挑食，有的人爱喝奶茶吃垃圾食品，加之不爱运动，久而久之人们的健康出现了问题，如高血压、高血脂、高血糖、动脉粥样硬化、肿瘤等。

为落实《卫生事业发展“十三五”规划纲要》提出的“加强全民健康教育，积极倡导健康生活方式”有关精神，提高全民健康意识和健康生活方式行为能力，有效控制心血管疾病、糖尿病、慢性呼吸道疾病、癌症等主要慢性病的产生，降低其危害程度，倡导全民健康生活方式，特设置本课程。

二、教学特点

随着社会的发展，人们对医学的企盼不仅是认识和祛除躯体疾患，更是提高对生存环境和社会环境的整体认识，预防疾病发生，改善身心活动，激发人体潜能，延缓衰老过程，以实现健康、长寿的目标，以便为个体、家庭和社会的保健，以及治疗疾病提供帮助，增进人类健康。

（1）创设民主和谐的学习气氛，激发学习兴趣，让学生真正成为学习的主人，具备合作精神，在各自不同的基础上都能得到提高。

（2）注重学生知识形成和探究过程中经验和方法的积累，学生初步学会自主学习，多采用动手、动脑、动口相结合，讨论、抢答等形式的学习，从周围情境中发现问题，并能用所学知识解决问题。

（3）课内与课外相结合，学生真正做到掌握并灵活运用所学知识。

衢州职业技术学院“人体的奥秘及健康保健”课程大纲

___***___学年度第__一__学期___***___专业（___***___班）

<table>
<tr><td>课程名称</td><td colspan="4">人体的奥秘及健康保健</td><td>课程代号</td><td></td></tr>
<tr><td>课程类型</td><td colspan="4">☑素质通识　□专业核心　□专业选修　□专业方向</td><td>授课教师</td><td>史红娟</td></tr>
<tr><td>修读方式</td><td colspan="4">□必修　□必选　☑选修</td><td>学分</td><td>6. 5</td></tr>
<tr><td>开课学期</td><td>第一学期</td><td colspan="2">总学时</td><td>97</td><td>实践学时</td><td>43</td></tr>
<tr><td>办公地点</td><td>907</td><td>课外答疑时间</td><td></td><td>联系方式</td><td colspan="2"></td></tr>
<tr><td>A
课程描述</td><td colspan="6">本课程系统介绍了人体形态的基本概念、基本理论和基本技能，通过学习，学生能熟悉人体各器官、系统主要形态结构，以及重要器官及系统常见疾病的形态变化，通过合作学习及运用显微镜、标本、模型，理解和认识人体形态及疾病的初步概念，并能关怀自己及他人的健康。</td></tr>
<tr><td>B
课程教学目标
（标注能力指标）</td><td colspan="6">1 知识
1. 1 B1
能在标本或模型上指出重要器官。C1
1. 2 熟悉重要器官、系统常见疾病的形态变化。C1
2 技能
2. 1 能熟练使用显微镜。D2
2. 2 能有效预防一些疾病的发生，及时地解决一些突发问题。F2
3 素质
3. 1 具备关怀自己健康的意识。B1
3. 2 具备关怀他人健康的意识。B2
3. 3 具备社会责任感和乐于助人的品质。A1
3. 4 初步养成团队协作意识。E2</td></tr>
</table>

1

续表

<table>
<tr><td>C
核心能力</td><td colspan="2">A. 尚德
弘毅</td><td colspan="2">B. 健康
关怀</td><td colspan="2">C. 专业
知识</td><td colspan="2">D. 熟用
技能</td><td colspan="2">E. 沟通
协作</td><td colspan="2">F. 问题
解决</td><td>备注</td></tr>
<tr><td rowspan="2">D
课程权重</td><td>A1</td><td>A2</td><td>B1</td><td>B2</td><td>C1</td><td>C2</td><td>D1</td><td>D2</td><td>E1</td><td>E2</td><td>F1</td><td>F2</td><td rowspan="2">合计 100%</td></tr>
<tr><td>10</td><td></td><td>20</td><td>10</td><td>20</td><td></td><td></td><td>10</td><td></td><td>15</td><td></td><td>15</td></tr>
<tr><td rowspan="2">E
学分数分配权重</td><td colspan="3">数学（信息或专业）
相关课程</td><td colspan="2">专业课程-
理论</td><td colspan="3">专业课程-
设计实作</td><td colspan="2">通识</td><td colspan="2">其他</td><td>合计</td></tr>
<tr><td colspan="3"></td><td colspan="2"></td><td colspan="3"></td><td colspan="2">1</td><td colspan="2"></td><td>1</td></tr>
<tr><td rowspan="11">F
教材内容
大纲</td><td colspan="8" rowspan="2">章节教材内容（能力指标）</td><td colspan="5">学时分配</td></tr>
<tr><td colspan="2">理论</td><td colspan="2">实践</td><td>合计</td></tr>
<tr><td colspan="8">1. 生男生女，谁决定？B1、C1</td><td colspan="2">4</td><td colspan="2">3</td><td>7</td></tr>
<tr><td colspan="8">2. 显微镜下的微观世界 D2</td><td colspan="2">4</td><td colspan="2">4</td><td>8</td></tr>
<tr><td colspan="8">3. 生命在于运动 B1、B2、C1、D2</td><td colspan="2">8</td><td colspan="2">9</td><td>17</td></tr>
<tr><td colspan="8">4. 误吞硬币历险记 C1、D2、E2、F2</td><td colspan="2">9</td><td colspan="2">5</td><td>14</td></tr>
<tr><td colspan="8">5. 人体“天然除尘器”B1、B2、C1、D2</td><td colspan="2">3</td><td colspan="2">3</td><td>6</td></tr>
<tr><td colspan="8">6. 喝一杯水如何形成尿？C1 D2</td><td colspan="2">2</td><td colspan="2">2</td><td>4</td></tr>
<tr><td colspan="8">7. 人体“发动机”A1、C1、D2、E2、F2</td><td colspan="2">8</td><td colspan="2">7</td><td>15</td></tr>
<tr><td colspan="8">8.“眼观六路　耳听八方”C1、D2</td><td colspan="2">2</td><td colspan="2">2</td><td>4</td></tr>
<tr><td colspan="8">9. 常见疾病及预防 B1、B2、C1、D2、F2</td><td colspan="2">14</td><td colspan="2">8</td><td>22</td></tr>
</table>

续表

<table>
<tr><td>G 课程要求</td><td colspan="5">课程实践、实习要求与能力要求</td></tr>
<tr><td>H
教学方式</td><td colspan="5">☑讲授 ☑讨论或座谈 □问题导向学习 ☑分组合作学习 □专题学习
□实作学习 发表学习 □实习 □参观访问 ☑其他（ ）</td></tr>
<tr><td rowspan="5">I
学习评价</td><td>成绩项目</td><td>配分</td><td>评价方式
（呼应能力指标）</td><td>细项配分</td><td>说明</td></tr>
<tr><td rowspan="2">平时成绩</td><td rowspan="2">25</td><td>实作评价（观察）
（E1）</td><td>课堂表现</td><td>认真听讲 5 分，回答提问 5 分，讨论分析 5 分（回答提问 5 次以上：5 分，4 次：4 分，3 次：3 分，2 次：2 分，1 次：1 分，0 次：0 分，讨论分析同上）</td></tr>
<tr><td>考勤评价</td><td>考勤</td><td>满勤 5 分，迟到或早退一次扣 0. 5 分，缺勤一次扣 1 分，以此类推。</td></tr>
<tr><td>期中成绩</td><td>30</td><td>终结性（C1）</td><td>项目学习</td><td>人体结构测试（纸笔测验），纸笔测验详见附件 1</td></tr>
<tr><td>期末成绩</td><td>45</td><td>终结性（F1）</td><td>45</td><td>案例分析、标本模型辨认及健康宣教，评价表（含评量标准）详见附件 2</td></tr>
<tr><td rowspan="2">J
进度表</td><td>次别</td><td colspan="3">单元名称与内容</td><td>能力指标代码</td></tr>
<tr><td>1</td><td colspan="3">单元一 生男生女，谁决定？
任务一：思考人从哪里来
任务二：介绍男性和女性身体不同之处
任务三：探讨怎样避免意外怀孕</td><td>B1、C1</td></tr>
</table>

续表

	次别	单元名称与内容	能力指标代码
J 进度表	2	单元二 显微镜下的微观世界 任务一：初步认识显微镜的构造 任务二：学会使用显微镜观察微观世界	D2
	3	单元三 生命在于运动 任务一：如何变成行走的衣服架？ 任务二：怎样拥有麒麟臂？ 任务三：腹肌、马甲线你值得拥有 任务四：如何锻炼出蜜桃臀？	B1、B2、C1、D2
	4	单元四 误吞硬币历险记 任务一：小孩误吞硬币后，经过哪些结构排出体外？ 任务二：如何理解“肝胆相照”？ 任务三：如何判断阑尾炎？	C1、D2、E2、F2
	5	单元五 人体“天然除尘器” 任务一：如何解释“一把鼻涕一把泪”？ 任务二：学习识别窒息并学习窒息解除手法	B1、B2、C1、D2
	6	单元六 喝一杯水如何形成尿？ 任务一：记录每天喝水量 任务二：记录每天排尿量 任务三：思考水是如何转变成尿液的	C1 D2 E2 F2

4

续表

	次别	单元名称与内容	能力指标代码
J 进度表	7	单元七 人体“发动机” 任务一：用手去触摸心脏的搏动点 任务二：理解日夜不停跳动的心脏是如何工作的 任务三：突发心脏骤停，我们该怎么做？	A1、C1、D2、E2、F2
	8	单元八“眼观六路　耳听八方” 任务一：思考：为什么美国人眼珠是蓝色，而我们中国人是棕色？ 任务二：探讨声波如何让我们产生听觉	C1、D2
	9	单元九 常见疾病及预防 任务一：乳房自查，预防乳腺癌 任务二：“胃”你好吗？如何预防胃癌？ 任务三：什么是高血压？如何预防？ 任务四：如何有效预防高血糖？哪些食物最低糖？ 任务五：重视哮喘，健康生活 任务六：珍惜爱，明白“艾”	B1、B2、C1、D2、F2
K 建议教材	《人体的奥秘与保健》. 卢洪煊主编. 浙江大学出版社，2005.		
L 参考书籍	《人体形态》. 余文富主编. 上海交通大学出版社，2015.		

5

续表

M 后续课程	“人体机能”“药物应用”
N 教学资源	多媒体课件、电子教案、名家演讲、影视视频、实训室等
O 注意事项	1. 本课程共 12 周学习时间 2. 本课程大纲进度表部分可根据教学需要进行调整
备注	

6

附件 1：

说明：本课程学习，使学生掌握人体形态的基本概念、基本理论和基本技能，建立人体结构的整体观、平衡观，用科学的思维方式全面理解和认识人体结构，考核上突出知识的应用及解决问题和分析问题的能力。

人体结构测试

序号	名称	名词解释（3 分）
1	胸骨角	
2	翼点	
3	静脉角	
4	椎间盘	
5	肝门	
6	肺门	
7	肾门	
8	麦氏点	
9	闰盘	
10	界线	
11	咽峡	
12	膀胱三角	
13	精索	
14	月经周期	
15	颈动脉窦	
16	胸导管	
17	高血压	
18	贫血	
19	血栓形成	
20	心理卫生	

续表

21. 膈肌上的三个裂孔名称、位置及通过结构？（9 分） ①主动脉裂孔：在第 12 胸椎前方，位于左右两个膈脚与脊柱之间，有主动脉和胸导管通过。（3 分） ②食管裂孔：在主动脉裂孔的左前上方，约在第 10 胸椎水平，有食管和迷走神经通过。（3 分） ③腔静脉孔：在食管裂孔的右前上方的中心腱内，约在第 8 胸椎水平，内通过下腔静脉。（3 分）
22. 简述肩关节的构成、运动特点和运动？（9 分） ①组成：由肱骨头与肩胛骨的关节盂构成，是典型的球窝关节。（2 分） ②特点：关节盂小而浅，边缘附有盂唇；关节囊薄而松弛，囊内有肱二头肌长头腱通过；关节囊外有喙肱韧带、喙肩韧带及肌腱加强其稳固性，唯有囊下部无韧带和肌加强，最为薄弱。（4 分） ③运动：肩关节可以完成七种动作：屈、伸、外展、内收、外旋、内旋、环转。（3 分）
23. 说出胆汁的产生及排出途径？（11 分） 肝细胞产生胆汁 ①正常状态：肝细胞胆汁→肝左、右管→肝总管→胆囊管→胆囊。（5 分） ②进食状态：胆囊收缩，胆囊里的胆汁→胆囊管→胆总管→肝胰壶腹→十二指肠大乳头→十二指肠肠腔。（6 分）
24. 一幼儿误食一分硬币后，过两天在粪便中发现，请按顺序写出该硬币经过哪些器官排出体外？（11 分） 口腔→咽→食管→胃→十二指肠→空肠→回肠→盲肠→结肠→直肠→肛管。（11 分） 注意：虽然阑尾是消化管的组成部分，但食物正常情况下是不经过阑尾的。

附件 2：

《人体的奥秘与保健》
案例分析、标本模型辨认及健康宣教评价表

学生以小组为单位（6 人/组）分工协作，利用标本、模型、数字人、3D 软件、网络等资源，完成案例分析、标本模型辨认及健康宣教。

作业要求：

情景模拟生动形象，案例分析深入到位。

会准确辨别重要结构。

形式多样，内容简洁，图文并茂。

一、评量目标

案例分析

标本模型辨认

健康宣教

二、评量标准

根据学生在汇报时，对实训态度、小组合作及形象方面的要求，按照评量标准，教师给予评量。

附表 1 学生分组实操评量表

评量要项	评量结果	评语与建议
案例分析（任选其一） 案例 1：某病人要进行腰椎穿刺，针头分别要经过哪些结构？ 案例 2：一同学想锻炼胸大肌和腹直肌，请根据所学知识设计锻炼方法。 案例 3：一位顾客在理发店理发时感觉颈部的围裙系得比较紧，转动了几下脖子后突然晕倒在地不省人事，解开围裙后平躺了几分钟自行恢复，请解释机理。 案例 4：男性，20 岁。上唇生有化脓性疖子一周，两天前挤过脓，现全身不适，头痛、恶心、呕吐、腹泻、腹胀、烦躁，脉搏细快、呼吸急促，突然剧烈寒战后出现高热。测体温 40.8℃，白细胞 22×109，中性粒细胞 96%。诊断：菌血症。请思考：危险三角区是如何构成的。 案例 5：张某某，女，20 岁，因和男朋友分手，一时想不开，服有机磷农药自杀，被同学发现及时送医院急诊室抢救，医生护士立刻进行洗胃抢救……你知道洗胃要插什么管吗？从哪里插？管道依次经过哪些器官才能到胃？		
标本模型辨认 1. 能在解剖标本、模型上指出正常的人体解剖结构，能在活体上判断常用的骨性、肌性标志。（50 分） 2. 能正确使用光学显微镜，会观察正常组织结构，会观察常见病理组织切片。（30 分） 3. 会科学、规范描述学习（工作）中所观察到的人体形态改变现象。（20 分）		
健康宣教（任选其一） 1. 乳腺健康宣教。 2. 胃癌健康宣教。 3. 高血压健康宣教。 4. 糖尿病健康宣教。 5. 哮喘健康宣教。 6. 艾滋病健康宣教。		
总评		总分：

附表 2 学生分组实操评量规准

符号 向度	A	B	C	D	E
1. 实训态度（20 分）	工作主动，参与积极	工作比较主动，参与比较积极	工作基本主动，基本积极参与	工作不太主动，不太积极参与	工作不主动，不积极参与
2. 小组合作（50 分）	组内优化方案质量高，分工合宜，合作意识好，完成任务效率高	（1）分工合宜 （2）互助合作 （3）按时达成任务但速度较慢	（1）分工较合宜 （2）互助合作 （3）按时达成任务但速度较慢	（1）分工较合宜 （2）互助合作 （3）工作效率较低，没有按时达成任务	（1）分工不合宜 （2）没有互助合作 （3）没有按时达成任务
3. 形象（15 分）	表情运用准确，举止得体，语言清晰，有感染力	表情运用较准确，举止较得体	表情运用基本准确，语言清晰	举止基本得体，语言基本清晰	举止不得体，语言不清晰
4. PPT 制作（15 分）	内容简洁，图文并茂	内容较简洁，较图文并茂	内容简洁，图文并茂基本达到	内容不够简洁，图文结合不够	图片少，文字太多
注：各项目之 A、B、C、D、E 依据占配分的 100%、90%、60%、30%、0%。					

衢州职业技术学院单元教学活动设计

分院	医学院	专业	人体解剖与组织胚胎学	设计者	史红娟
科目名称	人体的奥秘与保健	学年	＊＊＊	学期	1
授课类型	□理论型　☑理实一体型　□实践型				
单元名称	人体“发动机”	班级	＊＊＊	人数	40
教材来源	人体的奥秘与保健. 卢洪煊主编. 浙江大学出版社，2005.	授课学时	2		
学生学习条件分析	1. 起点分析 学生能辨别心脏的位置。 2. 重点分析 加强学生对心脏的室腔结构和功能的学习。 3. 难点分析 心脏瓣膜开闭与血流方向的关系。				
教学方法手段	1. 教学方法（学习方法） 讲授法、分组讨论法。 2. 教学手段 多媒体。				
教学资源	个人资源：教材、PPT、标本、模型、数字人、3D 软件 学校资源：超星慕课平台 本课程主要学习网站 http：//course. zju. edu. cn/rtjpx/jxpt/（浙江大学医学院人体解剖学网站） http：//jpx. nbu. edu. cn/（宁波大学医学院人体解剖学网站）				
能力指标	能够叙述心脏的血流以及瓣膜开闭情况。				
教学目标	知识 1. 掌握心的位置、心尖冲动位置、三尖瓣和二尖瓣的结构及功能、心的四个室腔的通连关系。 2. 熟悉心的表面解剖、主动脉瓣和肺动脉瓣的功能。 能力 3. 能在标本或模型上指出心的位置。 4. 能在标本或模型上辨认心的外形与内部结构。 素质 5. 小组合作，养成团队协作精神。 6. 加强体育锻炼，增强心肺功能。				

续表

教师课前准备	研究和准备教学内容、准备教具（课件、模型、手机微信关注超星课堂、雨课堂）与教学媒体
学生课前准备	1. 回顾体循环和肺循环的知识要点。 2. 登陆超星平台观看教学视频。
活动历程	3. 准备活动：分组准备；服装准备；模型准备。(5 分钟) 发展活动： 教师导入新课。(40 分钟) ①汽车能够爬上很陡很长的台阶，因为有动力，它的动力来源于什么呢？由此引入人的动力泵——心脏 想一想：心脏骤停如何使其恢复跳动呢？ 外行看热闹，内行看门道；学以致用； ②心脏的位置：用手感觉心脏的跳动，引出心脏的具体位置，观看人体解剖图； ③心脏的外形： 心中有个大桃子，拳头大小差不多； 一尖，一底，两面，三缘，四沟； ④心脏的室腔：右心房，右心室，左心房，左心室。 学生分成六个小组，每组八人（讨论汇报 30 分钟） 每小组实训准备内容如下： 第一小组　心的位置 借助标本模型和活体触摸，能够归纳出心的准确位置。 第二小组　心的外形 能够总结归纳一尖、一底、两面、三缘、四沟。 第三小组　右心房 能够找出三个入口、一个出口、三尖瓣复合体、卵圆窝等内部结构。 第四小组　右心室 能够找出一个个入口、一个出口、肺动脉瓣等内部结构。 第五小组左心房 能够找出四个入口、一个出口、二尖瓣复合体等内部结构。 第六小组左心室 能够找出一个入口、一个出口、主动脉瓣等内部结构。 汇报：可借助 PPT、标本模型、数字人等形式进行汇报，每组汇报 3 分钟。 学习难点：四个腔室的内部结构。 整合活动： 讨论小组的汇报情况。(10 分钟) ①根据之前各组的总结汇报，小组间互评。 ②在学生每组汇报后，教师根据学生讲述的内容，及时指出问题并纠正指导，帮助学生更深地掌握知识要点。 4. 教师对各小组表现作总评，解答讨论中未解决的疑难问题，并对其他注意事项作补充辅导。(5 分钟)

续表

学习评量	单元 100 分，如何评分：考勤 20%+课堂讨论 20%+小组分析总结 60% 汇报总结评价表见附件 3
课后作业	1. 比一比：心脏绘图。 2. 想一想：心脏如此重要，怎样进行心脏保健呢？以小组为单位，制作一份心脏保健的宣传片。 3. 利用超星平台预习下次课的内容。
教学后记	1. 能力目标达成度：绝大多数人掌握了心脏如何工作的能力。 2. 省思学习内容：通过教学活动和学生学习成效反映，本单元教学设计的学习内容较合理。 3. 学生学习表现：多数学生主动参与学习，小组合作意识较强，有少数学生不积极。 4. 学习方法：本单元采用分组讨论法及自主学习法，能够激发学习兴趣，培养小组合作意识。

附件3：

小组分析总结评价表

学生分组实操评量规准					
符号向度	A	B	C	D	E
分析内容30分)	理论掌握扎实，标本指认准确，能熟练演示	理论掌握扎实，标本指认准确	理论掌握扎实，标本指认一般	理论掌握不强，标本指认一般	理论掌握不强，标本指认不好
理论					
标本指认					
实训态度（10分）	主动，参与积极	比较主动，参与比较积极	基本主动，基本积极参与	不太主动，不太积极参与	不主动，不积极参与
小组合作（20分）	（1）分工合宜 （2）互助合作 （3）完成任务效率高	（1）分工合宜 （2）互助合作 （3）按时达成任务但速度较慢	（1）分工较合宜 （2）互助合作 （3）按时达成任务但速度较慢	（1）分工较合宜 （2）互助合作 （3）工作效率较低，没有按时达成任务	（1）分工不合宜 （2）没有互助合作 （3）没有按时达成任务
注：各项目之A、B、C、D、E依据占配分的100%、90%、60%、30%、0%。					

文学与人生

一、设计理念

文化自信是指一个民族、一个国家对自身文化价值的充分肯定和积极践行，并对其文化的生命力持有的坚定信心。

党的十八大以来，习近平总书记多次谈到中国传统文化，表达了自己对传统文化、传统思想价值体系的认同与尊崇。2015 年 5 月 4 日，他与北京大学学子座谈时提到核心价值观和文化自信。在国内外不同场合的活动与讲话中，习总书记展现了中国政府与人民的精神志气，提振了中华民族的文化自信。他指出："我们要坚持道路自信、理论自信、制度自信，最根本的还有一个文化自信。"我们有博大精深的优秀传统文化，它能"增强做中国人的骨气和底气"，是我们最深厚的文化软实力，是我们文化发展的母体，积淀着中华民族最深沉的精神追求。诸如"自强不息"的奋斗精神，"奋其智能，愿为辅弼，使寰区大定，海县清一"的报国情怀，"先天下之忧而忧，后天下之乐而乐"的忧乐观，"路漫漫其修远兮，吾将上下而求索"的探索精神，"达则兼济天下，穷则独善其身"的人格追求，"己所不欲，勿施于人"的处世之道等，一直是中华民族奋发进取的精神动力。正如习近平总书记所说，中国传统思想文化"体现着中华民族世世代代在生产生活中形成和传承的世界观、人生观、价值观、审美观等"。

高尔基认为："文学即人学"，文学是文化的艺术表达。自它诞生起，就与人的关系十分密切，并影响着人的一生。文学经典以丰富的思想内涵和深厚的人文底蕴培养情怀、锻造人格，以超凡的人格魅力和良好的道德规范为学生树立标杆。经典作品在人们满足审美体验的同时，其丰富的思想内涵往往成为人的情感皈依，所以阅读经典作品能净化心灵、提升人生境界。

立德树人，高职教育理应引导学生在阅读文学经典中探索人生目标，坚定奋斗信念，增进身心健康。在阅读经典的过程中感受和学习古人所拥有的忠诚、自信、乐观、进取等美好品德。

汇聚古代文学家的智慧，研习他们追求人格完善、实现人生价值的心路旅程，将对高职生健康人格的培育和积极人生观的形成产生不可限量的影响。

二、教学特色

“读万卷书，行万里路。”我国自古就有游学的传统。诸如孔子为实现自己的政治理论而周游列国，司马迁为完成《史记》而遍访民间，李白辞亲去国、仗剑远游，这样的例子不胜枚举。

2013 年国务院发布《国民休闲旅游纲要（2013—2020 年）》，提出要在中小学逐步推行研学旅行。2016 年教育部等 11 部门又联合发布《关于推进中小学生研学旅行的意见》，研学旅行刚刚在我国兴起。

由于研学旅行在我国现阶段的中小学并未全面实施，相当多的大学生并没有接受过研学教育，因此有必要在大学阶段补上这一课。这对大学生走上社会、适应社会极其重要。

语文与生活外延相等。将研学融入文学课，是本课程教学的一大特色。通过研学，充分利用衢州作为国家历史文化名城所拥有的人文资源，丰富教学内容，实现理论与实践、课内与课外有效衔接，从而激发学生学习文学经典的热情。

衢州职业技术学院文学与人生课程大纲

________学年度第___学期___○○___专业（○○班）

<table>
<tr><td>课程名称</td><td colspan="8">文学与人生</td><td colspan="3">课程代号</td><td colspan="2"></td></tr>
<tr><td>课程类型</td><td colspan="8">☑素质通识 □专业核心 □专业选修 □专业方向</td><td colspan="3">授课教师</td><td colspan="2">姚江红</td></tr>
<tr><td>修读方式</td><td colspan="8">□必修 ☑必选 □选修</td><td colspan="3">学分</td><td colspan="2">2</td></tr>
<tr><td>开课学期</td><td colspan="3"></td><td colspan="3">总学时 32</td><td colspan="2"></td><td colspan="3">实践学时</td><td colspan="2">12</td></tr>
<tr><td>办公地点</td><td colspan="3">813</td><td colspan="3">课外答疑时间</td><td colspan="2">周三下午
3：00—4：30</td><td colspan="3">联系方式</td><td colspan="2"></td></tr>
<tr><td>A
课程描述</td><td colspan="13">本课程以儒释道基本思想为依据，通过阅读经典作品、研学交流、PPT 汇报和小组讨论等活动形式，让学生能撰写鉴赏文章，运用儒释道基本思想解决生活中常见问题，具备社会责任感和自我管理意识，提升沟通协作能力，并养成乐观、坚毅的人生态度。</td></tr>
<tr><td>B
课程教学目标</td><td colspan="13">1 知识
1. 1 了解儒释道的基本思想。C1
2 技能
2. 1 能阅读文学经典作品；D1
2. 2 能写出鉴赏文章；D2
2. 3 能运用儒释道基本思想解决生活中常见问题。F2
3 素质
3. 1 身心健康，具备自我管理的素养；B1
3. 2 具备社会责任感和乐观、坚毅的人生态度；A1A2
3. 3 具备良好的沟通协作精神。E1 E2</td></tr>
<tr><td>C
核心能力</td><td colspan="2">A. 尚德弘毅</td><td colspan="2">B. 健康关怀</td><td colspan="2">C. 专业知识</td><td colspan="2">D. 熟用技能</td><td colspan="2">E. 沟通协作</td><td colspan="2">F. 问题解决</td><td>备注</td></tr>
<tr><td rowspan="2">D
课程权重</td><td>A1</td><td>A2</td><td>B1</td><td>B2</td><td>C1</td><td>C2</td><td>D1</td><td>D2</td><td>E1</td><td>E2</td><td>F1</td><td>F2</td><td rowspan="2">合计
100%</td></tr>
<tr><td>10</td><td>10</td><td>15</td><td></td><td>10</td><td></td><td>10</td><td>10</td><td>10</td><td>10</td><td></td><td>15</td></tr>
</table>

续表

<table>
<tr><td rowspan="2">E
学分数
分配权重</td><td>数学（信息或专业）相关课程</td><td>专业课程-理论</td><td>专业课程-设计实作</td><td>通识</td><td>其他</td><td>合计</td></tr>
<tr><td></td><td></td><td></td><td>100%</td><td></td><td>100%</td></tr>
<tr><td rowspan="8">F
教材内容
大纲</td><td colspan="3" rowspan="2">章节教材内容（能力指标）</td><td colspan="3">学时分配</td></tr>
<tr><td>理论</td><td>实践</td><td>合计</td></tr>
<tr><td colspan="3"></td><td>1</td><td>2</td><td>3</td></tr>
<tr><td colspan="3">单元一　文学欣赏方法　C1、D2
结合作品，从立意和选材、创意和构思、主旨和意蕴、手法和风格、意境和意象、语言和修辞、音韵和格律等方面对作品进行鉴赏，感悟作品魅力。</td><td>3</td><td>3</td><td>6</td></tr>
<tr><td colspan="3">单元二　南孔与儒家精神　A1、A2、B1
《论语》与学业规划　B1
参观南孔家庙，记录与《论语》相关的故事和语句，在撰写学业规划中准确、熟练地引用。
结合屈原《离骚》（“路漫漫其修远兮，吾将上下而求索”）、李白作品（理想“愿为辅弼，使寰区大定，海县清一”）、范仲淹《岳阳楼记》（“先天下之忧而忧，后天下之乐而乐”），领会儒家经世致用、积极进取的精神。　A1、A2</td><td>8</td><td>4</td><td>12</td></tr>
<tr><td colspan="3">单元三　烂柯寻“仙”问“道”　C1、D1
1. 道教与道家
游览烂柯山，说说“道”“无为”等的基本含义。C1
2. 诗仙李白与“酒”
3. 苏、辛的豪放派词，领悟潇洒不羁、追求精神自由的人生哲学　D1</td><td>4</td><td>2</td><td>6</td></tr>
<tr><td colspan="3">单元四　天宁寺与禅宗　C1、D1
1. 天宁寺与禅宗　C1
游览天宁寺，理解《六祖坛经》基本教义。
2. 禅宗文化的影响　C1
了解禅宗对哲学、艺术、生活等方面的影响。
3. 王维禅诗赏析　D1
结合王维的禅诗，领悟禅宗的智慧。</td><td>3</td><td>1</td><td>4</td></tr>
<tr><td></td><td colspan="3"></td><td></td><td></td><td></td></tr>
</table>

续表

<table>
<tr><td rowspan="3">F
教材内容
大纲</td><td colspan="4" rowspan="2">章节教材内容（能力指标）</td><td colspan="3">学时分配</td></tr>
<tr><td>理论</td><td>实践</td><td>合计</td></tr>
<tr><td colspan="4">单元五 东坡美食与苏轼人生　E1、E2、F2
苏轼与美食　E1、E2
1. PPT 介绍东坡美食（东坡肉、东坡肘子、东坡豆腐等）及来历。
2. 小组讨论：联系自己生活中遇到的挫折，结合《赤壁赋》，谈谈如何面对人生中的逆境。　F2
3. 苏轼述评：写一篇述评，阐明你喜欢苏轼身上哪些人格特点。　F2</td><td>2</td><td>2</td><td>4</td></tr>
<tr><td>课程要求</td><td colspan="7">课程实践、实习要求与能力要求</td></tr>
<tr><td>H
教学方式</td><td colspan="7">☑讲授　☑讨论或座谈　□问题导向学习　☑分组合作学习　□专题学习　☑实做学习　发表学习　□实习　☑参观访问　□其他（情景模拟、角色扮演等）</td></tr>
<tr><td rowspan="6">I
学习评价</td><td>成绩项目</td><td>配分</td><td>评价方式
（呼应能力指标）</td><td>细项配分</td><td colspan="3">说　明</td></tr>
<tr><td rowspan="3">平时成绩</td><td rowspan="3">50</td><td rowspan="3">口语评量
（E1、E2、F2）</td><td>10</td><td colspan="3">到课 100%（5 分）（迟到或早退一次扣 0.5 分，缺课一次扣 1 分）；课堂表现满意度 100%（5 分）（较满意一次扣 0.5 分，不满意一次扣 1 分）。</td></tr>
<tr><td>25</td><td colspan="3">研学成果交流（25 分），具体评量按照附件 1 中评量表及评量规准打分。</td></tr>
<tr><td>15</td><td colspan="3">学业规划撰写（15 分），具体评量按照附件 2 中评量表及评量规准打分。</td></tr>
<tr><td>期中成绩</td><td>35</td><td>实作风量
（B1、D1、D2）</td><td>35</td><td colspan="3">文学鉴赏及写作（20 分），具体评量按照附件 3 中评量表及评量规准打分；小组讨论与汇报（10 分），具体评量按照附件 4 中评量表及评量规准打分。</td></tr>
<tr><td>期末成绩</td><td>15</td><td>实作风量
（A1、A2、F2）</td><td>15</td><td colspan="3">苏轼述评，具体评量按照附件 5 中评量表及评量规准打分，并按比例折合计算计入最终成绩。</td></tr>
</table>

续表

	单元名称与内容	能力指标代码
J 进度表	单元一　文学欣赏方法	D1、D2
	任务 1. 文学经典的语言 ①分析修辞的运用②指出韵脚③分析格律	D1、D2
	任务 2. 文学经典的选材与立意 ①找出意象 ②领会意境 ③概括主旨和意蕴	D1、D2
	任务 3. 文学创作手法与风格	D1、D2
	单元二　南孔与儒家精神	C1、A1 A2、B1
	任务 1. 理解《论语》中儒家的基本精神	C1
	任务 2. 在学业规划撰写中熟练自然地引用《论语》	B1
	任务 3. 结合屈原、李白、范仲淹作品，理解儒家经世致用、积极进取的人生态度	A1、A2
	单元三　烂柯寻“仙”问“道”	C1、D1
	任务 1. 游览烂柯山，说说对“道”“自然”的理解	C1
	任务 2. 赏析李白与酒有关的作品	D1
	任务 3. 赏析苏、辛的豪放派词	D1
	单元四　天宁寺与禅宗	C1、D1
	任务 1. 浏览天宁寺，理解禅宗基本教义	C1
	任务 2. 说说禅宗对我们的影响	C1
	任务 3. 欣赏王维禅诗	D1
	单元五　东坡美食与苏轼人生	E1、E2、 F2
	任务 1. 小组讨论与汇报：联系自己生活中遇到的挫折，结合《赤壁赋》，谈谈如何面对人生中的逆境。	E1、E2、 F2
	任务 2. 苏轼述评：写一篇述评，阐明你喜欢苏轼身上哪些人格特点。	F2

续表

K 建议教材	自编教材
L 参考书籍	大学语文，华东师范大学出版社，2001 文学与人生，南京大学出版社，2010
M 先修课程	高中语文课程
N 教学资源	多媒体课件、电子教案、本地旅游景点、纪录片及相关视频等
O 注意事项	
备注： 1. 课程大纲 A—G 项由所在部门和相关课程委员会编写并审核通过，教师不能自行更改； 2. 本课程大纲 H—P 项同一课程不同授课教师应协同讨论研究达成共同核心内涵，教师不宜自行更改； 3. 评价方式，可参酌下列方式 （1）纸笔测验：小考、期中纸笔测验、期末纸笔测验 （2）实作风量：作业、实作成品、日常表现、表演、观察、轶事记录 （3）档案评量：书面报告、专题档案 （4）口语评量：口头报告、口试	

“游南孔，学《论语》”研学成果交流

组织学生参观衢州市区新桥街南孔家庙。

一、研学背景

衢州是孔子的第二故乡，这里有孔氏家庙——东南阙里，作为有文化的中国人，大学生有必要了解学校所在地的人文地理。北宋末年，金兵南侵，宋高宗赵构仓促南渡，建都临安，孔子第48代裔孙孔端友，负着孔子和孔子夫人的楷木像，离开山东曲阜，南迁至此，后建孔氏家庙，即南孔。

二、研学目的

为增进学生对衢州南孔的认识，激发学生阅读《论语》的兴趣，通过了解“孔洙让爵”后南孔一支艰苦发展历程，加深对儒家安贫乐道、积极进取精神的理解，组织本次主题研学活动。

三、研学准备

做好动员，安全教育，布置任务，有序进入。

阅读书籍：钱穆《论语新解》、李泽厚《论语今读》。

查阅资料：从网络搜集与南孔相关的资料。

提前与景点取得联系，安排好讲解员。

四、活动流程

购买门票——进入景区——观看南孔历史短片、听取讲解——学生提问——游览、记录

路线：孔庙大门—大成门—大成殿—五支祠—袭封祠—六代公爵祠—思鲁阁—两庑

旅行过程中，指导学生撰写研学报告。报告包括研学背景、研学目的、研

学内容、体验与反思等四部分。

五、研学总结

组织学生分享研学心得，举行 PPT 研学成果交流会。

附件 1：

一、评量目标

1.1 了解儒释道的基本思想。C1

3.3 具备良好的沟通协作精神。E1 E2

二、评量标准

附表 1

“游南孔 学《论语》”研学报告评量表

符号	A	B	C	D	E
(1) 研学背景（20 分）	充分了解南孔历史及儒家基本思想（20）	了解南孔历史及儒家基本思想（15）	基本了解南孔历史及儒家基本思想（10）	南孔历史及儒家基本思想了解少（5）	缺席（0）
(2) 研学目的（20 分）	目的明确（20）	目的较明确（15）	目的基本明确（10）	目的欠明确（5）	缺席（0）
(3) 研学内容（20 分）	具体，介绍有条理（20）	较具体，介绍较有条理（15）	具体，介绍基本有条理（10）	不够具体，介绍条理不清（5）	缺席（0）
(4) 体验与反思（40 分）	真切、丰富，联系自身实际紧密（20）	较真切、丰富，联系自身实际较紧密（15）	基本真切、丰富，有联系自身实际（10）	不够真切、丰富，未联系自身实际（5）	缺席（0）

附表 2 “游南孔 学《论语》”研学成果交流会评量表

姓名：	班别：	学号：	评量教师：
各位同学： 请针对下列评量项目并参照“评量标准”，于自评字段打“A、B、C、D、E”其中一项后，再请老师复评。 单次评量总分 100 分。			

评量要项	自评与老师复评（A 至 E）	
	自评	老师
（1）内容（30 分）		
（2）表达（30 分）		
（3）仪态（20 分）		
（4）整体效果（20 分）		
（5）合计（100 分）		

附表 3　研学成果交流评量规准

符号	A	B	C	D	E
（1）内容（20 分）	充分结合儒家基本思想（20）	结合儒家基本思想（15）	基本结合儒家基本思想（10）	结合儒家基本思想少（5）	缺席（0）
（2）表达（20 分）	用语规范；节奏合理，表达流畅；表现力强，有感染力；思维敏捷，应变力强（20）	用语规范；表现力强，有感染力（15）	用语规范或表现力欠佳（10）	用语规范或表现力均欠佳（5）	缺席（0）
（3）仪态（20 分）	仪态大方，动作适度；表情自然；情声协调（20）	仪态大方、情声协调（15）	动作适度、表情自然（10）	仪态、动作、表情均欠佳（5）	缺席（0）
（4）整体效果（20 分）	话语自然，表现力强；举止得体；整体和谐（20）	话语自然，表现力强（15）	举止得体，整体和谐（10）	话语、表现力、举止均欠佳（5）	缺席（0）
（5）课件制作（20 分）	形式活泼，美观大方，图文并茂（20）	美观大方，图文并茂（15）	文字清晰（10）	文字密集、排版无序（5）	文字错乱（0）

附件 2：

“我的学业规划”评量规准

学生结合南孔家庙研学经历及《论语》摘要学习，引经据典，撰写一份《我的学业规划》。

作业要求：

学习目标明确、措施具体、步骤清晰、结构有条理、格式规范，引用准确、具体、贴切。

一、评量目标

1.1 了解儒释道的基本思想。C1

3.1 身心健康、具备自我管理的素养。B1

二、评量标准

项目 等级	目 标 （30 分）	措 施 （30 分）	步 骤 （10 分）	结 构 （10 分）	格 式 （10 分）	《论语》引用 （10 分）
A 100%	目标明确 （30 分）	措施具体 （30 分）	步骤清晰 （10 分）	结构分明 （10 分）	格式规范 （10 分）	准确、具体、贴切（10 分）
B 80%	目标较明确 （24 分）	措施较具体 （24 分）	步骤 较清晰 （8 分）	结构较分明 （8 分）	格式较规范 （8 分）	比较准确具体、贴切 （8 分）
C 70%	目标基本明确 （21 分）	措施基本具体 （21 分）	步骤 基本清晰 （7 分）	结构基本分明 （7 分）	格式基本规范 （7 分）	基本准确具体、贴切 （7 分）
D 60%	目标欠明确 （18 分）	措施欠具体 （18 分）	步骤 欠清晰 （6 分）	结构欠分明 （6 分）	格式欠规范 （6 分）	不够准确具体、贴切 （6 分）
E 40%	主题不明确 （21 分）	措施不具体（21 分）	步骤不清晰（7 分）	结构不分明 （7 分）	格式不规范 （7 分）	不准确、具体、贴切（4 分）

附件 3:

《离骚》鉴赏评量规准

学生根据文学鉴赏相关知识和方法，撰写一篇屈原《离骚》的鉴赏文章。

作业要求:

1. 标题简洁、醒目
2. 角度集中
3. 观点鲜明、独到
4. 结构完整
5. 引用准确贴切
6. 论证严密、说服力强
7. 鉴赏用语准确简练

一、评量目标

2.1 能阅读文学经典作品；D1

2.2 能写出鉴赏文章。D2

二、评量标准

项目 等级	标题	鉴赏用语	写作角度	观点	引例	论证	结构
A 100%	简洁、醒目	准确、简练	集中	鲜明、独到	引用语句准确、贴切	逻辑严密有理有力	完整
B 90%	比较简洁、醒目	比较准确、简练	比较集中	比较鲜明、独到	引用语句比较准确、贴切	逻辑比较严密、有理有力	比较完整

续表

项目 等级	标题	鉴赏用语	写作角度	观点	引例	论证	结构
C 70%	基本简洁、醒目	基本准确、简练	基本集中	基本达到鲜明、独到	引用语句基本做到准确、贴切	基本达到逻辑严密有理有力	基本完整
D 60%	不够简洁、醒目	不够准确、简练	不够集中	不够鲜明、独到	引用语句不够准确、贴切	逻辑不够严密有理有力	不够完整
E 40%	不简洁、醒目	不准确、简练	不集中	不鲜明、独到	引用语句不准确具体、贴切	逻辑不严密、不有理有力	不完整

附件 4：

“如何面对人生挫折”小组讨论与汇报评量规准

根据自己亲身体验，说说到今天为止你都经历过哪些人生挫折（如高考失利等），你当时是怎么处理的？从苏轼人生和作品中，你获得了哪些启示？

要求：

1. 以小组为单位（5~8 人 1 组），组长主持讨论，1 人做记录；
2. 明确问题，从苏轼人生经历中受到启发，寻找面对挫折的解决办法；
3. 组长对组员参与讨论情况作评量，并将讨论结果通过汇报进行组间交流。

一、评量目标

2.3 能运用儒释道基本思想解决生活中常见问题。F2

3.3 具备良好的沟通协作精神。E1 E2

二、评量标准

根据学生在汇报时，对实训态度、小组合作及形象方面的要求，按照评量标准，教师给予评量。

符号	A	B	C	D	E
（1）发现问题（20 分）	明确说出自身存在的问题（20）	较明确说出自身存在的问题（15）	基本明确说出自身存在的问题（10）	对自身存在的问题欠明确（5）	对自身存在的问题不明确（0）
（2）分析问题（20 分）	准确找出产生问题的原因（20）	较准确找出产生问题的原因（15）	基本准确找出产生问题的原因（10）	对产生问题的原因模糊（5）	缺席（0）

续表

符号	A	B	C	D	E
(3) 解决问题(20分)	思路清晰，操作性强(20)	思路较清晰，操作性较强（15）	思路基本清晰，有可操作性（10）	思路欠清晰，操作性不够强5）	缺席（0）
(4) 仪态(20分)	仪态大方，动作适度；表情自然；情声协调(20)	仪态大方、情声协调(15)	动作适度、表情自然(10)	仪态、动作、表情均欠佳（5）	缺席（0）
(5) 整体效果（20分）	话语自然，表现力强；举止得体；整体和谐(20)	话语自然，表现力强(15)	举止得体，整体和谐(10)	话语、表现力、举止均欠佳（5）	缺席（0）

附表2 小组汇报评量规准

小组汇报——实作过程					
符号 向度	A	B	C	D	E
(1) 实训态度(20分)	工作主动，参与积极	工作比较主动，参与比较积极	工作基本主动，基本积极参与	工作不太主动，不太积极参与	工作不主动，不积极参与
(2) 小组合作(30分)	组内优化方案质量高，分工合宜，合作意识好，完成任务效率高	分工合宜，互助合作，按时达成任务但速度较慢	分工较合宜，互助合作，按时达成任务但速度较慢	分工较合宜，互助合作，工作效率较慢，没有按时达成任务	分工不合宜，没有互助合作，没有按时达成任务

续表

符号 向度	A	B	C	D	E
(3) 汇报内容 (35分)	具体、有条理，观点新颖	比较具体、有条理，观点较新颖	基本具体、有条理，观点新颖	不太具体、有条理，观点不够新颖	不具体、无条理，人云亦云
(4) 形象 (15分)	表情运用准确，举止得体，语言清晰，有感染力	表情运用较准确，举止较得体	表情运用基本准确，语言清晰	举止基本得体，语言基本清晰	举止不得体，语言不清晰
注：各项目之A、B、C、D、E依据占配分的100%、90%、60%、30%、0%。					

附件 5

“苏轼述评”评量规准

写一篇述评，阐明你喜欢苏轼身上哪些人格特点。

作业要求：

结合苏轼人生经历，引用《赤壁赋》等作品的语句，论证要有说服力。

一、评量目标

2.3 能运用儒释道基本思想解决生活中常见问题。F2

二、评量标准

项目 等级	标题	写作角度	观点	引例	论证	结构
A 100%	简洁、醒目	集中	鲜明、独到	引用语句准确、具体、贴切	逻辑严密有理有力	完整
B 90%	比较简洁、醒目	比较集中	比较鲜明、独到	引用语句比较准确、具体、贴切	逻辑比较严密、有理有力	比较完整
C 70%	基本简洁、醒目	基本集中	基本鲜明、独到	引用语句基本做到准确、具体、贴切	基本达到逻辑严密、有理有力	基本完整
D 60%	不够简洁、醒目	不够集中	不够鲜明、独到	引用语句不够准确、具体、贴切	逻辑不够严密、有理有力	不够完整
E 40%	不简洁、醒目	不集中	不鲜明、独到	引用语句不准确、具体、贴切	逻辑不严密、不有理有力	不完整

附件 6

衢州职业技术学院单元教学活动设计

<table>
<tr><td colspan="7">衢州职业技术学院单元教学活动设计</td></tr>
<tr><td>二级学院</td><td></td><td>专业</td><td></td><td>设计者</td><td colspan="2">姚江红</td></tr>
<tr><td>科目名称</td><td colspan="2">文学与人生</td><td>学年</td><td></td><td>学期</td><td></td></tr>
<tr><td>授课类型</td><td colspan="6">□理论型　☑理实一体型　□实践型</td></tr>
<tr><td>单元名称</td><td colspan="2">东坡美食与苏轼人生</td><td>班级</td><td></td><td>人数</td><td></td></tr>
<tr><td>教材来源</td><td colspan="2">自编教材</td><td colspan="3">授课学时</td><td>2</td></tr>
<tr><td>学生学习条件分析</td><td colspan="6">1. 起点分析
（1）具备文学阅读与欣赏的基本技能。
（2）具备自主学习能力，能主动查阅资料预习。
2. 重点分析
（1）具有阅读文学作品的能力。
（2）掌握文学鉴赏的基本方法。
3. 难点分析
（1）理解儒释道思想对苏轼人生观的影响。
（2）运用儒释道思想解决生活中常见的问题。</td></tr>
<tr><td>教学方法手段</td><td colspan="6">1. 教学方法（学习方法）
讲授法、分组合作学习、自主学习
2. 教学手段：多媒体</td></tr>
<tr><td>教学资源</td><td colspan="6">1. 个人资源：教材、教学 PPT
2. 学校资源：多媒体教室、超星平台中的公共资源
3. 网络、社会或出版社资源：央视历史人文纪录片《苏东坡》http://arts.cctv.com/zt/sudongpo/
4. 社会资源：当地人文旅游景点，如孔庙、天宁寺、烂柯山等。</td></tr>
<tr><td>能力指标</td><td colspan="6">能运用儒释道基本思想处理生活中常见问题。F2
具备良好的沟通协作精神。E1 E2</td></tr>
</table>

续表

教学目标	知识 1. 了解儒释道的基本思想。 能力 2. 能运用儒释道基本思想处理生活中常见问题。 素质 3. 具备良好的沟通协作精神
教师课前准备	1. 准备好授课 PPT，完成单元设计。 2. 设计好学生要讨论的问题清单。 3. 预设好教学环节。 4. 服装大方，自然得体。
学生课前准备	1. 查阅资料，预习《赤壁赋》。 2. 准备好分组。
活动历程（强调成果导向、主要教学法的历程，含辅助手段、时间分配）	一、准备活动 （一）课程定位（5 分钟） 养成乐观、坚毅的人生态度。 （二）课程主要学习内容、学习方法介绍（10 分钟） 小组合作学习《赤壁赋》，每组 5~6 人，共 5 组。 （三）PPT 介绍东坡美食，激发学习兴趣。（10 分钟） （四）新课导入 提问：这些美食是苏东坡在他人生的什么时候发明的？（5 分钟） 下发资料，学生阅读相关背景资料（15 分钟） ——第 1 节结束—— 二、发展活动 （一）任务 1：分组讨论，学生按小组进行 1. 到今天为止，你遇到过哪些挫折或不如意？ 2. 遇到不开心时，你想吃什么？比如考试没考好时你想吃什么？想家时？恋爱或者失恋了又想吃？……（5 分钟） 3. 常言道：人生百味。食物的酸甜苦辣常被人们用来比喻人生的味道，让我们来看苏东坡在发明那么多美食的时候，他的人生正遭遇什么样的变故…… 指导阅读《赤壁赋》，要求学生找出表现其心理变化的语句（10 分钟） （二）任务 2：交流总结 1. 小组交流：每组推荐 1 人，代表本组汇报讨论成果（10 分钟），组内互评。 2. 学生总结、教师总结（5 分钟） （三）任务 3：撰写苏轼述评，阐明你喜欢苏轼的哪些人格特点。要求引用所读文章中的语句，阐明理由（15 分钟） ——第 2 节结束——

续表

学习评量	评量方法：口语评量（E1、E2、F2）（见附件4）、实作风量（F2）（见附件5）。
课后作业	撰写《念奴娇·赤壁怀古》赏析
教学后记	目标或能力指针达成度、学习表现、内容、方法、资源、业师协同等向度（至少写三项） 1. 目标或能力指标达成度 全班70%学生达到了教学目标和能力指标。 2. 学习表现 通过课前任务的布置，学生按要求完成任务单，课上教师提出问题，学生通过分组讨论，解决问题，个别学生对作品理解不清，经过指导和同学讨论完成任务。 3. 资源 （1）学生按小组总结本单元学习情况，教师点评，指出存在的问题及解决方法，做好资料积累工作，保存好发言稿。 （2）对学生阅读中出现的问题做记录，纳入多媒体教学课件中，以便对下一年度的学生进行有针对性指导。

基础体能课

一、设计理念

2019年1月24日，国务院印发《国家职业教育改革实施方案》。该方案明确制订了总体要求和目标，“深化办学体制改革和育人机制改革，以促进就业和适应产业发展需求为导向，着力培养高素质劳动者和技术技能人才”。

“基础体能课”依托《国家职业教育改革实施方案》的总体要求和目标，确立体育教学改革与发展方向，树立“以人为本、全面发展、健康第一、终身受益”的体育教育理念，充分发挥体育的教育功能，实现“素质教育”“健康教育”和“终身体育教育”相统一的教学目标，促进学生身心健康、全面发展，使其成为适应现代社会和未来发展需要的优秀人才。“基础体能课”包含体能训练、快乐体育和集体跳绳三个方面，其主要目标是使学生掌握科学健身的方法，切实增强体质健康，养成终身体育锻炼习惯。同时让学生深刻理解生命的珍贵，做一个感恩社会、具备高尚情操的人。

二、教学特色

（1）依托“健康中国2020”发展规划，以学生为中心，教授学生基本锻炼身体的技能，使学生在体育课上能够掌握基本的运动技能，为今后走上工作岗位储备体能。树立“身体是革命的本钱”的健康意识，养成终身进行体育锻炼习惯，全面提升学生的身体素质。

（2）秉承“快乐体育”的思想理念，立足尊重学生主体地位的同时，通过拓展训练让学生在体育运动中体验到参与、理解、掌握以及创新运动的乐趣。激发学生学习的自主性和创新意识，促使他们形成终身参加体育实践的志向。

（3）集体跳绳。这个拓展项目可以活跃课堂气氛，增进团队内部的交流、沟通以及队员之间的信任感，进一步培养步调一致的团队协作精神以及团队领导的能力。

衢州职业技术学院“基础体能课”课程大纲

2019—2020 学年度第 一 学期 全校所有 专业（○○班）

<table>
<tr><td>课程名称</td><td colspan="10">基础体能课</td><td colspan="2">课程代号</td><td></td></tr>
<tr><td>课程类型</td><td colspan="10">☑素质通识 □专业核心 □专业选修 □专业方向</td><td colspan="2">授课教师</td><td>黄志国</td></tr>
<tr><td>修读方式</td><td colspan="10">☑必修 □必选 □选修</td><td colspan="2">学分</td><td>1</td></tr>
<tr><td>开课学期</td><td colspan="4">第一学期</td><td colspan="3">总学时</td><td colspan="3">24</td><td colspan="2">实践学时</td><td>22</td></tr>
<tr><td>办公地点</td><td colspan="2"></td><td colspan="3">课外答疑时间</td><td colspan="3"></td><td colspan="2">联系方式</td><td colspan="3"></td></tr>
<tr><td>A
课程描述</td><td colspan="13">目的、历程、结果（性质、地位和任务）：
本课程旨在引领学生掌握基本的体能训练方法、熟用各种运动损伤防治知识；培养自主学习、团队协作、坚韧不拔的品质，养成终身体育锻炼习惯，切实提升体质健康和沟通交往能力。</td></tr>
<tr><td>B
课程教学目标
（标注能力指标）</td><td colspan="13">1. 知识
1.1 掌握体能训练和运动损伤防治的基本方法；B1C1
1.2 掌握基本的拓展训练方法；C1C2
1.3 掌握集体跳绳的方法。C1C2
2. 技能
2.1 具备科学体能训练和运动损伤防治的技能；D1
2.2 具备组织开展拓展训练的技能；D1B2
2.3 具备组织跳绳训练的技能。A1A2
3. 素质
3.1 养成终身体育锻炼意识；B1
3.2 提升与人交流沟通、团队协作意识；E2B2
3.3 提升发现问题和解决问题的能力。F2</td></tr>
<tr><td>C
核心能力</td><td colspan="2">A. 尚德弘毅</td><td colspan="2">B. 健康关怀</td><td colspan="2">C. 通用知识</td><td colspan="2">D. 基本技能</td><td colspan="2">E. 沟通协作</td><td colspan="2">F. 问题解决</td><td>备注</td></tr>
<tr><td rowspan="2">D
课程权重</td><td>A1</td><td>A2</td><td>B1</td><td>B2</td><td>C1</td><td>C2</td><td>D1</td><td>D2</td><td>E1</td><td>E2</td><td>F1</td><td>F2</td><td rowspan="2">合计
100%</td></tr>
<tr><td>10</td><td>10</td><td>25</td><td>15</td><td></td><td>10</td><td>10</td><td></td><td></td><td>10</td><td></td><td>10</td></tr>
<tr><td rowspan="6">E
教材内容大纲</td><td colspan="10" rowspan="2">章节教材内容（能力指标）</td><td colspan="3">学时分配</td></tr>
<tr><td>理论</td><td>实践</td><td>合计</td></tr>
<tr><td colspan="10">1. 我的大学体育（A1 C2）</td><td>2</td><td>0</td><td>2</td></tr>
<tr><td colspan="10">2. 速度素质训练（D1 B1）</td><td></td><td>2</td><td>2</td></tr>
<tr><td colspan="10">3. 力量素质训练（D1 B1）</td><td></td><td>2</td><td>2</td></tr>
<tr><td colspan="10">4. 柔韧素质训练（D1 B1）</td><td></td><td>2</td><td>2</td></tr>
</table>

续表

	章节教材内容（能力指标）	学时分配		
		理论	实践	合计
F 教材内容大纲	5. 耐力素质训练（D1 B1）		2	2
	6. 灵敏素质训练（D1 B1）		2	2
	7. 拓展训练项目（D1 B1 E2）		2	2
	8. 集体跳绳（E2 F2）		6	6
	9. 体育专项体验（D1 B1）		4	4
	合计	2	22	24

G 课程要求	要求学生学习、掌握基本的体能训练方法以及拓展训练方法，并运用到日常的身体锻炼中去，使其具备健康的体魄；培养学生团队协作和沟通交流的能力，逐步掌握与同学相处的技巧
H 教学方式	☑讲授 □讨论或座谈 ☑问题导向学习 ☑分组合作学习 □专题学习 □实作学习 □发表学习 □实习 □参观访问 □其他（ ）

	成绩项目	配分	评价方式	细项配分	说明
I 学习评价	平时成绩	20	观察性评价 A1	20	评价表详见附件 1
	期中成绩	20	实作评量 D1	20	评分细则见附件 2
	期末成绩	60	实作评量 D1	60	评分细则见附件 3

	级别	单元名称与内容	能力指标代码
J 进度表	1	名称：我的大学体育 内容： 1. 介绍我校体育课程设置； 2. 介绍我校特色体育项目发展情况； 3. 介绍大学生体质健康测试要求； 4. 介绍我校运动队建设及体育竞赛情况； 5. 体育基本礼仪以及如何欣赏体育比赛。	A1 C2 E2
	2	名称：速度素质训练 内容： 1. 各种速度训练方法 2. 拓展训练之破冰项目	B1 D1 E2

续表

	级别	单元名称与内容	能力指标代码
J 进度表	3	名称：力量素质训练 内容： 1. 各种力量训练方法 2. 拓展训练之团队信任项目	B1 D1 E2
	4	名称：耐力素质训练 内容： 1. 耐力训练法 2. 拓展训练之创造力与领导力项目	B1 D1 E2
	5	名称：柔韧素质训练 内容： 1. 柔韧素质训练法 2. 拓展训练之团队沟通项目	B1 D1 E2
	6	名称：灵敏素质训练 内容： 1. 灵敏素质训练法 2. 拓展训练之团队协作项目	B1 D1 E2
	7	名称：综合训练 内容： 1. 速度、力量、耐力、柔韧、灵敏等素质的综合训练 2. 拓展训练之挑战自我项目 3. 集体跳绳	E1 D1 E2
	8	名称：综合训练 内容： 1. 速度、力量、耐力、柔韧、灵敏等素质的综合训练 2. 集体跳绳 3. 其他专项体验	D1 E1 E2
	9	名称：综合训练（复习课） 内容： 1. 速度、力量、耐力、柔韧、灵敏等素质的综合训练 2. 集体跳绳 3. 其他专项体验	D1 E1 E2

续表

<table>
<tr><td rowspan="4">J
进度表</td><td>级别</td><td colspan="4">单元名称与内容</td><td>能力指标代码</td></tr>
<tr><td>10</td><td colspan="4">名称：综合训练（复习课）
内容：
1. 速度、力量、耐力、柔韧、灵敏等素质的综合训练
2. 集体跳绳
3. 其他专项体验</td><td>D1 E1 E2</td></tr>
<tr><td>11</td><td colspan="4">名称：综合训练（复习课）
内容：
1. 速度、力量、耐力、柔韧、灵敏等素质的综合训练
2. 集体跳绳
3. 其他专项体验</td><td>D1 E1 E2</td></tr>
<tr><td>12</td><td colspan="4">名称：考试
内容：
1. 素质考试：50 米，仰卧起坐（女）/引体向上（男）
2. 绕“8”字集体跳绳测试</td><td></td></tr>
<tr><td>K
建议教材</td><td colspan="6">《新编高职体育与健康》，北京体育大学出版社，2017. 6
《大学生心理拓展训练》，中国水利水电出版社，2011. 12</td></tr>
<tr><td>L
参考书籍</td><td colspan="6">《高职体育》</td></tr>
<tr><td>M
先修课程</td><td colspan="6">无</td></tr>
<tr><td>N
教学资源</td><td colspan="6">微信群、运动世界校园 App</td></tr>
<tr><td>注意事项</td><td colspan="6">1. 课程进度可以根据天气情况做适当调整；
2. 尊重网络资源知识产权，只限用于教学。</td></tr>
<tr><td rowspan="4">O
课程分析与评估</td><td>平均成绩</td><td></td><td>及格率</td><td></td><td>修课人数</td><td></td></tr>
<tr><td>1. 学习成效分析</td><td colspan="5"></td></tr>
<tr><td>2. 核心能力检讨</td><td colspan="5"></td></tr>
<tr><td>3. 其他</td><td colspan="5"></td></tr>
</table>

续表

备注：
1. 课程大纲 A—G 项由所在部门和相关课程委员会编写并审核通过，教师不能自行更改；
2. 本课程大纲 H—O 项同一课程不同授课教师应协同讨论研究达成共同核心内涵，教师不宜自行更改；
3. 评价方式，可参酌下列方式
（1）纸笔测验：小考、期中纸笔测验、期末纸笔测验
（2）实作评量：作业、实作成品、日常表现、表演、观察、轶事记录
（3）档案评量：昼面报告、专题档案
（4）口语评量：口头报告、口试

附件 1：

评价目标：通过出勤率来衡量学生遵守学生守则的情况，评价学生上课过程中的学习态度，以及在学习过程中与同学合作、关爱同学等情况。

表 1 学生课堂表现评价标准

项目	优秀 （90-100 分）	良好 （75-89 分）	及格 （60-74 分）	不及格 （59 分以下）
出勤率（20%）	考核出勤率 10 分，基本分 10 分，迟到一次扣 1 分、请假一次扣 0.5 分、旷课一次扣 2 分。			
学习态度（40%）	上课认真听讲，积极参与各种练习内容，且能够高质量完成内容。	上课基本能认真听讲，也能配合老师完成练习内容，但是完成质量一般。	上课无心听讲，不配合老师完成练习内容，完成质量一般。	经常迟到早退、无故缺课，且上课时候扰乱正常教学秩序。
善于与人合作（40%）	善于与人合作，积极主动带领同学完成各种练习，并能关心同学。	能与人合作，能配合同学完成各种练习。	缺乏与人合作的思维，较少配合同学一起完成练习内容。	将自己孤立，从不跟同学交流沟通，也不按要求完成各种练习。

附件 2：

评价目标：主要评价学生的速度、灵敏度、上肢力量素质能力。

体育课四项素质评分表

等级	单项得分	50 米跑		立定跳远		引体向上	仰卧起坐
		男生	女生	男生	女生	男生	女生
优秀	100	6. 7	7. 5	273	207	10	56
	95	6. 8	7. 6	268	201	9	54
	90	6. 9	7. 7	263	195	8	52
良好	85	7	8	256	188		49
	80	7. 1	8. 3	248	181	7	46
及格	78	7. 3	8. 5	244	178		44
	76	7. 5	8. 7	240	175		42
	74	7. 7	8. 9	236	172		40
	72	7. 9	9. 1	232	169		38
	70	8. 1	9. 3	228	166	6	36
	68	8. 3	9. 5	224	163		34
	66	8. 5	9. 7	220	160		32
	64	8. 7	9. 9	216	157		30
	62	8. 9	10. 1	212	154		28
	60	9. 1	10. 3	203	151	5	26
不及格	50	9. 3	10. 5	198	148	4	24
	40	9. 5	10. 7	196	141		22
	30	9. 7	10. 9	193	136	3	20
	20	9. 9	11. 1	188	131	2	18
	10	10. 1	11. 3	183	126	1	16

附件 3：

评价目标：主要评价学生团队协作、互帮互助、具备发现问题解决问题的能力。

表 2　3 分钟绕八字跳绳评分细则

分值	100	95	90	85	80	75	70	65	60	55
个数	210	200	190	180	170	160	150	140	130	120